李凯/黄晓 编著

房地产开发企业会计与纳税实务

零基础 | 全流程 | 重实战

人民邮电出版社

北京

图书在版编目（CIP）数据

房地产开发企业会计与纳税实务 ：零基础、全流程、重实战 / 李凯，黄晓编著. -- 北京 ：人民邮电出版社，2017.6（2022.7重印）
ISBN 978-7-115-44391-5

Ⅰ. ①房… Ⅱ. ①李… ②黄… Ⅲ. ①房地产企业－会计－中国②房地产企业－税收管理－中国 Ⅳ. ①F299.233.3②F812.423

中国版本图书馆CIP数据核字(2017)第002984号

内 容 提 要

房地产开发企业与一般企业相比，具有开发周期长、投入资金量大、投资回收期长等特点，因此房地产开发企业会计的工作难度更大，要求更高。为了帮助相关从业者尽快适应房地产会计工作业务，我们特编写本书。

本书共 9 章，讲解了房地产开发企业会计相关的方方面面，包括房地产开发企业概述，企业设立阶段、获取土地阶段、开发建设阶段、转让及销售阶段的会计处理和纳税方法；另外，还讲解了投资性房地产、企业所得税、利润结转及分配的相关概念和操作方法；最后讲解了财务会计报告的编制方法。

本书适合房地产开发企业的财务与会计人员、内部审计人员、会计师事务所人员以及有志从事房地产开发企业相关工作的人员学习使用，也适合高等院校的会计专业及房地产专业作为教材使用。

◆ 编　著　李　凯　黄　晓
责任编辑　刘向荣
责任印制　杨林杰

◆ 人民邮电出版社出版发行　　北京市丰台区成寿寺路 11 号
邮编　100164　　电子邮件　315@ptpress.com.cn
网址　http://www.ptpress.com.cn
北京天宇星印刷厂印刷

◆ 开本：700×1000　1/16
印张：16.5　　2017 年 6 月第 1 版
字数：336 千字　　2022 年 7 月北京第 3 次印刷

定价：45.00 元

读者服务热线：(010) 81055256　印装质量热线：(010) 81055316
反盗版热线：(010) 81055315
广告经营许可证：京东市监广登字 20170147 号

前言 FOREWORD

近年来，我国社会主义市场经济的迅猛发展，带动了我国房地产业的投资热潮，房地产业得到了迅猛发展，逐渐成为国民经济中的一个重要产业。房地产开发企业会计是在城市建设综合开发、土地有偿使用和住房商品化经济条件下，适应房地产开发企业经营管理的需要而发展起来的专业会计。

由于房地产开发企业具有涉及资金量大、流程复杂、税收操作特殊等特点，因此房地产开发企业的会计税务核算特点不同于其他企业，所以对房地产企业的会计核算与纳税处理进行系统的梳理是十分必要的。

本书特点

本书以财政部最新颁布的《企业会计准则》《企业会计准则指南》《企业会计准则讲解》为依据，以房地产开发企业设立、获取土地、项目立项报批、开发建设、转让及销售等具体的业务流程为线索，以实际经济业务事项为案例，详细地阐述了房地产开发企业的业务、会计核算和税务处理。本书很好地将会计学的一般原理与专业会计核算有机地统一起来，兼容并蓄，具有如下特点。

（1）实用性。本书以企业的业务流程为线索，按照工作场景来展开介绍，有利于读者将所学的知识与实务工作进行很好地融合。

（2）案例性。本书几乎每一章都附有大量的例子，通过这些例子介绍知识点。每个例子都是作者精心选择的，举一反三，读者就可以真正掌握如何进行房地产会计处理及税务处理，从而学以致用。

（3）趣味性。本书将会计内容以图表方式展现，使得原本枯燥的内容能够精练、有序而规范地展现在读者面前，可以加深读者对知识的理解和掌握。

本书的主要内容

全书共 9 章。

第 1 章房地产开发企业概述，讲解了房地产开发企业的特点以及会计核算的特殊性。

第 2 章企业设立阶段，介绍此阶段的业务特点、会计和纳税处理，并针对此阶段的热点、难点问题进行解答。

第 3 章获取土地阶段，介绍此阶段的业务特点，不同类型土地的会计处理方法，以及契税、耕地占用税、土地使用税等的缴纳方法。

第 4 章开发建设阶段，介绍此阶段的业务特点、成本费用核算、应设置的会计科目、自营开发工程会计核算、外包工程会计核算、职工薪酬会计核算、开发产品会计核算、纳税与纳税业务的会计处理等内容。

第 5 章转让及销售阶段，介绍此阶段的业务特点、转让与销售阶段的会计及纳税处理、预收房款的纳税处理、土地增值税清算等内容。

第 6 章投资性房地产，主要包括会计科目的特征和核算范围、税务处理方法等内容。

第 7 章企业所得税，介绍企业所得税汇算清缴的具体方法，并给出了一个典型的实例。

第 8 章利润结转及分配，介绍利润的含义、损益的核算、利润的结转、利润分配的核算等内容。

第 9 章财务会计报告。结合案例详细介绍了房地产企业财务报表的特点以及应如何进行分析等内容。

本书由李凯和黄晓编写，其中第 1 章～第 7 章由李凯编写，第 8 章～第 9 章由黄晓编写。全书的修改、补充、编撰和定稿由李凯负责。在本书的编写过程中，编者参考了国内外的有关书籍和相关资料，在此向有关的作者表示衷心的感谢。由于编者水平有限，书中难免出现一些疏漏，请读者不吝赐教，以便我们在修订时能及时修正。

编　者

2017 年 2 月

目录 CONTENTS

第1章 房地产开发企业概述

学习目的

- 了解房地产开发企业的生产经营特点
- 理解房地产开发企业存货、预收账款核算的特殊性
- 理解房地产开发企业收入、成本核算的特殊性
- 了解房地产开发经营企业会计科目设置及建账
- 了解房地产开发企业涉及的主要税费

房地产开发企业是以盈利为目的，从事房地产开发与经营的企业，房地产开发企业是指房地产开发业的第一部分，不包括物业管理、房地产中介服务及其他房地产活动。房地产开发企业与一般企业相比，具有开发周期长、投入资金量大、投资回收期长等特点，房地产开发企业的生产经营特点决定了其会计税务方面特点。

房地产开发经营是指房地产开发企业进行的基础设施建设、房屋建设，并转让房地产开发项目或者销售、出租商品房的活动。房地产开发企业会计与税务处理与一般企业相比，具有很多特殊性，因其是围绕房地产开发、经营业务进行，因此，我们不仅需要明确房地产业及房地产企业的业务范围，还需要了解房地产开发产品、开发经营及行业特点。

1.1 房地产开发企业生产经营特点

房地产企业就是建筑房子然后销售的企业，建房子前先要购买土地，将生地变成熟地，也就是经常说的“三通一平”，然后进行房屋建设，最后建一些配套设施，有的还需要装修一下进行项目的美化。人们在原始社会就会修建房子，作为自己的安身之所。我国在 1994 年发布《关于深化城镇住房制度改革的决定》(国发〔1994〕43 号)后，才慢慢出现房地产企业。将建房子变成企业化经营，进行大批量的有规划建设，然后作为商品销售出去。

为了保证房子的质量，工程完工后需要经过竣工、验收、测绘、办证、决算等多个环节，耗时少则数月，多则三五年。此外，房地产企业为了持续发展往往会储备大量的土地，在开发过程中有大量的工程款由施工单位垫支。这些经营特点都导致房地产企业的财务报表相对于一般企业来说，在收入、成本、期间费用反映滞后，最后导致所有者

权益滞后。

因此，国家针对房地产企业制定了专门的税法来进行管理，如与房地产相关的税种有房产税、土地使用税、耕地占用税、土地增值税等，房地产企业为了更好地进行税收筹划，会设立很多关联企业，达到税务筹划的目的，这在房地产企业的财务报表中更能体现。

1.2 房地产开发企业开发经营业务

根据《中华人民共和国城市房地产管理法》规定，房地产开发企业是以营利为目的，从事房地产开发和经营的企业。所以房地产开发企业是指从事房地产开发经营的企业，不包括物业管理、房地产中介服务、自有房地产经营活动及其他房地产业。

按照房地产开发企业经营业务特点，可以分为 7 个阶段：

（1）房地产开发企业初始阶段；

（2）房地产开发企业前期调研阶段；

（3）房地产开发企业获取土地阶段；

（4）房地产开发企业开发建设阶段；

（5）房地产开发企业预售阶段；

（6）房地产开发企业转让及销售阶段；

（7）持有房地产阶段。

房地产开发企业的各阶段对应的主要经营业务如图 1-1 所示。

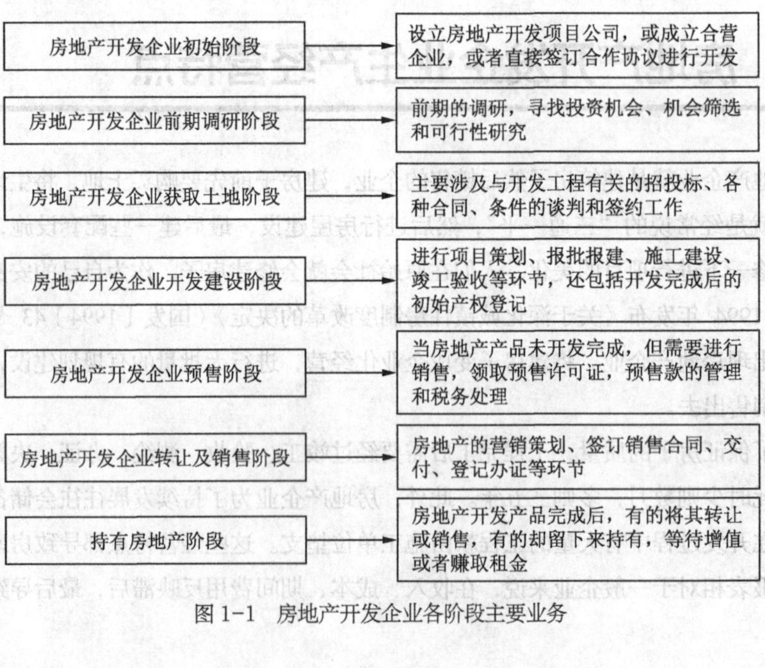

图 1-1　房地产开发企业各阶段主要业务

1.3 房地产开发企业开发类型分类

房地产开发企业按照开发产品的类型，可以分成以下几类。

1．住宅类的房地产开发企业

住宅类的房地产开发企业是指开发的产品以住宅为主，如万科房地产公司、恒大地产开发的楼盘主要是住宅类楼盘，虽然配套有商铺等，但是以居住为主要功能。

2．商铺、办公楼类房地产开发企业

商铺、办公楼类房地产开发企业是指开发的产品以商业为主要目的，如万达房地产公司，它是以商业地产为主导，同时发展高级酒店、文化旅游、连锁百货等其他相关产业的企业。

3．工业地产类房地产开发企业

专职从事工业地产类房地产开发企业很少，因为工业地产都是先有投资项目，再进行建设的，很少有先建好厂房等，再专业卖厂房的。所以工业地产类房地产开发企业是指为了满足自身发展需要，进行工业地产开发的企业。

此外，以政府主导的工业园区开发也属于工业地产类房地产开发企业，因为它也会成立一个开发公司进行房地产开发。

4．其他类房地产开发企业

除了以上类别外的房地产开发企业，如进行旅游地产开发、恒大清远足球学校地产开发的企业等。

1.4 房地产开发企业会计核算特点

房地产开发企业不同于一般工商企业，房地产开发企业的开发产品具有位置固定、产品多样性、开发周期长、投资额大及价值高等特点，导致房地产开发企业的会计核算具有以下特点。

1.4.1 房地产开发企业会计科目设置

为了对房地产开发企业的经营活动进行会计核算，必须要设置相应的会计科目。会计科目是对会计要素进行分类所形成的具体项目，是设置会计账户的依据。

1．房地产开发企业通用会计科目

会计科目按其提供会计信息的详细程度不同，可分为总分类科目和明细分类科目。

房地产开发企业可以设置如表 1-1 所示的总分类会计科目。

表 1-1　房地产开发企业会计科目表

序号	编号	会计科目名称	序号	编号	会计科目名称
一、资产类			32	1601	固定资产
1	1001	库存现金	33	1602	累计折旧
2	1002	银行存款	34	1603	固定资产减值准备
3	1012	其他货币资金	35	1604	在建工程
4	1101	交易性金融资产	36	1605	工程物资
5	1121	应收票据	37	1606	固定资产清理
6	1122	应收账款	38	1701	无形资产
7	1123	预付账款	39	1702	累计摊销
8	1131	应收股利	40	1703	无形资产减值准备
9	1132	应收利息	41	1711	商誉
10	1221	其他应收款	42	1801	长期待摊费用
11	1231	坏账准备	43	1811	递延所得税资产
12	1401	材料采购	44	1901	待处理财产损溢
13	1402	在途物资	二、负债类		
14	1403	原材料	45	2001	短期借款
15	1404	材料成本差异	46	2101	交易性金融负债
16	1405	开发产品	47	2201	应付票据
17	1406	分期收款开发产品	48	2202	应付账款
18	1408	委托加工物资	49	2203	预收账款
19	1409	周转房	50	2211	应付职工薪酬
20	1412	包装物及低值易耗品	51	2221	应交税费
21	1461	融资租赁资产	52	2231	应付利息
22	1471	存货跌价准备	53	2232	应付股利
23	1501	持有至到期投资	54	2251	其他应付款
24	1502	持有至到期投资减值准备	55	2401	递延收益
25	1503	可供出售金融资产	56	2501	长期借款
26	1511	长期股权投资	57	2502	应付债券
27	1512	长期股权投资减值准备	58	2701	长期应付款
28	1521	投资性房地产	59	2801	预计负债
29	1522	投资性房地产累计折旧（摊销）	60	2901	递延所得税负债
30	1523	投资性房地产减值准备	三、所有者权益类		
31	1531	长期应收款	61	4001	实收资本

续表

序号	编号	会计科目名称	序号	编号	会计科目名称
62	4002	资本公积	73	6111	投资收益
63	4101	盈余公积	74	6301	营业外收入
64	4103	本年利润	75	6401	主营业务成本
65	4104	利润分配	76	6402	其他业务成本
四、成本类			77	6403	营业税金及附加
66	5001	开发成本	78	6601	销售费用
67	5101	开发间接费用	79	6602	管理费用
68	5401	工程施工	80	6603	财务费用
69	5402	工程结算	81	6701	资产减值损失
五、损益类			82	6711	营业外支出
70	6001	主营业务收入	83	6801	所得税费用
71	6051	其他业务收入	84	6901	以前年度损益调整
72	6101	公允价值变动损益			

房地产开发企业在保证会计科目设置统一性的前提下，可以根据具体情况和核算的要求对统一规定的会计科目作必要的增设或合并。

2．房地产开发企业专用会计科目

如表 1-1 所示，房地产开发企业会计科目大部分都是通用科目，以下会计科目属于房地产开发企业专用的会计科目。

（1）专属于房地产开发企业的资产类会计科目

在资产类会计科目中，“开发产品”“周转房”是房地产开发企业特别设置的会计科目。

（2）专属于房地产开发企业的成本类会计科目

在成本类会计科目中，“开发成本”“开发间接费用”是房地产开发企业特有的会计科目。

在设置总分类会计科目的基础上，房地产开发企业还需要根据会计核算和提供信息指标的要求，设置明细分类科目。如房地产开发企业在“应缴税费”总分类科目下可设置“应缴增值税”“应缴城市维护建设税”“应缴教育费附加”“应缴土地增值税”“应缴企业所得税”等二级明细分类科目，以对应缴税费的不同税种分别进行核算和反映。

1.4.2 房地产开发企业的建账

会计账簿是会计中用于开设账户并登记具体经济业务的账簿，由一定格式且相互联结的账页组成。为了全面系统地进行会计核算，房地产开发企业需要设置四类账簿，具体账簿种类如图 1-2 所示。

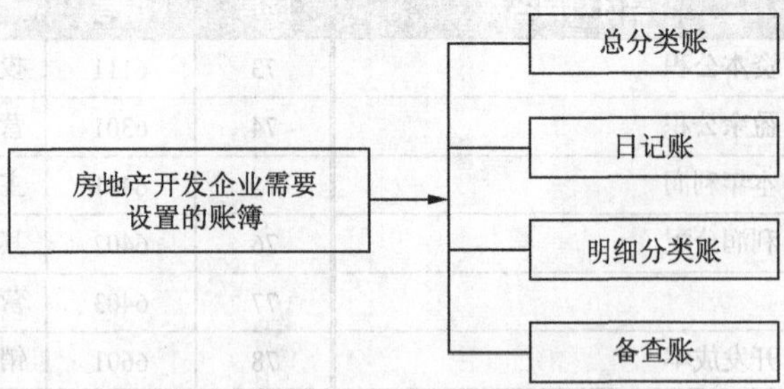

图 1-2　房地产开发企业需要设置的账簿

1．总分类账

天宏基业房地产开发公司需要先建立一个总分类账，总分类账也称总账，是按总分类科目（一级会计科目）设置的，分类、连续地记录和反映经济业务总括情况的账簿。

总分类账一般为三栏式订本账。三栏式即账页上按照借贷记账法的要求记录金额的部分分为“借方”“贷方”和“余额”三个栏目，分别登记账户的增减发生额及其余额，具体账页格式如表 1-2 所示。

表 1-2　天宏基业房地产开发公司的总分类账格式

总分类账

公司名称：天宏基业房地产开发公司

会计科目名称或编号：

年		凭证		摘要	借方	贷方	借或贷	余额
月	日	字	号					

2．明细分类账

天宏基业房地产开发公司设置完总分类账和日记账后，还需要设置明细分类账。明细分类账也称明细账，是按照明细分类会计科目设置的，用来分类、连续地记录某一类经济业务详细程度的账簿。大部分总账科目都需要设置明细账。

明细账可以采用订本式账簿，也可以采用活页式账簿。为了便于增加账页或减少空白账页一般采用活页式账簿。账页格式有三栏式、数量金额式和多栏式。不同的明细会计科目的账页格式的要求也不相同。只反映金额的明细账可以采用三栏式，如应付账款、其他应收款等往来账；反映实物类的明细账一般采用数量金额式，如原材料等；开发成本和各项费用的明细账采用多栏式，便于对各种不同的成本、费用项目分别进行记录和反映。

【例 1-1】天宏基业房地产开发公司预收徐如桂一笔房款 50 万元，除了记录日记账外，还需要记录在三栏式明细账上，三栏式明细账如表 1–3 所示。

表 1–3　房地产开发企业的预收账款明细账格式

预收账款明细账

公司名称：天宏基业房地产开发公司

会计科目名称或编号：　　　　预收账款——个人房款

2016 年		凭证		摘要	借方	贷方	借或贷	余额
月	日	字	号					
1	5	记	21	预收到个人徐如桂一笔房款		500 000.00	借	500 000.00

房地产开发企业采用三栏式明细账的会计科目较多，应交税费、应付职工薪酬、应收账款、其他应收款、预收账款、其他应付款等科目一般都采用三栏式明细账。

此外，还有数量金额式明细账，数量金额栏式明细账既要反映金额，也要反映数量和单价。

【例 1-2】天宏基业房地产开发公司购买 1 000 克，建筑用的原材料石粉 T100，金额 3 000.00 元。可以记录在原材料明细账上，如表 1–4 所示。

表 1–4　房地产开发企业的原材料明细账格式

原材料明细账

公司名称：天宏基业房地产开发公司

计量单位：克　　材料名称：石粉　规格：T100　　材料编号：

2016 年		凭证		摘要	收入			发出			结存		
月	日	字	号		数量	单价	金额	数量	单价	金额	数量	单价	金额
1	9	记	32	购买建筑用石粉	1 000	3.00	3 000.00				1 000	3.00	3 000.00

除了数量金额栏式明细账外，房地产开发企业的开发成本、开发间接费用、管理费用、销售费用、财务费用等科目一般采用多栏式明细账。

【例 1-3】天宏基业房地产开发公司支付 E300 乐嘉花园地块前期工程费 200 000.00 元，支付该项目的水电费 3 000.00 元，可以记录相关的明细账，如表 1–5 和表 1–6 所示。

表 1-5 房地产开发企业的开发成本明细账格式

房屋开发成本明细账

公司名称：天宏基业房地产开发公司

开发项目：E300 乐嘉花园地块

2016年		凭证		摘要	借方	贷方	余额	借方明细项目					
月	日	字	号					土地征用及拆迁补偿费	前期工程费	基础设施费	建筑安装工程费	公共配套设施费	开发间接费
1	9	记	33	支付 E300 乐嘉花园地块前期工程费	200 000.00		200 000.00		200 000.00				

表 1-6 房地产开发企业的开发间接费用明细账格式

开发间接费用明细账

公司名称：天宏基业房地产开发公司

开发项目：E300 乐嘉花园地块

2016年		凭证		摘要	借方	贷方	余额	借方明细项目					
月	日	字	号					人工费	折旧费	办公费	水电费	劳保费	其他
1	9	记	34	支付 E300 乐嘉花园地块水电费	3 000.00		3 000.00				3 000.00		

3. 日记账

对于日常的资金收入、支出，天宏基业房地产开发公司需要建立日记账。日记账也称序时账，是按经济业务发生的时间顺序，逐日逐笔进行记录的一种账簿。房地产开发企业一般要设置“库存现金日记账”和“银行存款日记账”两种日记账。

“库存现金日记账”和“银行存款日记账”也必须采用订本式账簿，其账页格式一般为三栏式，“银行存款日记账”根据开户银行开设账页。

【例 1-4】2016 年 1 月 1 日天宏基业房地产开发公司从银行取出备用金 10 000.00 元。可以记录如表 1-7 和表 1-8 所示。

表 1-7 房地产开发企业的库存现金日记账格式

库存现金日记账

公司名称：天宏基业房地产开发公司										
2016 年		凭证		对方科目	摘要	借方	贷方	借或贷	余额
月	日	字	号						
1	1	记	1	银行存款	取出备用金	10 000.00		借	10 000.00

表 1-8 房地产开发企业的银行存款日记账格式

银行存款日记账

公司名称：天宏基业房地产开发公司　　开户行：建行

账号：4028921

年		凭证		对方科目	摘要	支票		借方	贷方	借或贷	余额
月	日	字	号			种类	号码				
1	1	记	1	银行存款	取出备用金	现金支票	0001		10 000.00	贷	10 000.00

4．备查账簿

备查账簿也称辅助账或者备查簿，是对总账、明细账、日记账未能记载或记载不全的经济业务的有关情况进行补充登记的账簿。备查账不一定按照会计科目设置，与其他账户之间不存在严密的依存关系，记账也不一定遵循复式记账原则。

1.4.3 房地产开发企业会计核算的特殊性

1．存货核算的特殊性

因房地产开发企业的营业周期长，故房地产开发企业的存货与一般工商企业的存货相比有两个明显的特点：第一，其他企业拥有的土地使用权一般作为无形资产核算，而房地产开发企业的土地使用权是作为存货核算的；第二，房地产开发企业的存货的借款费用可以进行资本化。

2．预收账款核算的特殊性

由于房地产开发企业的投资额大，营业周期长，房地产开发企业大多实行商品房预售制度，由于项目尚未完工，即使开发产品已预售完毕，其预售款项只能计入预收账款，一般房地产开发企业在符合收入确认条件前无法确认为收入，预收账款余额比较大。鉴于房地产开发企业预收账款的特殊性，会计上要求房地产开发企业在预收账款项目附注中，除列示账龄余额外，还应列示期末余额、预计竣工时间和预售比例。

3．收入核算的特殊性

由于房地产开发企业的特殊性，使其收入核算有收入形式的多样性、收入确认的特殊性和各期收入的波动性等特点，如图 1-3 所示。

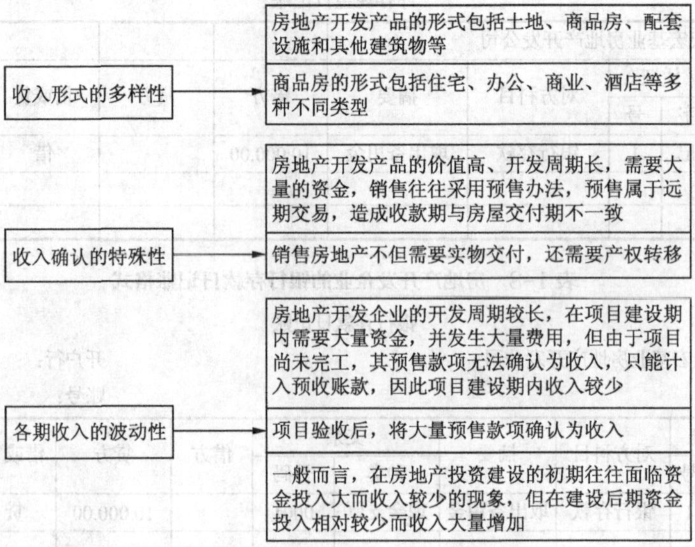

图 1-3　房地产开发企业收入核算特殊性

4．成本核算的特殊性

房地产开发企业的成本既不是完全成本，也不是制造成本，成本核算有期特殊性。如图 1-4 所示。

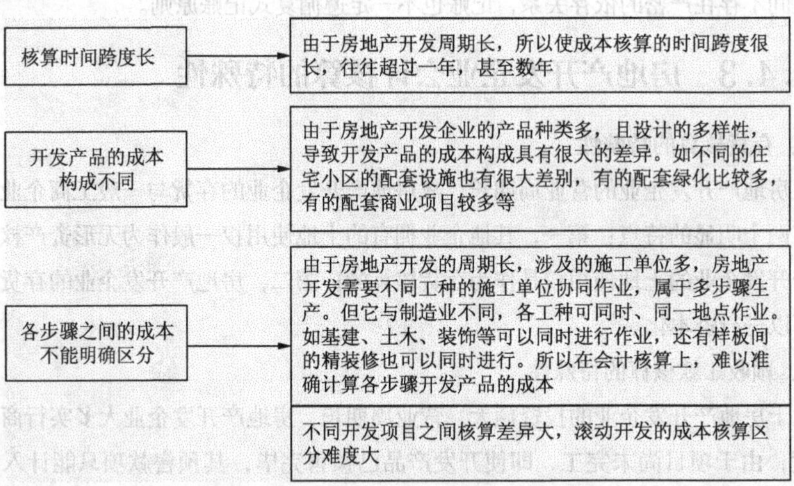

图 1-4　房地产开发企业成本核算特殊性

5．产品售价与其成本不配比

一般商品的售价总是围绕其成本上下波动，房地产开发产品的成本载体是整个建设工程，而销售则是以楼层或户型为单位，虽然在销售时也有公摊面积等的分摊，但房地产产品的售价却与其楼层、户型相关。这样就造成了单个楼层或户型的售价明显与其成本不配比。

通常房地产开发企业的成本结转方法是：按当期竣工后的核算对象的总成本除以总开发建筑面积，得出每平方米建筑面积成本，然后再乘以销售面积得出本期销售成本。这样均摊计算的结果没有考虑房屋楼层、朝向的因素，在一定期间的经营成果就可能不真实。

1.5 房地产开发企业纳税业务概述

房地产开发企业涉及的应纳税税种主要有增值税、城建税、教育费附加、房产税、城镇土地使用税、耕地占用税、印花税、土地增值税和企业所得税。

房地产开发企业开发经营各阶段应纳税种及税率如表 1-9 所示。

表 1-9 房地产开发企业开发经营各阶段应纳税种及税率

环节	涉及主要税费	
获取土地阶段	印花税	1. 权利、许可证照。包括房屋产权证、工商营业执照、土地使用权证，按件贴花 5 元 2. 产权转移书据。包括土地使用权出让合同、土地使用权转让合同，按所记载金额 0.05% 贴花
	契税	1. 取得土地使用权。按照国有土地使用权出让、土地使用权出售、房屋买卖成交价格的 3% ~ 5% 适用税率交纳契税 2. 按受以土地使用权等不动产出资。按照土地使用权出让、土地使用权出售、房屋买卖成交价格的 3% ~ 5% 适用税率缴纳契税 3. 以自有房产作股投入本人独资经营的企业免交契税
	耕地占用税	取得土地使用权符合耕地条件的土地，按照实际占用耕地面积和适用税额一次性缴纳耕地占用税，不符合耕地条件的不纳税
开发建设阶段	城镇土地使用税	从取得红线图次月起，按实际占用的土地面积和定额税率计算缴纳
	印花税	签订的各类合同，按规定税率（0.005% ~ 0.1%)计算贴花
转让及销售阶段	城建税	按增值税税额 7%（或 5%、1%）缴纳，不动产所在地为市区的，税率为 7%；不动产所在地为县、镇的，税率为 5%；不动产所在地不在市区、县、镇的，税率为 1%
	教育费附加	按增值税税额 3%
	增值税	1. 一般纳税人 销售额 =（全部价款和价外费用−当期允许扣除的土地价款）÷（1 + 11%） 当期应纳税额 = 当期销售额 × 11% 2. 小规模纳税人 当期应纳税额 = 当期销售额 × 5%

续表

环节		涉及主要税费
转让及销售阶段	土地增值税	1. 查账征收 （1）在项目全部竣工结算前转让房地产取得的收入，可以预征土地增值税 （2）待该项目全部竣工、办理结算后再进行清算，多退少补 2. 核定征收
	印花税	房地产转让或销售合同，按商品房销售合同所记载金额 0.05% 缴纳
	企业所得税	1. 查账征收 （1）销售未完工开发产品取得的收入，按预计计税毛利率分季（或月）计算出预计毛利额，计入当期应纳税所得额。开发产品完工后，及时结算其计税成本并计算此前销售收入的实际毛利额，同时将其实际毛利额与其对应的预计毛利额之间的差额，计入当年度企业本项目与其他项目合并计算的应纳税所得额 （2）销售完工开发产品，按照应纳税所得额 25% 的税率缴纳企业所得税 2. 核定征收
房产持有阶段	城建税	按增值税税额 7%（或 5%、1%）缴纳，不动产所在地为市区的，税率为 7%；不动产所在地为县、镇的，税率为 5%；不动产所在地不在市区、县、镇的，税率为 1%
	教育费附加	按增值税税额 3%
	城镇土地使用税	按土地实际占用面积和定额税率计算缴纳
	房产税	自用房产，按房产计税余值1.2% 缴纳；房产出租的，按租金收入12% 缴纳

复习思考题

1. 房地产开发企业的生产经营特点有哪些？
2. 房地产开发企业按照开发产品的类型可以分成哪几类？
3. 房地产开发企业会计核算的特点有什么？
4. 房地产开发企业应设置哪些会计科目？
5. 房地产开发企业涉及的应纳税税种有哪些？

第2章 企业设立阶段

学习目的

- 了解房地产开发经营企业设立的规定
- 了解房地产开发经营企业的开发经营资质
- 掌握房地产开发企业首次出资、增资的会计处理
- 掌握初始阶段开办费的会计处理
- 了解初始阶段印花税的相关处理

设立房地产开发企业是从事房地产开发经营的前提，在企业设立阶段，需要符合相关法律法规的规定；在税务上需要办理税务登记手续，主要应纳税种有印花税，如果接受土地使用权出资，还将涉及契税；在会计上主要涉及接受投资者出资的核算及其开办费用的核算。

2.1 初始阶段业务概述

设立房地产开发企业时，投资者可以采用货币资金等不同的出资方式。房地产企业成立后进行房地产开发，需要申请办理相应的房地产开发资质。房地产开发企业初始阶段会成立一个项目公司，即专门从事房地产开发业务的公司。

2.1.1 房地产开发企业设立的一般规定

房地产开发企业的主要组织形式是房地产开发公司，设立房地产开发公司要符合《中华人民共和国公司法》（以下简称《公司法》）的规定。

1.《公司法》规定的公司设立条件

房地产开发企业的主要形式为有限责任公司和股份有限公司，根据《公司法》规定，这两种公司形式具体的设立条件略有不同。

（1）设立有限责任公司应当具备下列条件：

- 股东符合法定人数；
- 股东出资达到法定资本最低限额；
- 股东共同制订公司章程；

- 有公司名称，建立符合有限责任公司要求的组织机构；
- 有公司住所。

（2）设立股份有限公司应当具备下列条件：

- 发起人符合法定人数；
- 发起人认购和募集的股本达到法定资本最低限额；
- 股份发行、筹办事项符合法律规定；
- 发起人制订公司章程，采用募集方式设立的须经创立大会通过；
- 有公司名称，建立符合股份有限公司要求的组织机构；
- 有公司住所。

2.《城市房地产管理法》规定的企业设立条件

根据《城市房地产管理法》规定，设立房地产开发企业应当具备下列条件：

- 有自己的名称和组织机构；
- 有固定的经营场所；
- 有符合国务院规定的注册资本；
- 有足够的专业技术人员；
- 法律、行政法规规定的其他条件。

2.1.2 房地产开发企业设立的特殊规定

根据《城市房地产开发经营管理条例》规定，设立房地产开发企业，除应当符合有关法律、行政法规规定的企业设立条件外，还应当具备下列条件。

1．有 100 万元以上的注册资本

有 4 名以上持有资格证书的房地产专业、建筑工程专业的专职技术人员，2 名以上持有资格证书的专职会计人员。

《城市房地产开发经营管理条例》还规定，省、自治区、直辖市人民政府可以根据实际情况，对设立房地产开发企业的注册资本和专业技术人员的条件做出高于前款的规定。

2．开发经营资质

根据《城市房地产开发经营管理条例》规定，房地产开发主管部门应当根据房地产开发商的资产、专业技术人员和业内成就等，核定其资质等级申请。房地产开发企业应当按照核定的资质从事房地产开发项目。

房地产开发企业的资质分为 4 个等级，各等级是分级审核，对应的不同资质等级的经营范围，如表 2-1 所示。

表 2-1　房地产开发企业不同资质审批及经营范围

资质等级	审批机构	经营范围
一级资质房地产开发企业	由有关省、自治区或直辖市人民政府的建设主管部门初审，报国务院建设行政主管部门审批	一级资质的房地产开发商不受房地产项目范围限制，可在全国范围承揽房地产开发项目
二级及二级以下资质房地产开发企业	由省、自治区或直辖市人民政府主管部门制定	二级及以下资质的房地产开发商可承担建筑面积 25 万平方米以下的项目，承担业务的具体范围由省、自治区或市级人民政府的建设行政主管部门负责

2.1.3　开发经营资质核定流程

新设立的房地产开发企业申请经营资质核定流程如下。

（1）新设立的房地产开发企业向房地产开发主管部门备案后，房地产开发主管部门必须于 30 日内向符合资格的房地产开发商核发《暂定资质证书》。

（2）自发证当日起有效期 1 年，房地产开发主管部门可视企业实际经营情况将有效期延长，但延长期限不超过 2 年。

（3）申请核定资质。房地产开发企业应在暂定资质证书有效期届满前 1 个月内向房地产开发主管部门申请核定资质等级。房地产开发主管部门应根据其开发经营业绩核定相应的资质等级。

（4）开发经营资质的年检。根据《城市房地产开发经营管理条例》规定，房地产开发企业的资质实行年检制度。年检的管辖机关如表 2-2 所示。

表 2-2　房地产开发企业资质年检

资质等级	资质年检
一级资质房地产开发企业	一级资质的房地产开发企业的资质年检由国务院建设行政主管部门或其委托的机构负责
二级及二级以下资质房地产开发企业	二级或以下资质开发企业的资质年检由省、自治区、直辖市人民政府的建设行政主管部门制定办法

2.2　初始阶段会计处理

房地产开发企业成立后，需进行出资、增资等会计核算。房地产开发企业初始阶段涉及的会计业务主要包括接受投资者出资业务、增资业务、开办费以及纳税业务的会计处理。

2.2.1 首次出资的会计处理

房地产开发企业首次出资会计处理，应当设置“实收资本”账户核算房地产开发企业接受投资者投入的实收资本，股份有限公司应设置“股本”账户核算。

1．投资者全部以货币资金出资

【例 2-1】天宏基业房地产开发公司向工商局登记的注册资本为 20 000 000.00 元，幸福家具公司持股 50%、雅美投资公司持股 30%、凯乐管理咨询公司持股 20%。2016 年 4 月 3 日，天宏基业房地产公司如期收到各投资者一次性缴足的款项，存入在工商银行开设的验资户里。

2016 年 4 月 29 日，天宏基业房地产公司正式成立，在工商银行开设了基本存款账户，将临时存款账户的资金转入基本存款账户。

根据上述资料，工商登记手续办理完毕后，依据银行进账单回单，天宏基业房地产开发公司应做如下会计处理。

借：银行存款——工商银行（验资户）　　20 000 000.00

　贷：实收资本——幸福家具公司　　10 000 000.00

　　　　　　——雅美投资公司　　6 000 000.00

　　　　　　——凯乐管理咨询公司　　4 000 000.00

2016 年 4 月 29 日，根据将临时存款账户的资金转入基本存款账户的银行回单，做如下会计处理。

借：银行存款——工商银行（基本户）　　20 000 000.00

　贷：银行存款——工商银行（验资户）　　20 000 000.00

2．投资者以非货币资金出资

投资者以土地使用权出资，需要先办理评估手续，进行产权转移，才能确认投资者的出资。

【例 2-2】天宏基业房地产开发公司向工商局登记的注册资本为 20 000 000.00 元，幸福家具公司持股 50%、雅美投资公司持股 30%、凯乐管理咨询公司持股 20%。幸福家具公司以土地使用权出资，土地使用权经评估的公允价值为 10 000 000.00 元，雅美投资公司和凯乐管理咨询公司以货币资金出资。

2016 年 4 月 3 日，天宏基业房地产公司如期收到雅美投资公司和凯乐管理咨询公司一次性缴足的款项，存入在工商银行开设的验资户里。

2016 年 5 月 23 日，幸福家具公司办妥产权转移手续。

根据上述资料，工商登记手续输完毕后，依据银行进账单回单，天宏基业房地产开发公司应做如下会计处理。

借：银行存款——工商银行（验资户） 10 000 000.00
贷：实收资本——雅美投资公司 6 000 000.00
——凯乐管理咨询公司 4 000 000.00

2016 年 5 月 23 日，幸福家具公司办妥产权转移手续。天宏基业房地产开发公司根据产权转移书据，土地使用权评估确认价值证明文件，做如下会计处理。

借：无形资产——土地使用权 10 000 000.00
贷：实收资本——幸福家具公司 10 000 000.00

3．股东投入非货币资产价值高于注册资本的处理

【例 2-3】天宏基业房地产开发公司向工商局登记的注册资本为 20 000 000.00 元，幸福家具公司持股 50%、雅美投资公司持股 30%、凯乐管理咨询公司持股 20%。幸福家具公司以土地使用权出资，土地使用权经评估的公允价值为 20 000 000.00 元，雅美投资公司和凯乐管理咨询公司以货币资金出资。根据天宏基业房地产开发公司的股东会协议，评估的土地使用权价值超出投资协议约定价值的部分，作为资本公积，且其收益归全体股东享有。

2016 年 4 月 3 日，天宏基业房地产公司如期收到雅美投资公司和凯乐管理咨询公司一次性缴足的款项，存入在工商银行开设的验资户里。

2016 年 5 月 23 日，幸福家具公司办妥产权转移手续。

根据上述资料，工商登记手续输完毕后，依据银行进账单回单，天宏基业房地产开发公司应做如下会计处理。

借：银行存款——工商银行（验资户） 10 000 000.00
贷：实收资本——雅美投资公司 6 000 000.00
——凯乐管理咨询公司 4 000 000.00

2016 年 5 月 23 日，幸福家具公司办妥产权转移手续。天宏基业房地产开发公司根据产权转移书据，土地使用权评估确认价值证明文件，做如下会计处理。

借：无形资产——土地使用权 20 000 000.00
贷：实收资本——幸福家具公司 10 000 000.00
资本公积——资本溢价 10 000 000.00

相关链接：根据《企业会计准则第 6 号——无形资产》的规定，投资者投入无形资产的成本，应当按照投资合同或协议约定的价值确定，但合同或协议约定价值不公允的除外。《公司法》规定股东投资资产按里面的规定进行评估后，全体股东应该确认评估价值，在此基础上确定投资比例等后续事宜。所以上面的天宏基业房地产公司的股东只确认该土地使用权 10 000 000.00 元的价值，超出部分在投资协议中明确后续处理。

2.2.2 增资的会计处理

房地产开发企业增加资本一般有以下三种途径：

（1）所有者（包括原企业所有者和新投资者）投入；

（2）将资本公积转为实收资本或者股本；

（3）将盈余公积转增资本。

企业将盈余公积转增资本时，必须经股东大会决议批准。在实际将盈余公积转增资本时，要按股东原有持股比例结转。如果企业为独资企业，直接结转即可；如果为股份有限公司或有限责任公司，应按原投资者所持股份同比例增加各股东的股权。

1. 所有者（包括原企业所有者和新投资者）投入

一般情况下，企业的实收资本应相对固定不变，但某些特定情况下，实收资本也可能发生增减变化。实收资本（或股本）的增减变动如表 2-3 所示。

表 2-3 房地产开发企业实收资本（或股本）的增减变动

企业法人登记管理条例的规定	实收资本(或股本)的增加	实收资本(或股本)的减少
除国家另有规定外，企业的注册资金应当与实收资本相一致，当实收资本比原注册资本增加或减少的幅度超过 20% 时，应持资金信用证明或者验资证明，向原登记主管机关申请变更登记。如擅自改变注册资本或抽逃资金，要受到工商行政管理部门的处罚	三个途径：接受投资者追加投资、资本公积转增资本和盈余公积转增资本由于资本公积和盈余公积均属于所有者权益，用其转增资本时，如果是独资企业比较简单，直接结转即可。如果是股份公司或有限公司应该按照原投资者出资比例相应增加各投资者的出资额	企业减少实收资本应按法定程序报经批准，股份有限公司采用收购本公司股票方式减资的，按股票面值和注销股数计算的股票面值总额冲减股本，所注销库存股的账面余额与所冲减股本的差额冲减股本溢价，股本溢价不足冲减的，再冲减留存收益。如果购回股票支付的价款低于面值总额的，所注销库存股的账面余额与所冲减股本的差额作为增加股本溢价处理

【例 2-4】天宏基业房地产开发公司原由幸福家具公司持股 50%，雅美投资公司持股 30% 和凯乐管理咨询公司持股 20% 共同投资设立，原注册资本是 20 000 000.00 元。2016 年 3 月 20 日，嘉禾公司投入货币资金 6 000 000.00 元，经股东会决议，嘉禾公司持股比例为 20%，增资后的注册资本为 25 000 000.00 元。

根据上述资料，天宏基业房地产公司收到嘉禾公司投入的资本，存在新开设的工商银行临时存款账户尾号是 6699，根据工商变更核准通知书，银行进账单回单，做如下会计处理。

借：银行存款——工商银行（验资户 6699） 6 000 000.00

贷：实收资本——嘉禾公司 5 000 000.00

资本公积——资本溢价 1 000 000.00

2016 年 4 月 29 日，根据将临时存款账户的资金转入基本存款账户的银行回单，做如下会计处理。

借：银行存款——工商银行（基本户） 6 000 000.00

　贷：银行存款——工商银行（验资户6699） 6 000 000.00

2．将资本公积转为实收资本或者股本

将资本公积转为实收资本或股本。在办理增资手续后，依据股东大会决议，应借记“资本公积——资本溢价”或“资本公积——股本溢价”科目，贷记“实收资本”或“股本”科目。

资本公积的概念和核算内容如表 2-4 所示。

表 2-4　房地产开发企业资本公积的概念与核算内容

资本公积的定义	资本溢价（或股本溢价）的定义	资本公积核算内容
企业收到投资者投入的超出其在企业注册资本(或股本)中所占份额的投资额,以及直接计入所有者权益的利得和损失等。资本公积包括资本溢价（或股本溢价）和直接计入所有者权益的利得和损失等	企业收到投资者投入的超出其在企业注册资本（或股本）中所占份额的投资额。形成资本溢价（或股本溢价）的原因有溢价发行股票、投资者超额缴入资本等	包括资本溢价（或股本溢价）的核算、其他资本公积的核算和资本公积转增资本的核算等内容

【例 2-5】天宏基业房地产开发公司原由幸福家具公司持股 50%、雅美投资公司持股 30% 和凯乐管理咨询公司持股 20% 共同投资设立，原注册资本是 20 000 000.00 元。为了扩大经营规模，经股东大会决议，天宏基业房地产开发公司按照原出资比例将资本公积 10 000 000.00 元转增资本。

根据上述资料，依据股东会决议，天宏基业房地产开发公司做如下会计处理。

借：资本公积 10 000 000.00

　贷：实收资本——幸福家具公司 5 000 000.00

　　　　　　——雅美投资公司 3 000 000.00

　　　　　　——凯乐管理咨询公司 2 000 000.00

3．将盈余公积转为实收资本或者股本

将盈余公积转为实收资本。在办理增资手续后，依据股东大会决议，应借记“盈余公积”科目，贷记“实收资本”或“股本”科目。

【例 2-6】天宏基业房地产开发公司原由幸福家具公司持股 50%、雅美投资公司持股 30% 和凯乐管理咨询公司持股 20% 共同投资设立，原注册资本是 20 000 000.00 元。为了扩大经营规模，经股东大会决议，天宏基业房地产开发公司按照原出资比例将盈余公积 10 000 000.00 元转增资本。

根据上述资料，依据股东会决议，天宏基业房地产开发公司做如下会计处理。

借：盈余公积　　10 000 000.00

　　贷：实收资本——幸福家具公司　　5 000 000.00

　　　　　　　　——雅美投资公司　　3 000 000.00

　　　　　　　　——凯乐管理咨询公司　　2 000 000.00

4. 股份有限公司发行股票增资

股份有限公司是以发行股票的方式筹集股本的，股票可按面值发行，也可按溢价发行，我国目前不允许折价发行。与其他类型企业不同的是股份有限公司可以溢价发行股票，因而会产生股本溢价。股本溢价的数额等于股份有限公司发行股票时实际收到的款项超过股票面值总额的部分。

在按面值发行股票时，企业发行股票取得的收入应全部作为股本处理；在溢价发行股票时，企业发行股票取得的超出股票面值的溢价收入作为股本溢价处理。

发行股票相关的手续费、佣金等交易费用，如果是溢价发行股票的，应从溢价收入中抵扣，冲减资本公积——股本溢价；不足抵扣的冲减留存收益。

【例 2-7】范例科股份有限公司公开发行普通股 60 000 000 股，每股面值 1 元，每股发行价格为 5 元。以银行存款支付发行手续费、咨询费等费用共计 5 000 000.00 元。2016 年 7 月 21 日发行收入已全部收到，发行费用已全部支付，不考虑其他因素。

根据上述资料，范例科股份有限公司做如下会计处理。

（1）2016 年 7 月 21 日收到发行收入。

发行收入: 60 000 000 × 5=300 000 000.00 元

股票溢价：60 000 000 ×（5−1）=240 000 000.00 元

借：银行存款　　300 000 000.00

　　贷：股本　　60 000 000.00

　　　　资本公积——股本溢价　　240 000 000.00

（2）2016 年 7 月 21 日，支付发行费用。由于范例科股份有限公司的股本溢价 240 000 000.00 元高于发行中发生的交易费用 5 000 000.00 元，因此，交易费用可从股本溢价中扣除，作为冲减资本公积处理。

借：资本公积——股本溢价　　5 000 000.00

　　贷：银行存款　　5 000 000.00

2.2.3 初始阶段开办费的会计处理

房地产开发企业在筹建期间内发生的开办费，包括人员工资、办公费、培训费、差旅费、印刷费、注册登记费以及不计入固定资产成本的借款费用等。筹建期间为从企业开始筹建之日起至取得营业执照之日止。开办费在实际发生时，依据相关原始凭证，借记“管理费用——开办费”，贷记“银行存款”等科目。

【例 2-8】2016 年 4 月 30 日，天宏基业房地产开发公司支付设立验资费 18 000.00 元。2016 年 5 月 10 日，支付工资 20 000.00 元，支付水电费 3 000.00 元。

天宏基业房地产开发公司依据银行转账凭证和相关发票做如下会计处理。

（1）2016 年 4 月 30 日，支付验资费。

借：管理费用——开办费　　18 000.00

　贷：银行存款　　18 000.00

（2）2016 年 5 月 10 日，支付工资 20 000.00 元，支付水电费 3 000.00 元

借：管理费用——开办费　　23 000.00

　贷：银行存款　　23 000.00

2.2.4 前期调研阶段的会计处理

房地产开发企业在设立之初，已有很强的目的性，比如说准备投资某一个项目，但成立之初，未必已经获取到土地。

对于前期的调研费用，如果可以确定是针对于未来某一个项目，可以计入“开发成本——前期工程费”，如果未来企业发展计划未确定，可以入“管理费用”或者是“长期待摊费用”。

【例 2-9】2016 年 11 月 30 日，天宏基业房地产开发公司的市场开发部员工去浙江省调研，发生差旅费 30 000.00 元，调研办公费 15 000.00 元。在调研期间，参与当地的各种会议，发生会议费 15 000.00 元。

2016 年 12 月 10 日，委托乐为思咨询服务公司对 ×× 市 E300A 地块进行可行性分析报告，支付了第一期款项 100 000.00 元。

2016 年 12 月 15 日，委托彭城测绘公司对 ×× 市 E300A 地块进行测绘，并出具报告，支付了测绘费 120 000.00 元。

根据上述资料，天宏基业房地产公司的会计处理如下。

（1）2016 年 11 月 30 日支付了调研费。

借：管理费用——差旅费　　30 000.00

　　　　　——办公费　　15 000.00

　　　　　——会议费　　15 000.00

　贷：银行存款　　60 000.00

（2）2016 年 12 月 10 日，支付了第一期款项 100 000.00 元。

借：开发成本——前期工程费　　100 000.00

贷：银行存款 100 000.00

（3）2016 年 12 月 15 日，支付了测绘费 120 000.00 元。

借：开发成本——前期工程费 120 000.00

贷：银行存款 120 000.00

相关链接：《房地产开发经营业务企业所得税处理办法》（国税发〔2009〕31 号）第二十七条规定，“前期工程费。指项目开发前期发生的水文地质勘察、测绘、规划、设计、可行性研究、筹建、场地通平等前期费用”。

开发项目调研阶段是房地产企业寻找开发项目的阶段，包括：投资项目的寻找、投资项目精选、初步可行性研究、项目谈判、详细可行性研究和公司总体决策几个步骤。所以，在此阶段，也可聘请外部专家进行咨询，发生的费用符合上述文件的规定范围，可以计入“开发成本——前期工程费”。最终没有获取土地成功的，转入管理费用。

【例 2-10】2016 年 3 月 10 日，天宏基业房地产开发公司参与××市 E300A 地块的拍卖，发生调研费 220 000.00 元，最后该地块被绿地房地产开发公司竞得，天宏基业房地产开发公司没有成功获取土地。

天宏基业房地产开发公司根据××市 E300A 地块的土地拍卖结果公示，做如下会计处理。

借：管理费用——调研费 220 000.00

贷：开发成本——前期工程费 220 000.00

2.3 初始阶段纳税处理

2.3.1 印花税

房地产开发企业在设立阶段除涉及印花税外，一般不涉及其他税收，发生的印花税，一般不通过“应交税费”科目进行核算，印花税在实际缴纳时直接计入“管理费用”科目。

【例 2-11】2016 年 9 月 30 日，天宏基业房地产开发公司支付资本金的印花税 10 000.00 元（资本金 20 000 000.00×资本金的印花税税率 0.05%=10 000.00 元）。

根据上述资料，天宏基业房地产公司做如下会计处理。

借：管理费用——印花税 10 000.00

贷：银行存款 10 000.00

2.3.2 初始阶段的涉税问题

1. 土地投资是否缴纳土地增值税

【例 2-12】天宏基业房地产开发公司向工商局登记的注册资本为 10 000 000.00 元，幸福家具公司持股 50%、雅美投资公司持股 30% 和凯乐管理咨询公司持股 20%。幸福家具公司以账面价值为 2 000 000.00 元土地使用权出资，土地使用权经评估的公允价值为 10 000 000.00 元，雅美投资公司和凯乐管理咨询公司以货币资金出资。根据天宏基业房地产开发公司的股东会协议，评估的土地使用权价值超出投资协议约定价值的部分，作为资本公司，且其收益归全体股东享有。

2016 年 5 月 23 日，幸福家具公司办理产权转移手续时，幸福家具公司需要缴纳土地增值税吗?

分析如下：

幸福家具公司不需要缴纳土地增值税。因为幸福家具公司是将自有的房地产进行投资，不需要缴纳增值税。但是天宏基业房地产公司将上述房产再转让，就需要缴纳土地增值税。

相关链接：根据《财政部、国家税务总局关于土地增值税一些具体问题规定的通知》(财税字［1995］048 号)的规定，对于以房地产进行投资、联营的，投资、联营的一方以土地(房地产)作价入股进行投资或作为联营条件，将房地产转让到所投资、联营的企业中时，暂免征收土地增值税。对投资、联营企业将上述房地产再转让的，应征收土地增值税。对于一方出地、一方出资金，双方合作建房，建成后按比例分房自用的，暂免征收土地增值税；建成后转让的，应征收土地增值税。

幸福家具公司虽然不需经缴纳土地增值税，但需要缴纳企业所得税、印花税。契税由产权承受方天宏基业房地产开发公司缴纳。

企业所得税计算，将该土地的公允价值与账面净值的差额［即（10 000 000.00–2 000 000.00）=8 000 000.00］并入当年的应纳税所得额，计算缴纳企业所得税。

相关链接：根据企业所得税相关规定，企业以经营活动的部分非货币性资产对外投资，应在投资交易发生时，将其分解为按公允价值销售有关非货币性资产和投资两项经济业务进行所得税处理，并按规定计算确认资产转让所得或损失。

印花税：产权转移书据适用 0.05% 的税率。

契税由产权承受方天宏基业房地产开发公司缴纳。

契税的计算：计税依据是以土地、房屋权属转移合同确定的价格，包括承受者应交付的货币、实物、无形资产或者其他利益。税率为 4%。即 5 000 000.00 × 4% =200 000.00 元。

相关链接：《中华人民共和国契税暂行条例》第八条规定，契税的纳税义务发生时间为纳税人签订土地、房屋权属转移合同的当天，或者纳税人取得其他具有土地、房屋权属转移合同性质凭证的当天。

土地、房屋权属以下列方式转移的，视同土地使用权转让、房屋买卖或房屋赠与征税。

（一）以土地、房屋权属作价投资、入股。

（二）以土地、房屋权属抵债。

（三）以获奖方式承受土地、房屋权属。

（四）以预购方式或预付集资建房款方式承受土地、房屋权属。

2. 筹建期的业务招待费可否税前扣除

【例 2-13】企业筹建期发生的业务招待费、广告费和业务宣传费，是否可以在企业所得税税前扣除？

分析如下：

根据《国家税务总局关于企业所得税应纳税所得额若干税务处理问题的公告》（国家税务总局公告 2012 年第 15 号）第五条规定：企业在筹建期间，发生的与筹办活动有关的业务招待费支出，可按实际发生额的 60% 计入企业筹办费，并按有关规定在税前扣除。发生的广告费和业务宣传费，可按实际发生额计入企业筹办费，并按有关规定在税前扣除。同时企业处理筹建期发生的费用时，还需按照《国家税务总局关于企业所得税若干税务事项衔接问题的通知》（国税函〔2009〕98 号）第九条的规定进行处理，即新税法中开（筹）办费未明确列作长期待摊费用，企业可以在开始经营之日的当年一次性扣除，也可以按照新税法有关长期待摊费用的处理规定处理，但一经选定不得改变。

3. 以不动产投资入股的税务问题

【例 2-14】个人股东以不动产投资入股，要缴个人所得税吗？

分析如下：

根据《国家税务总局关于资产评估增值计征个人所得税问题的通知》（国税发〔2008〕115 号）规定，个人以评估增值的非货币性资产对外投资取得股权的，对个人取得相应股权价值高于该资产原值的部分，属于个人所得，按照“财产转让所得”项目计征个人所得税。税款由被投资企业在个人取得股权时代扣代缴。个人不能提供完整、准确财产(资产)原值凭证的，主管税务机关可依法核定其财产原值。

但是，后来该文件被国家税务总局收回。个人认为：如果一个自然人以不动产投资一家企业，需要缴纳税金。而另一个自然人以货币资金投入一家企业，不需要缴纳任何税金。对于不同自然人来说，这就造成不公平，也违背了税法的公平性。因此，在实践过程中，纳税人碰到用不动产投资入股的情况，要与主管税务机关积极沟通，争取在投资环节不缴纳个 人所得税，等待转让或处置环节缴纳个人所得税。

【例 2-15】法人股东以不动产投资入股，要缴企业所得税吗？

分析如下：

企业法人以非货币性资产——不动产投资入股另一家企业或成立新企业，意味着，该企业法人用非货币性资产换取了另一家企业的股权。

如果该企业法人符合《财政部、国家税务总局关于企业重组业务企业所得税处理若干问题的通知》(财税〔2009〕59 号文) 特殊重组的条件规定：可以暂缓缴纳企业所得税，可以达到延迟纳税的目的。

如果上述交易不符合特殊重组的条件，根据企业所得税法的相关规定：企业发生非货币性资产交换，以及将货物、财产、劳务用于捐赠、偿债、赞助、集资、广告、样品、职工福利或者利润分配等用途的，应该视同销售货物、转让财产或者提供劳务。这就意味着用不动产换取股权的交易行为，企业应该视同销售不动产，按照不动产的销售确认转让的损益。

复习思考题

1. 简述房地产开发企业设立的特殊规定。
2. 简述房地产开发企业开发经营资质核定流程。
3. 简述房地产开发企业首次出资如何进行会计处理。
4. 简述房地产开发企业增资如何进行会计处理。
5. 简述房地产开发企业初始阶段开发费用的会计处理
6. 简述房地产开发企业设立阶段的相关税务处理。

第3章 获取土地阶段

学习目的

- 了解房地产开发企业获取土地使用权的方式
- 了解闲置土地处置的制度
- 掌握土地使用权确认的会计处理
- 掌握拆迁补偿费的会计处理
- 掌握获取土地阶段耕地占用税、土地使用税的纳税处理
- 掌握获取土地阶段契税、印花税的纳税处理

房地产企业能否及时获取相应的土地资源以及土地价格的变化都对房地产项目的开发有很大的影响。获取土地阶段，需了解土地所有权与使用权制度、土地使用权的取得方式、土地闲置制度、终止土地使用权等相关制度，会计处理上，涉及各种土地使用权取得方式的会计核算，获取土地阶段主要应纳税种有契税、耕地占用税和印花税。

3.1 获取土地阶段业务概述

我国《土地管理法》《城市房地产管理法》及《城市房地产开发经营管理条例》等对我国土地所有权与使用权制度、土地使用权的取得方式、土地闲置制度和终止土地使用权进行了明确规定。获取土地使用权是房地产项目开发的首要条件。

3.1.1 获取土地使用权的方式

根据《城市房地产管理法》《城市房地产开发经营管理条例》的规定，房地产开发企业获取土地使用权的主要方式有以下几种。

1．通过行政划拨方式取得

如国家将土地无偿交付学校、医院使用，或者县级以上人民政府依法批准，土地使用者缴纳一定费用后将土地交付其使用。

2．旧城改造取得中标地块国有土地使用权

如某地方政府批准进行旧城改造，就用招标或其他方式招商，让房地产开发企业进行旧城改造后，取得该地块的国有土地使用权。

3．转让取得

转让取得，也即是从土地二级市场中购买所得。如房地产开发企业直接从某个人或企业购买一块土地使用权。

4．出让方式取得

出让方式有招标、拍卖、协议出让三种方式，如房地产开发企业与国家签订土地出让合同，支付土地出让金，获得一定年限土地使用权。

5．联合开发并报有关主管部门立项、审批后取得

联合开发是指由一方提供建设用地使用权，另外一方提供资金、技术、劳务等，合作开发土地，建筑房产等项目，共担风险，共享收益的房地产开发方式。他们可以采用组建新的房地产开发公司进行开发，或者不组建公司只成立联合管理机构，还可以采用按照合同的约定各自独立履行义务、分享收益的方式。

6．通过司法裁决取得

通过司法裁决取得，如以地抵债等。

7．通过兼并、收购等股权重组方式取得

如某房地产开发企业通过收购或兼并另一间有土地使用权的企业，以获取其公司名下持有的土地使用权进行开发。

由于房地产开发企业获取土地一般具有商业目的，所以比较少有无偿划拨取得土地使用权的情况。

3.1.2　土地使用权的期限

我国实行土地的社会主义公有制，所以出让的只有土地使用权，相应的土地使用权是有期限的。

1．土地使用权的期限

出让的土地由于其用途不同，土地的使用期限也不相同，主要分为：

（1）居住用地 70 年；

（2）工业用地 50 年；

（3）商业用地 40 年。

土地使用权出让最高限价年限由国务院规定。

2．延长土地使用权的期限

根据相关法律法规，不同用途的土地使用权届满时的处理方式，如表 3–1 所示。

表 3-1　土地使用权届满时处理方式

情　况	处　理
用作住宅用途的建筑土地使用权的年期届满	应自动更新
有关其他用途的建筑土地使用权到期	土地使用者应于使用期届满前最少 1 年申请延期，除非土地因公众利益考虑而需收回外，申请应被批准
	当延期获得批准，必须重新签署土地出让合同及支付按重新签署土地出让合同所示的土地出让金
土地使用权年期届满而土地使用者并无申请延期或延期不获批准	土地使用权应免费归还国家

土地使用权应于土地停止使用时终止。当建筑土地使用权已终止，授予者应实时进行取消注册的正式手续，建筑土地使用权证应由土地注册处取回。

3．土地所有权与使用权相关的制度

根据《土地管理法》，我国实行土地的社会主义公有制，即全民所有制和劳动群众集体所有制。城市市区的土地属于国家所有；农村和城市郊区的土地，除由法律规定属于国家所有的以外，属于农民集体所有；宅基地和自留地、自留山，属于农民集体所有。

国有土地和农民集体所有的土地，可以依法确定给单位或者个人使用。使用土地的单位和个人，有保护、管理和合理利用土地的义务。单位和个人依法使用的国有土地，由县级以上人民政府登记造册，核发证书，确认建设用地使用权；其中，中央国家机关使用的国有土地的具体登记发证机关由国务院确定。依法改变土地权属和用途的，应办理土地变更登记手续。

3.1.3　闲置土地处置制度

根据我国的《闲置土地处置办法》，闲置土地是指土地使用者依法取得土地使用权后，未经原批准用地的人民政府同意，超过规定的期限未动工开发建设的建设用地。

（1）闲置土地的认定如表 3-2 所示。

表 3-2　房地产开发企业不同资质审批及经营范围

情　况	闲置的认定
国有土地有偿使用合同或者建设用土批准书未规定动工开发建设日期	自国有土地有偿使用合同生效或者土地行政主管部门建设用地批准书颁发之日起满 1 年未动工开发建设的
已动工开发建设	开发建设的面积占应动工开发建设总面积不足 1/3 或者已投资额占投资额不足 25% 且未经批准中止开发建设连续满 1 年
其他	法律及行政法规规定的其他情形

（2）市、县人民政府土地行政主管部门对其认定的闲置土地，应当通知土地使用者，拟订该宗闲置土地处置方案，闲置土地依法设立抵押权的，还应通知抵押权人参与

处置方案的拟订工作。闲置土地处置方案如表 3-3 所示。

表 3-3　闲置土地处置方案

方案选择	处置方案	备注
延长开发建设时间	最长不得超过 1 年	
改变土地用途	需要办理有关手续才可以继续开发建设	
安排临时使用	因为某些原因，原来的开发建设条件不具备，待原项目开发建设条件具备后，重新批准开发，土地增值的，由政府收取增值地价	常常给房地产开发商钻了空子
置换其他土地开发	因为某些原因，如开发过程中发现历史文化遗迹等，政府为土地使用者转换其他等价闲置土地或者现有建设用地进行开发建设	
重新确定新的土地使用者	如出现政府认为原投资不适宜开发此土地，政府采取招标、拍卖方式确定新的土地使用者，对原建设项目继续开发建设，并对原土地使用者给予补偿	
土地使用者与政府签订土地使用权交还协议等文书，将土地使用权交还给政府	原土地使用者需要使用土地时，政府应当依照土地使用权交还协议等文书的约定供应与其交还土地等价的土地	
因政府或有关部门行为造成的闲置土地	如果土地使用者支付部分土地款，还可以选择按照实际交款额中总地价款的比例折算，确定相应土地给原土地使用者使用，其余部分政府收回	

以上处置方案选择后，经原批准用地的人民政府批准后，由市或县人民政府土地行政主管部门组织实施。

（3）在城市规划区范围内，以出让等有偿使用方式取得土地使用权进行房地产开发的闲置土地，以及已经办理审批手续的非农业建设占用耕地，视不同情况进行不同的处罚，如表 3-4 所示。

表 3-4　闲置土地罚则

土地属性	情　况	罚　则
城市规划区范围的土地	超过出让合同约定的动工开发日期满 1 年未动工开发的	可以征收相当于土地出让金 20% 以下的土闲置费
	超过出让合同约定的动工开发日期满 2 年未动工开发的	可以无偿收回土地使用权
	因不可抗力或者政府、政府有关部门的行为或者动工开发必需的前期工作造成动工开发迟延	不在处罚范围内
非农业建设占用耕地	1 年内不用而又可以耕种并收获的	应当由原耕种该幅耕地的集体或者个人恢复耕种，也可以由用地单位组织耕种
	1 年以上未动工建设的	按照省、自治区、直辖市的规定缴纳闲置费

续表

土地属性	情　况	罚　则
非农业建设占用耕地	连续 2 年未使用的	经原批准机关批准，由县级以上人民政府无偿收回土地使用者的土地使用权
		该幅土地原为农民集体所有的，应当交由原农村集体经济组织恢复耕种

（4）其他用途土地限制政策。为了有效利用土地资源，我国先后颁布了多部关于严格控制高档商品住房用地出让等政策，如表 3-5 所示。

表 3-5　其他关于土地用途政策

颁布时间	颁布部门	内　容	文件名称
2003 年 9 月 4 日	国土资源部	自该通知发出之日起，严格控制高档商品房用地出让，停止申请单位集体住宅用地	《国土资源部关于加强城市建设用地审查报批工作有关问题的通知》
2006 年 6 月 30 日	国土资源部	房地产开发用地必须采用公开招标、拍卖或挂牌方式出让，坚决执行禁止单体住宅类房地产开发项目规定，从通知之日起，一律停止其供地和办理相关用地手续	《国土资源部关于当前进一步从严土地管理的紧急通知》（国土资电发〔2006〕17 号）
2007 年 9 月 30 日	国土资源部	规定开发作廉租住房、经济适用房及中低价位、中小套型住房之用的土地供应不得少于年度土地供应总量的 70%；土地及资源部门将控制每幅土地的面积及增加土地供应的数目，以防止房地产开发商囤积土地。房地产开发企业须按照相关土地使用权出让合同条款开发土地，任何违反行为将限制或禁止有关房地产开发企业参与未来的土地拍卖。一般而言，每幅土地的开发期间不得超过 3 年	进一步加强土地供应调控的新通知
2008 年 1 月 3 日	国务院	继续停止别墅类房地产开发项目的土地供应。供应住宅用地须将最低容积率限制、单位土地面积的住房建设套数和住宅建设套型等规划条件列入土地出让合同或划拨决定书，确保不低于 70% 的住宅用地用于建设廉租住房、经济适用房、限价房和 90 平方米以下中小套型普通商品房	《关于促进节约集体用地的通知》（国发〔2008〕3 号）

3.2　获取土地阶段会计处理

根据土地使用权的取得方式和持有目的不同设置不同的会计账户，进行不同的账务处理。房地产开发企业取得土地使用权，通常应确认为无形资产，但改变土地使用权用途的，用于赚取租金的，应当转换为投资性房地产；取得的土地使用权用于建造对外出售的房屋建筑物，相关的土地使用权账面价值应当计入所建造房屋成本。

3.2.1 确认土地使用权的会计处理

房地产开发企业取得的土地使用权，根据《企业会计准则第 6 号——无形资产》应用指南的规定，通常应确认为无形资产，但改变土地使用权用途，用于赚取租金的，应当将其转为投资性房地产。房地产开发企业取得土地使用权用于建造对外出售的房屋建筑物，相关的土地使用权账面价值应当计入所建造的房屋建筑物成本，取得土地使用权缴纳的相关契税、印花税及耕地占用税一般不通过“应交税费”账户，契税、耕地占用税应视取得土地使用权的用途计入不同的会计账户，印花税计入“管理费用”核算。

房地产开发企业根据获取土地的方式不同，确认取得的土地使用权。

【例 3-1】（1）天宏基业房地产开发公司 2015 年 6 月购置了一宗 10 万平方米的土地使用权（是耕地），支付土地出让金 20 000 000.00 元。

（2）2015 年 12 月，天宏基业房地产开发公司通过出让方式取得一块 50 万平方米的土地使用权进行房地产开发，支付土地出让金 100 000 000.00 元。

（3）2016 年 5 月，天宏基业房地产开发公司为建造自用办公楼购买了一块 10 万平方米的土地使用权，支付土地出让金 25 000 000.00 元。

（4）2016 年 8 月 16 日，天宏基业房地产开发公司参与了××市 ES60114 地块的招拍挂，先缴纳竞拍保证金 6 000 万元。2016 年 9 月 3 日，成功以 20 000 万元价格竞拍得××市 ES60114 地块，签订了土地出让合同，合同约定最后付款日期为 2016 年 10 月 10 日。2016 年 10 月 20 日，天宏基业房地产开发公司支付剩余的土地出让金 14 000 万元。由于延迟 10 天支付土地款，按土地出让合同约定，受让人未按时支付土地出让金的，每延期 1 日，竞得人按未付土地价款 0.1% 向出让人支付违约金。应支付土地出让款滞纳金 140 万元。

（5）2017 年 12 月，国土资源局对上述耕地征收土地闲置费 300 万元。

根据上述资料，天宏基业房地产开发公司的会计处理如下。

① 2015 年 6 月购买的耕地用于商品房开发，支付土地出让金 20 000 000.00 元时，依据财政部门开具的土地使用权出让金专用票据和银行转账单。

借：开发成本——土地征用及拆迁补偿费	20 000 000.00	
贷：银行存款		20 000 000.00

如果企业不是用于商品房开发，做如下会计处理。

借：无形资产——土地使用权	20 000 000.00	
贷：银行存款		20 000 000.00

② 2015 年 12 月，天宏基业房地产开发公司通过出让方式取得一块 50 万平方米的土地使用权进行房地产开发，支付土地出让金 100 000 000.00 元。依据财政部门开具的土地使用权出让金专用票据和银行转账单。

借：开发成本——土地征用及拆迁补偿费　　100 000 000.00

　贷：银行存款　　100 000 000.00

③ 2016 年 5 月，天宏基业房地产开发公司为建造自用办公楼购买了一块 10 万平方米的土地使用权，支付土地出让金 25 000 000.00 元。依据财政部门开具的土地使用权出让金专用票据和银行转账单。

借：无形资产——土地使用权　　25 000 000.00

　贷：银行存款　　25 000 000.00

因为房地产开发企业取的土地使用权是用于自建办公用房，并不是用于开发房地产，所以应将土地使用权的账面价值与地上建筑物的成本分开计算，分别进行摊销和预提折旧。

④ 2016 年 8 月 16 日，天宏基业房地产开发公司交纳竞拍保证金 6 000 万元。

借：其他应收款——国土资源局　　60 000 000.00

　贷：银行存款　　60 000 000.00

2016 年 9 月 3 日，成功以 20 000 万元价格竞拍得××市 ES60114 地块，签订了土地出让合同后，依据签订的土地出让合同编制如下会计分录。

借：预付账款——国土资源局　　60 000 000.00

　贷：其他应收款——国土资源局　　60 000 000.00

2016 年 10 月 20 日，天宏基业房地产开发公司支付剩余的土地出让金 14 000 万元，依据财政部门开具的土地使用权出让金专用票据和银行转账单，编制如下会计分录。

借：预付账款——国土资源局　　140 000 000.00

　贷：银行存款　　140 000 000.00

将房地产开发企业开发商品房购入的土地转入开发成本，依据土地出让合同，编制如下会计分录。

借：开发成本——土地出让及拆迁补偿费　　200 000 000.00

　贷：预付账款——国土资源局　　200 000 000.00

由于延迟 10 天支付土地款，按土地出让合同约定，受让人未按时支付土地出让金的，每延期 1 日，竞得人按未付土地价款 0.1% 向出让人支付违约金。应支付土地出让款滞纳金 140 万元。因为税法仅规定“税收滞纳金”不得在企业所得税前扣除，其他原因产生的滞纳金则不受扣除限制，所以延期支付土地出让金的滞纳金，可以直接在“营业外支出”入账。

借：营业外支出——土地滞纳　　　　　　　　　　　　1 400 000.00

　　贷：银行存款　　　　　　　　　　　　　　　　　　1 400 000.00

⑤ 2017 年 12 月，国土资源局对上述耕地征收土地闲置费 300 万元。依据财政部门开具的土地闲置费专用票据和银行转账单，编制如下会计分录。

借：开发成本——土地征用及拆迁补偿费　　　　　　　3 000 000.00

　　贷：银行存款　　　　　　　　　　　　　　　　　　3 000 000.00

相关链接：《房地产开发经营业务企业所得税处理办法》(国税发〔2009〕31 号）规定，土地闲置费计入“开发成本”中的“土地征用及拆迁补偿费”，可以在计算企业所得税时扣除。根据《国家税务总局关于土地增值税清算有关问题的通知》(国税函〔2010〕220 号）第四条规定，房地产开发企业逾期开发缴纳的土地闲置费不得扣除。

3.2.2 发生拆迁补偿费的会计处理

1. 房地产企业支付拆迁补偿费的账务处理

如果房地产开发企业获得的土地上有其他建筑物，比如说土地上有原居民的房子（类似旧城改造项目等）。房地产开发企业除了支付土地出让金外，还需要支付拆迁补偿费。

【例 3-2】2016 年 8 月 16 日，天宏基业房地产开发公司参与了××市 ES60114 地块的招拍挂，成功竞得了此块土地。2016 年 10 月 20 日，天宏基业房地产开发公司支付了土地出让金后，需要对土地进行拆迁改造。

（1）天宏基业房地产开发公司和拆迁户达成拆迁协议。被拆迁户张桂如取得天宏基业房地产开发公司住宅拆迁补偿款 120 000.00 元。

（2）同时天宏基业房地产开发公司还原其房屋面积为 96 平方米。其中：拆迁置换面积为 70 平方米（置换单价为 4 000.00 元/平方米），超置换面积 26 平方米（市场单价为 9 000.00 元/平方米）。天宏基业房地产开发公司为张桂如开具不动产销售发票，开具金额为 514 000.00 元（70×4 000.00+26×9 000.00）。该房屋单位成本为 4 500.00 元/平方米。

（3）此外，天宏基业房地产开发公司一次性支付拆迁方××市林和街道办拆迁补偿费 3 000 000.00 元。

根据上述资料，天宏基业房地产开发公司的会计处理如下。

① 支付拆迁户张桂如拆迁补偿款。

借：开发成本——土地征用费及拆迁补偿费　　　　　　120 000.00

　　贷：银行存款　　　　　　　　　　　　　　　　　　120 000.00

② 置换的房屋，相对于天宏基业房地产开发公司来说是销售房屋给拆迁户张

桂如，按销售总价确认收入。

借：银行存款　　514 000.00

　贷：主营业务收入　　514 000.00

③ 按成本价 4 500.00 元/平方米，结转销售成本。

借：主营业务成本　　432 000.00

　贷：开发产品　　432 000.00

2. 房地产开发企业收到拆迁补偿款的账务处理

【例 3-3】房地产开发企业在开发的过程中，往往要发生拆迁补偿行为，为了鼓励房产开发建设，当地政府会给房地产企业一定的拆迁补偿款，作为接受方，房地产企业取得政府给予的拆迁补偿款主要涉及企业所得税、土地增值税，那么，房地产企业如何进行会计和税务处理？

分析如下：

1. 会计处理

（1）不应直接冲减土地成本。

当前会计处理出现的矛盾是房地产企业多认为取得土地使用权实际支付的土地价款应当作为土地的实际成本，主张实际收到的土地出让金等土地返还款直接冲减土地成本。而另一种观点认为这部分返还款属于政府补助的性质，应当根据《企业会计准则第 16 号——政府补助（2006）》的规定来处理。企业按照“招拍挂”确定金额全额缴纳的土地出让金已经取得了全额票据计入土地受让成本，另外政府给予的返还从票据上来说并不是原票据的折让冲回，开具的多是其他名目的财政返还。所以房地产企业取得的各种名义的土地返还款不应当直接冲减土地成本。

（2）分情况确认，最终计入当期损益。

根据《企业会计准则第 16 号——政府补助（2006）》的规定：政府补助是指企业从政府无偿取得货币性资产或非货币性资产，但不包括政府作为企业所有者投入的资本。显然企业从政府取得的土地返还款符合这一性质，应当作为政府补助处理。政府补助分为与资产相关的政府补助和与收益相关的政府补助。

与资产相关的政府补助是指企业取得的、用于购建或以其他方式形成长期资产的政府补助。根据《企业会计准则第 16 号——政府补助（2006）》第七条的规定：与资产相关的政府补助，应当确认为递延收益，并在相关资产使用寿命内平均分配，计入当期损益。但是，按照名义金额计量的政府补助，直接计入当期损益。

与收益相关的政府补助是指除与资产相关的政府补助之外的政府补助，根据《企业会计准则第 16 号——政府补助（2006）》第八条的规定：与收益相关的政府补助，应当区分下列情况处理。

① 用于补偿企业以后期间的相关费用或损失的，确认为递延收益，并在确认相关费用的期间，计入当期损益。

② 用于补偿企业已发生的相关费用或损失的，直接计入当期损益。

房地产企业取得土地主要是用于开发，其土地成本构成存货的一部分，取得的土地返还款属于已经发生的相关费用。所以会计处理上直接计入当期损益比较妥当，并且与企业所得税处理可以保持一致。

根据《企业会计准则应用指南——会计科目和主要账务处理》的规定：确认的政府补助利得，借记“银行存款”“递延收益”等科目，贷记“营业外收入”。

因此，房地产企业收到政府返还的“土地出让金”或政府给予奖励款，应视与资产还是收益相关的政府补助，按上述规定核算，最终计入当期损益（营业外收入），而不是冲减“开发成本”。

2. 税务处理

房地产企业收到政府给予的拆迁补偿款，主要涉及企业所得税、土地增值税。按照税法规定，这些税种对该项补偿款的税收处理是不同的。

根据财政部、国家税务总局发布的《关于专项用途财政性资金有关企业所得税处理问题的通知》（财税〔2009〕87 号）的规定，企业在 2008 年 1 月 1 日至 2010 年 12 月 31 日期间从县级以上各级人民政府财政部门及其他部门取得的应计入收入总额的财政性资金，凡同时符合以下条件的，可以作为不征税收入，在计算应纳税所得额时从收入总额中减除。

（1）企业能够提供资金拨付文件，且文件中规定该资金的专项用途。

（2）财政部门或其他拨付资金的政府部门对该资金有专门的资金管理办法或具体管理要求。

（3）企业对该资金以及以该资金发生的支出单独进行核算。上述不征税收入用于支出所形成的费用，不得在计算应纳税所得额时扣除；用于支出所形成的资产，其计算的折旧、摊销不得在计算应纳税所得额时扣除。文件同时规定，企业将符合规定条件的财政性资金做不征税收入处理后，在 5 年（60 个月）内未发生支出且未缴回财政或其他拨付资金的政府部门的部分，应重新计入取得该资金第 6 年的收入总额；重新计入收入总额的财政性资金发生的支出，允许在计算应纳税所得额时扣除。

基于以上政策规定，房地产企业从当地政府获得的拆迁补偿款在性质上属于财政性资金，应视为收入处理，税务上要判断该项政府补助是否属于不征税收入，如为不征税收入，收到当期不计入当期应纳税所得额，但该项收入所形成的成本费用支出也不能税前扣除。如不属于不征税收入，则应在收到当期计入当期应纳税所得额征税，其支出形成的成本费用也可以按税法规定税前扣除。但是，在实践当中，政府给予房地产企业的拆迁补偿款往往没有，针对该拆迁补偿款专款专用的规定，这些款项是要缴纳企业所得税的。

【例 3-4】2016 年 9 月，除政府给予的拆迁补偿款 200 万元收入外，天宏基业房地产企业第三季度应纳税所得额为 1 000 万元。如 200 万元为不征税收入（该项收入当年用于管理部门的管理费用为 100 万元），那么房地产开发企业如何进行税务处理？

分析如下：

（1）2016 年第三季度应纳税所得额仍为 1 100 万元（1 000+100）。

（2）如果 100 万元不属于不征税收入，则应将 100 万元纳入第三季度应纳税所得额，其费用支出 100 万元也允许税前扣除。

2016 年第三季度应纳税所得额为 1 200 万元（1 000+200）。

（3）土地增值税处理。

根据《中华人民共和国土地增值税暂行条例实施细则》第七条的规定：在计算土地增值税增值额时，具体的扣除项目为：开发土地和新建房及配套设施的成本，是指纳税人房地产开发项目实际发生的成本，包括土地征用及拆迁补偿费、前期工程费、建筑安装工程费、基础设施费、公共配套设施费、开发间接费用。其中土地征用及拆迁补偿费的项目范围具体为：土地征用费、耕地占用税、劳动力安置费及有关地上、地下附着物拆迁补偿的净支出、安置动迁用房支出等。这里要特别注意的是作为开发成本中的房地产企业拆迁补偿费用全部支出是“净支出”，也就是全部补偿支出减除拆迁过程中的各种收入后的实际净支出，因此，政府给予企业的拆迁补偿款应从企业实际发生的拆迁补偿支出中扣除，而且政府给予企业的拆迁补偿款不作为土地增值税征税收入，但是要冲减开发成本中的补偿支出，从而减少计算土地增值税时的扣除项目金额。

【例 3-5】天宏基业房地产企业开发 ×× 市怡和项目时，购置土地使用权后，实际发生的拆迁补偿支出 2 000 万元，但收到政府拆迁补偿补助 300 万元，那么土地增值税的项目收入是多少？

分析如下：

在计算土地增值税时，构成开发成本扣除项目的拆迁补偿净支出为 1 700 万元，而不是 2 000 万元。同样，300 万元补助收入不作为计算土地增值税的项目收入。

3.2.3 用于赚取租金的土地使用权的会计处理

企业改变土地使用权的用途，将其用于对外出租时，应将其转为投资性房地产。

【例 3-6】2015 年 10 月 16 日，天宏基业房地产开发公司取得土地使用权

150 000 000.00 元（含税费）用于房地产开发。现已完成土地开发，土地开发成本 40 000 000.00 元。因房地产市场萎缩，公司准备减缓房地产开发，将已开发完成的土地用于出租。2016 年 2 月 1 日与星海物业公司签订了经营租赁合同，将这块土地出租给星海物业公司使用，租赁期开始日为 2016 年 2 月 1 日，租期为 2 年。

根据上述资料，天宏基业房地产公司的会计处理如下。

（1）支付土地出让金时，依据财政部门开具的土地使用权出让金专用票据和银行转款手续，天宏基业房地产开发公司编制如下会计分录。

借：开发成本——土地开发　　150 000 000.00

　　贷：银行存款　　150 000 000.00

（2）支付土地开发成本时，根据付款依据、税务部门监制的发票或财政部门监制的收据，天宏基业房地产开发公司编制如下会计分录。

借：开发成本——土地开发　　40 000 000.00

　　贷：银行存款　　40 000 000.00

（3）2016 年 2 月 1 日，租赁期开始日，应将已开发的土地转换为投资性房地产，天宏基业房地产开发公司编制如下会计分录。

借：投资性房地产——土地使用权　　190 000 000.00

　　贷：开发成本——土地开发　　190 000 000.00

3.3 获取土地阶段纳税处理

获取土地阶段涉及的主要税种有契税、印花税，获取的土地为耕地的还涉及耕地占用税，取得土地使用权后会涉及土地使用税。

3.3.1 契税

契税是以所有权发生转移变动的不动产为征税对象，向产权承受人征收的一种财产税。在上面提及的房地产开发企业获取土地使用权的主要方式中，国有土地使用权的出让、土地使用权的转让、通过司法裁决取得（如以地抵债）等，承受方需缴纳契税。且不得因减免土地出让金而减免契税。

1．契税涉税处理

契税的税率为 3%～5%，各省、自治区、直辖市人民政府按照该项地区的实际情况决定。

契税一般不通过“应交税费”会计科目进行核算，房地产开发企业为进行房地产开发而取得的土地使用权所缴纳的契税，在实际缴纳时依据契税完税凭证直接计入“开发成本”会计科目。

【例 3-7】天宏基业房地产开发公司通过出让方式取得一块土地使用权进行房地产开发，支付土地出让金 90 000 000.00 元，契税税率为 4%，缴纳契税 3 600 000.00 元。

支付契税时，天宏基业房地产开发公司应依据契税完税凭证做以下会计处理。

借：开发成本——土地开发——土地征用及拆迁补偿费——契税 3 600 000.00

贷：银行存款 3 600 000.00

【例 3-8】天宏基业房地产开发公司为建造自用办公楼购买了一块地的土地使用权 30 000 000.00 元，契税税率为 4%，缴纳了契税 1 200 000.00 元。

支付契税时，天宏基业房地产开发公司应依据契税完税凭证做以下会计处理。

借：无形资产——土地使用权 1 200 000.00

贷：银行存款 1 200 000.00

因为房地产开发企业取的土地使用权用于自建办公楼，所以为建造办公楼等自用而取得的土地使用权所缴纳的契税，应计入“无形资产”账户。

2．取得土地支付的土地开发成本如何计缴契税

【例 3-9】房地产企业竞价取得某市旧城改造项目，除向政府缴纳土地出让金、各项配套费 10 000 万元外，还涉及拆迁还建 50 套商品房和货币拆迁补偿 1 000 万元。那么，该房地产企业前期办证时要缴纳的契税计税依据是多少？

分析如下：

（1）企业所得税土地计税成本的确定。

假设 50 套商品房未来实际交付时的公允价值为 2 500 万元，则该公司取得旧城改造项目的企业所得税土地计税成本由“10 000 万元+1 000 万元+契税+2 500 万元”构成。

（2）契税的计税依据的确定。

根据财政部、国家税务总局《关于土地使用权出让等有关契税问题的通知》（财税〔2004〕134 号）规定：以竞价方式出让的，其契税计税价格一般应确定为竞价的成交价格，土地出让金、市政建设配套费以及各种补偿费用应包括在内。基于此规定，该公司以竞价方式取得的旧城改造项目，计算契税的计税依据为 13 500 万元（10 000+1 000+2 500），与企业所得税土地计税成本有差别。

（3）税收风险分析及应对策略。

① 税收风险分析。

由于拆迁还建的影响，50 套商品房是在实际交付后依据未来市场价值计算的公允价值，在开发商办理土地使用权证时仅能确定拆迁补偿费用 1 000 万元，50 套拆迁还建房实际建造成本和未来公允价值暂时是无法确定的，所以，以 13 500 万元（10 000+1 000+2 500）万元作为契税计税依据不符合现实情况。在实践中完全有可能以 11 000 万元（10 000+1 000）计算缴纳契税，结果漏了 50 套商品房是在实际交付后依据未来市场价值计算的公允价值计算缴纳契税的税收风险。

② 税收风险应对策略。

鉴于以上分析，为减少征纳双方纠纷，建议分两种情况处理。

一是拆迁还建房屋，在实际交付时，另行补缴契税，即先按照 11 000 万元（10 000+1 000）计算缴纳契税，房屋实际交付时，再按照 2 500 万元计算补缴契税。

二是参照财政部、国家税务总局《关于国有土地使用权出让等有关契税问题的通知》（财税〔2004〕134 号）文件的规定，以协议方式出让国有土地使用权，没有成交价格或者成交价格明显偏低的，征收机关可依次按下列两种方式确定。

a. 评估价格。是指由政府批准设立的房地产评估机构根据相同地段、同类房地产进行综合评定，并经当地税务机关确认的价格。

b. 土地基准地价。是指由县以上人民政府公示的土地基准地价。

由于竞价一般以土地基准地价为依据，建议直接选择县以上人民政府公示的土地基准地价为契税计税依据。

3.3.2 耕地占用税

如果房地产开发企业购置的是耕地，则需要缴纳耕地占用税，由于耕地占用税是在实际占用耕地之前一次性缴纳的，不存在与征税机构再清算和结算的问题，所以可以不通过“应交税费”会计科目核算。

【例 3-10】天宏基业房地产开发公司购置了一宗 20 万平方米的土地使用权（是耕地），该地区的耕地占用税额是 40 元/平方米，缴纳了耕地占用税 8 000 000.00 元。

企业按规定交纳的耕地占用税完税凭证做如下会计处理。

借：开发成本——土地开发——土地征用及拆迁补偿费——耕地占用税

8 000 000.00

贷：银行存款 8 000 000.00

3.3.3 土地使用税

房地产开发企业获取土地后，在持有土地期间需要缴纳土地使用税。按照《中华人民共和国城镇土地使用税暂行条例》第九条的规定，新征用的耕地，自批准征用之日起满 1 年时开始缴纳土地使用税；新征用的非耕地，自批准征用次月起缴纳土地使用税。

房地产开发企业按规定计算应交的土地使用税时，借记“管理费用”账户，贷记“应交税费——应交土地使用税”账户，上交时，借记“应交税费——应交土地使用税”账户，贷记“银行存款”账户。

【例 3-11】天宏基业房地产开发公司 2015 年 6 月购置了一宗 20 万平方米的土地使用权（是耕地），该地城镇土地使用税税额为 5 元/平方米。

此外，2015 年 12 月，天宏基业房地产开发公司通过出让方式取得一块 60 万平方米的土地使用权进行房地产开发，其中市政道路及绿化带用地 10 万平方米，该地城镇土地使用税额为 10 元/平方米。

2016 年 6 月，天宏基业房地产开发公司为建造自用办公楼购买了一块 20 万平方米的土地使用权，该地城镇土地使用税额为 10 元/平方米。

2016 年度应缴纳的土地使用税如下。

（1）2015 年 7 月购买的耕地，满一年后开始缴纳土地使用税，所以是从 2016 年 7 月开始，交半年。

2016 年应缴纳城镇土地使用税额=20×5÷12×6=50 万元。

（2）2015 年 12 月购买的非耕地用地，从次月开始缴纳，2016 年需要缴纳 12 个月。

2016 年应缴纳城镇土地使用税额=（60−10）×10÷12×12=500 万元。

（3）2016 年 5 月购买的非耕地用地，从次月开始缴纳，2016 年需要缴纳半年。

2016 年应缴纳城镇土地使用税额=20×10÷12×6=100 万元。

2016 年合计应缴纳城镇土地使用税额=50+500+100=650 万元。

根据上述资料，天宏基业房地产开发公司的会计处理如下。

① 天宏基业房地产开发公司计算土地使用税。

借：管理费用——土地使用税　　6 500 000.00

　　贷：应交税费——应交土地使用税　　6 500 000.00

② 上交土地使用税。

借：应交税费——应交土地使用税　　6 500 000.00

　　贷：银行存款　　6 500 000.00

【例 3-12】企业租用政府的土地是否缴纳城镇土地使用税？

分析如下：

《国家税务局关于检发〈关于土地使用税若干具体问题的解释和暂行规定〉的通知》（国税地字〔1988〕第 15 号）第十条关于免税单位自用土地的解释如下。

国家机关、人民团体、军队自用的土地，是指这些单位本身的办公用地和公务用地。以上单位的生产、营业用地和其他用地，不属于免税范围，应按规定缴纳土地使用税。

免税单位有偿使用纳税单位土地，纳税单位应照章缴纳土地使用税。对纳税单位有偿使用免税单位的土地，属于本系统内的可由纳税单位代缴土地使用税；本系统外的仍由拥有土地使用权的单位缴纳。

《财政部、国家税务总局关于集体土地城镇土地使用税有关政策的通知》（财税〔2006〕56 号）规定，在城镇土地使用税征税范围内实际使用应税集体所有建设用地，但未办理土地使用权流转手续的，由实际使用集体土地的单位和个人按规定缴纳城镇土地使用税。

根据上述规定，政府土地出租给企业使用，不属于免征土地使用税范围，参考北京市相关规定，企业有偿使用政府土地，应当由政府缴纳土地使用税。但是政府出租的属于集体所有建设用地，但未办理土地使用权流转手续的，应当由企业缴纳土地使用税。

3.3.4 印花税

房地产开发企业购入土地缴纳土地出让金后，需要缴纳产权转移书据印花税。而缴纳产权转移收据印花税后才能办理土地使用权证。产权转移书据的印花税税率按所载金额的 0.5‰。

【例 3-13】

2016 年 5 月，天宏基业房地产开发公司为建造自用办公楼购买了一块 10 万平方米的土地使用权，土地使用权出让合同注明的价款是 30 000 000.00 元。

应缴纳的印花税为：30 000 000.00 × 0.5‰ =15 000.00 元。

企业按规定缴纳的印花税完税凭证做如下会计处理。

借：管理费用——印花税　　15 000.00

　贷：银行存款　　15 000.00

3.3.5 其他涉税问题

1. 房地产开发企业"以房换地"涉税问题

目前，房地产开发企业出资、合作方出地合作建房，房地产开发企业以转让部分房屋所有权为代价换取部分土地使用权的"以房换地"非货币性交易行为时有发生。

分析如下：

会计制度规定，企业发生的"以房换地"行为，属非货币性交易行为。企业发生的非货币性交易，在不存在补价的情况下，会计上不确认损益，换入资产的入账价值一般按换出资产的账面价值加上应支付的相关税费确定。

税法规定，非货币性交易原则上应视同货物的购销两个过程，换出资产必须确认其收益或损失，调整应纳税所得额；在计税时换出资产按售价计税，换入资产就应按售价确认其成本，同时调整换入资产的账面成本与计税成本的差异。

【例 3-14】企业所得税应纳税所得额的调整：

若天宏基业房地产公司换出房屋应确认的营业额为 4 800 万元，建筑成本为 2 700 万元，则在换出房屋实际移交东源器具有限公司时应调增企业所得税应纳税所得额 2 100 万元。

同时根据会计制度的规定，房地产企业换入土地的账面成本应为 2 964 万元［换出房屋账面成本 2 700+营业税金及附加 240+16.8+7.2（4 800×5%=240，240×7%=16.8，240×3=7.2）］。在计税时，换出房屋以售价计税，则换入土地的计税成本应为 5 064 万元（房屋售价 4 800 万元+应支付的营业税及附加 264），在计税时应调增土地计税成本 2 100 万元（5 064−2 964）。

若天宏基业房地产公司将自己拥有产权的五栋楼用于销售，在计税时换入土地成本应调减企业所得税应纳税所得额 2 100 万元；若天宏基业房地产公司不用于销售，则天宏基业房地产公司换入土地账面成本仍然为 2 964 万元，只有在计税时才调增换入土地计税成本，相应调减应纳税所得额，这样换出房屋纳税调整与换入土地的纳税调整时间不同，但最终调整金额一致。

房地产开发企业与某企业采取上述"以房换地"形式合作建房，依据税法规定换出房屋应视同销售调增应纳税所得额，同时换入土地计税时应调增土地计税成本，调减应纳税所得额，两者的调整金额相等；根据会计制度规定，在不存在补价的情况下，会计上不确认损益，因此，纳税调整额在企业账面上不反映，仅在计税时才作调整。

2. 以路换地、以桥换地或以 BT 项目拿地的税务处理与纳税筹划

（1）以路换地、以桥换地的税务处理

以路换地、以桥换地的税务处理主要涉及修路和修桥成本能否可以作为土地的取得成本在土地增值税和企业所得税前进行扣除。

企业所得税的处理：企业从事国家重点扶持的公共基础设施项目的投资经营的所得，自项目取得第一笔生产经营收入所属纳税年度起，第 1 ~ 3 年免征企业所得税，第 4 ~ 6 年减半征收企业所得税。第八十八条：企业所得税法第二十七条第（三）项所称符合条件的环境保护、节能节水项目，包括公共污水处理、公共垃圾处理、沼气综合开发利用、节能减排技术改造、海水淡化等项目的具体条件和范围由国务院财政、税务主管部门商国务院有关部门制定，报国务院批准后公布施行。

从“企业从事前款规定的符合条件环境保护、节能节水项目所得，自项目取得第一笔生产经营收入所属纳税年度起，第 1 ~ 3 年免征企业所得税，第 4 ~ 6 年减半征收企业所得税”规定可知：新办国家重点扶持的公共基础设施项目和从事符合条件的环境保护、节能节水项目享受税收优惠的开始时间为：第一笔生产经营收入。

根据财政部、国家税务总局、国家发展改革委《关于公布环境保护节能节水项目企业所得税优惠目录（试行）的通知》（财税〔2009〕166 号）的规定，《环境保护、节能节水项目企业所得税优惠目录（试行）》，已经国务院批准，自 2008 年 1 月 1 日起施行。

如果修建的基础设施不符合享受国家税收优惠政策，则需要缴纳企业所得税。与修建路和桥等基础设施有关的各项成本费用可以在企业所得税前扣除。

（2）以路换地、以桥换地或以 BT 项目拿地的纳税筹划

以路换地、以桥换地或以 BT 项目拿地的税务处理主要涉及修路和修桥成本能否作为土地的取得成本在土地增值税和企业所得税前扣除。因此，以路换地、以桥换地的纳税筹划的核心思想是：要把修路、修桥和承建 BT 项目的成本作为土地的取得成本，在土地增值税前扣除。

基于以上筹划思路，以路换地、以桥换地或以 BT 项目拿地的纳税筹划技巧如下：

① 房地产开发企业必须与政府签订协议或以路换地、以桥换地的合同；

② 房地产开发企业在项目立项时，必须把修路、修桥或建设 BT 项目写进项目立项计划书和可行性报告中，作为换取土地的代价；

③ 在合同或协议中必须载明路桥或 BT 项目是由房地产公司自建还是委托给其他建筑公司承建。

3. 通过股权收购间接获取土地的涉税问题

通过股权收购间接获取土地，这种方式通常是土地出让方将目标公司的其他资产先行清理掉，留下土地使用权资产或少量其他资产，然后将目标公司股权的 100%或者是大部分股权转让给土地受让方，土地受让方通过并购目标公司股权从而间接获取目标公司的土地，这种拿地方式是目前运用非常普遍的方式。在这种方式下，土地受让方的大忌是在谈判的时候，不考虑税负及纳税风险，结果承担了较大税务义务和纳税风险。

（1）土地转让方的税负分析

在股权并购的方式下，转让股权的一方（土地出让方）在税负上只有企业所得税和土地增值税。

（2）受让股权方（土地受让方）税负分析

对于受让股权方（土地受让方）来说，则税负较重，风险较大。因为收购的是企业原股东所持目标企业的股权，企业法人财产并没有发生变化，因而收购股权的溢价不允许作为成本在企业所得税和土地增值税前扣除，在以后目标企业进行企业所得税和土地增值税清算时，清算的计税基础仍然是目标企业的原始成本资料，这种方式相当于土地出让方将应缴纳的土地增值税转嫁到土地受让方。

目标企业面临或有税负的风险，因为在对目标企业的收购过程中，不可能对企业以前的所有纳税义务进行全面的调查了解，只要目标企业存在偷、漏税行为，立即面临税务检查风险，只能是股权受让方承担所有的税收义务和责任；目标企业可能面临或有负债的风险，如担保、潜在或未决诉讼、产品质量索赔等。

4．通过资产收购获取土地的涉税问题

（1）收购方的涉税分析

在这种方式下，土地受让方直接支付价款给土地出让方，以购买土地出让方的土地使用权资产，作为土地受让方来说，购买土地所支付的价款直接作为开发成本中的土地成本（应取得税务部门认可的合法票据），除了缴纳 4% 的土地契税以外，没有其他涉税问题，支付的土地价款可以完全进入企业所得税和土地增值税的计税成本，作为房地产开发企业，支付的土地价款同样可以加计扣除 20%。

（2）土地出让方的涉税分析

作为卖方的土地出让方来说，则面临着较多的税务问题：

① 企业所得税，土地使用权资产的净增值部分必须缴纳 25% 的企业所得税；

② 城建税、教育附加，按增值税的有关比例计算缴纳；

③ 土地增值税，土地使用权的转让必须计算交纳土地增值税，根据国税函〔1995〕110 号文件的规定：对取得土地或房地产使用权后，未进行开发即转让的，计算其增值额时，只允许扣除取得土地使用权时支付的地价款，缴纳的有关费用，以及在转让环节缴纳的税金；对取得土地使用权后投入资金，将生地变为熟地转让的，计算其增值额时，允许扣除取得土地使用权时支付的地价款、缴纳的有关费用，以及开发土地所需成本再加计开发成本的 20% 以及在转让环节缴纳的税金。

5．通过“招、拍、挂”获取土地的涉税问题

通过“招、拍、挂”的方式从国有土地储备中心获取土地是房地产开发企业获取土地资源最主要的一种方式，在这种方式下，获取土地的一方，即土地受让方，通常为房地产开发企业，支付土地出让金以获取土地使用权，支付的土地出让金完全可以进入企业所得税和土地增值税的计税成本，作为房地产开发企业，支付的土地出让金还可以计入加计扣除 20% 的基数，在获取土地环节，土地受让方只需支付土地出让金金额 4% 的契税，无其他纳税义务。

这种获取土地方式是一种最规范和最干净的获取土地方式，不会出现纳税风险，但是，这种获取土地方式要充分考虑获取土地的主体问题，例如，签订土地转让框架协议的可以是母公司，但最终签订土地出让协议的，一定要是最终开发的项目公司。否则，土地使用权由母公司再转让到项目公司，会产生很严重的税收问题。

复习思考题

1. 获取土地使用权的方式有哪些？
2. 如何计算土地使用权的期限？
3. 确认土地使用权如何进行会计处理？
4. 发生拆迁补偿费如何进行会计处理？
5. 赚取租金的土地使用权如何处理？
6. 获取土地阶段涉及哪些税种？

第4章 开发建设阶段

学习目的

- 熟悉房地产开发企业项目建设及项目竣工流程
- 掌握房地产开发企业开发建设阶段成本费用的核算
- 掌握开发产品的会计核算
- 了解自营、外包工程的会计核算
- 掌握开发建设阶段城镇土地使用税、印花税的纳税处理

房地产开发企业开发建设阶段，要在土地上完成房地产产品的开发，形成开发产品；会计核算上一方面要进行成本费用的核算，另一方面要对工程发包、材料、设备采购及其往来款账项进行核算。为了加强开发成本的管理，降低开发过程中的耗费，提高企业经济效益，必须正确核算开发产品的成本，在各个开发环节控制各项费用的支出。

4.1 开发建设阶段业务概述

房地产开发企业在开发建设阶段的主要工作是为取得项目开工建设许可而办理一系列报建手续，以及组织项目施工，施工完成后还涉及竣工验收及备案。

4.1.1 项目建设

1. 项目报批报建手续

房地产开发项目的报批报建手续一般在项目开工前办理，未取得项目开发建设的各类许可证书，不准开工建设。不同地区的具体报批报建手续可能会存在一定差异，有些地方的开发区甚至会对报批报建费用进行相应的减免。以下所介绍的是一般情况下手续，如表4-1所示。

表 4-1　房地产开发项目报批报建手续表

取得的证书	颁发部门	作　用	申领手续
建设用地规划许可证	城市、县人民政府城乡规划主管部门	核定土地用途及用地界线的法律依据	在签订国有土地使用权出让合同后，建设单位应当持建设项目的批准、核准、备案文件和国有土地使用权出让合同，向城市、县人民政府城乡规划主管部门领取建设用地规划许可证
国有土地使用证	城市各级人民政府	证明土地使用者使用国有土地的法律凭证。主要载明土地使用者名称、土地坐落、用途、土地使用面积、使用年限和“四至”范围	颁发了建设用土规划许可证后，才能到国土资源部门领取国有土地使用权证
建设工程规划许可证	城市、县人民政府城乡规划主管部门	有关建设工程符合城市规划的法律凭证	提交使用土地的有关证明文件、建设工程设计方案、地勘报告、综合管线图及单体施工图等材料 需要建设单位编制修建性详细规划的建设项目，还应当提交修建性详细规划。城市、县人民政府城乡规划主管部门应当依法将经审定的修建性详细规划、建设工程设计方案的总平面图予以公示 对符合控制性详细规划和规划条件，或者修建性详细规划公示后符合条件，核发建设工程规划许可证
建筑工程施工许可证（开工证）	建设部门	建筑施工单位符合各种施工条件、允许开工的批准文件，是建设单位进行工程施工的法律凭证，也是房屋权属登记的主要依据之一	申领施工许可证条件：①已经办理该建筑工程用地批准手续；②在城市规划区的建筑工程，已经取得规划许可证；③需要拆迁的，其拆迁进度符合施工要求；④已经确定工程质量和安全的具体措施；⑤有满足施工需要的施工图纸及技术资料；⑥有保证工程质量和安全的具体措施；⑦建设资金已经落实；⑧法律、行政法规规定的其他条件

2．项目施工建设

一般来说，房地产开发企业不直接从事项目施工建设，而是委托有施工资质的施工单位进行项目施工。房地产项目的施工建设是房地产开发建设的重要阶段，此阶段的工作如表 4-2 所示。

表 4-2　房地产开发项目施工建设工作

阶段工作	方　式	具体工作
材料及设备供应	甲供材的材料控制方式	房地产开发企业直接采购材料，直接供应给施工单位
	甲控材的材料控制方式	房地产开发企业限定了材料的品牌、材质及规格（有时也规定价格），由施工单位负责采购并综合在报价内
工程发包	按月结算工程价款	按每月实际完成的分部分项工程进度结算
	分段结算工程价款	按分段验收结算工程款
	竣工一次结算工程价款	施工期在 12 个月以内的，或者工程承包合同价值较小的，每月预支、竣工后一次结算
工程分包	主体工程	由具有资质的施工企业负责施工
	电梯安装、门窗、防水、保温及消防等工程	由其他施工单位施工
	水、电、天然气、有线电视、热源及消防等各种配套工程	向政府或专业公司缴纳符合标准的资源性费用，由各专业公司完成

4.1.2　项目竣工

1. 验收备案

房地产开发企业的开发产品的竣工验收实行备案制，县级以上地方人民政府城乡规划主管部门负责监督工程竣工验收并负责竣工备案。

房地产项目施工竣工后，由房地产开发企业及勘察、设计、施工、工程监理等单位进行综合验收。项目验收后，房地产开发企业应当向项目所在地的县级以上地方人民政府建设行政主管部门提出竣工验收申请并报告验收详情，填写工程竣工验收备案表，由参加验收的房地产开发企业及勘察、设计、施工、工程监理等单位签字盖章后，报建设行政主管部门备案。

办理工程竣工验收备案应当提交的资料如图 4-1 所示。

2. 产权初始登记

在房屋竣工后的 3 个月内向登记机关申请房屋所有权初始登记，并应当提交用地证明文件或者土地使用权证、建设用地规划许可证、建设工程规划许可证、施工许可证、房屋竣工验收资料以及其他有关的证明文件。

这时候，房地产开发企业办理产权初始登记取得的新建商品房产权证，是一个大的房产证（即通常所说的“大产权证”），这是买受人办理小产权证的前提。

> **相关链接：**如果办理了产权初始登记，表示房屋已办理了大产权证，而房子是从预售变为现售状态。在房管局的交易系统尚未销售的期房竣工办理初始登记后变成“现楼销售”状态。

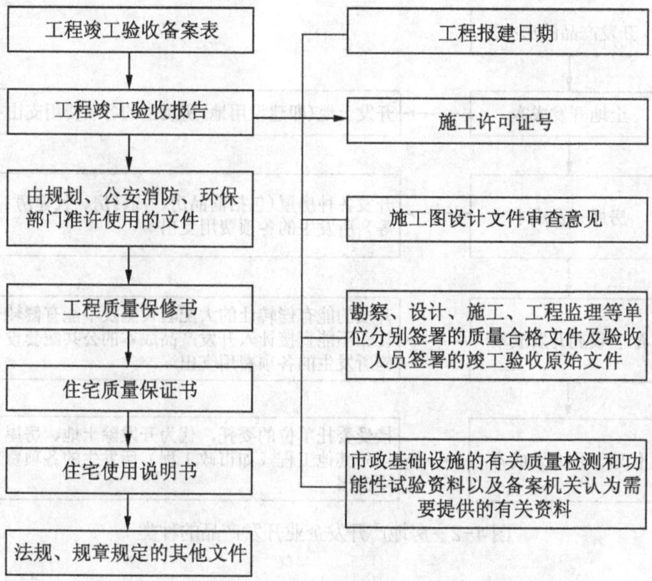

图 4-1　工程竣工验收备案资料图

4.2　开发建设阶段成本费用核算

4.2.1　成本费用核算程序

房地产开发企业在其生产经营活动中的开发成本应适用配比性原则，把发生的各类开发成本经过归集和分配后，计入所开发的产品成本。为了加强开发产品成本的管理，在各个开发环节控制各项费用支出，必须正确核算开发产品的成本。

房地产开发企业的成本费用核算是指企业将开发一定数量的开发产品所支出的全部费用按成本项目进行归集和分配，最终计算出开发项目总成本和单位成本的过程。房地产开发企业核算开发产品成本费用时应遵循合理的步骤和顺序，一般情况下房地产开发企业成本核算有 6 个步骤。

第一步　确定开发产品的种类。

开发产品按其形态可以分为 4 类，如图 4-2 所示。

第二步　确定成本核算对象。

成本核算对象也称“成本计算对象”，是为了计算产品成本而确定的归集和分配生产费用的各个目标，即费用的承受者。确定成本核算对象的原则如图 4-3 所示。

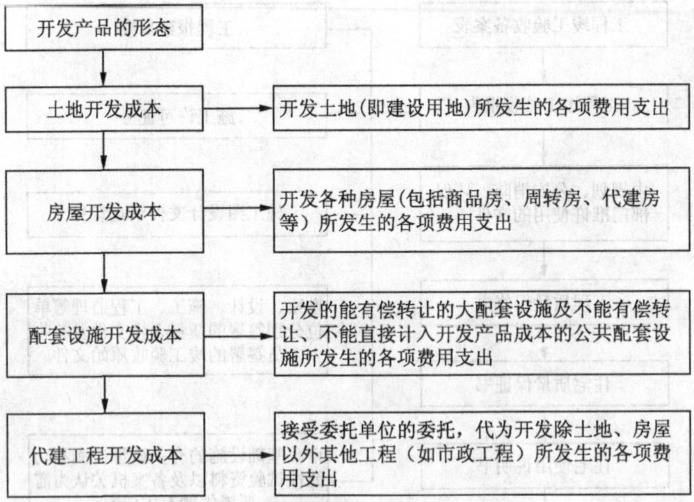

图 4-2　房地产开发企业开发产品的种类

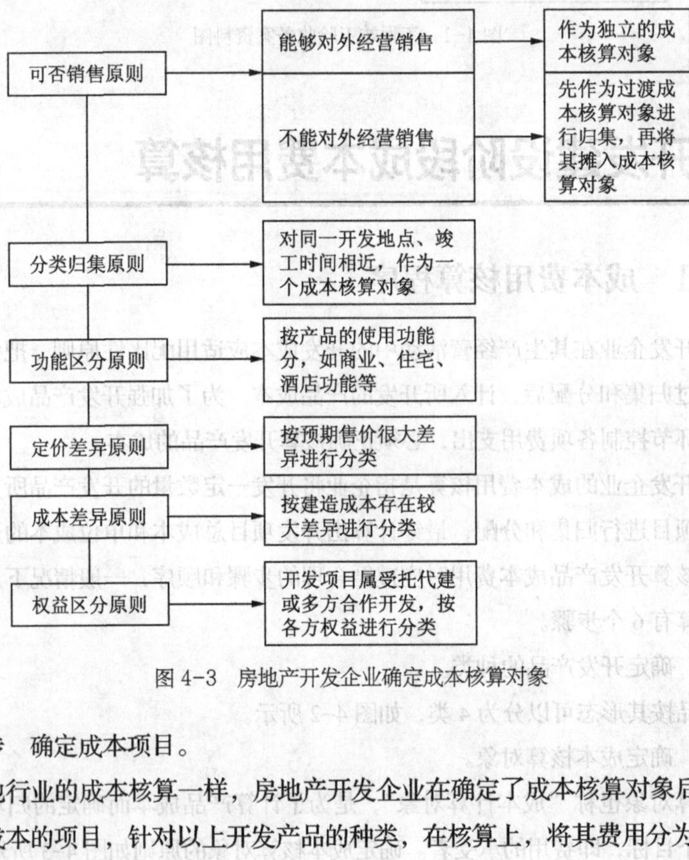

图 4-3　房地产开发企业确定成本核算对象

第三步　确定成本项目。

与其他行业的成本核算一样，房地产开发企业在确定了成本核算对象后，就应客观选择确定成本的项目，针对以上开发产品的种类，在核算上，将其费用分为如图 4-4 所示的 6 个成本项目。

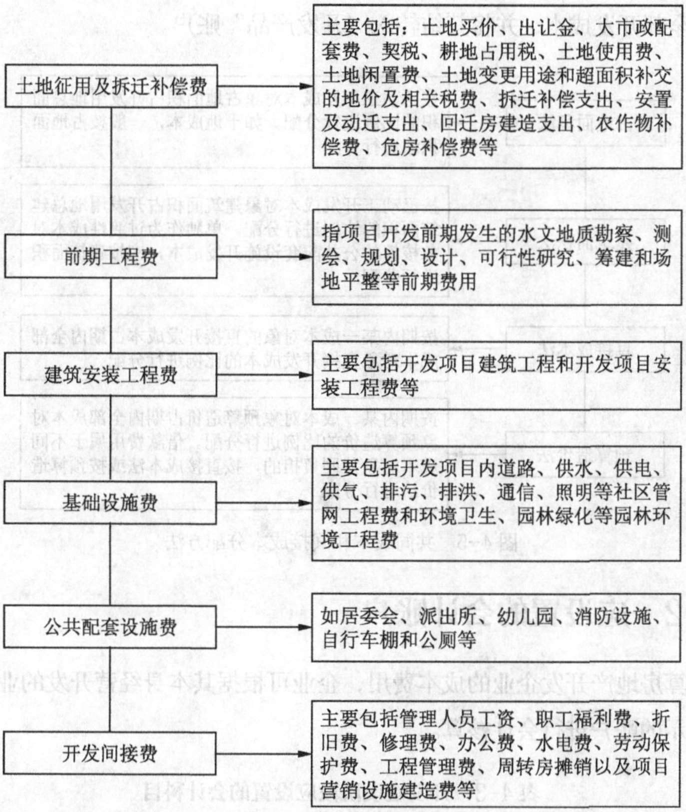

图 4-4　房地产开发企业确定成本项目

第四步　归集开发成本费用。

对当期实际发生的成本费用支出，按其性质经济用途及发生的地点、时间进行归类，并将其区分为应计入成本对象的成本和应计入当期损益的期间费用。其中，为某个特定开发项目所发生的应计入成本对象的各种成本费用，应该将其对象化，按成本项目计入各开发项目的成本，成为开发成本，不能对象化的进行归集，计入开发间接费用。

第五步　分配共同成本和不能分清负担对象的间接成本。

合理完成全部开发成本归集后，就是对共同成本和不能分清负担对象的间接成本进行分配。共同成本和不能分清负担对象的间接成本，应按受益的原则和配比的原则分配至各成本对象，具体分配方法可按图 4-5 所示规定选择其一。

第六步　确定完工标准，计算总成本及单位面积的工程成本。

房地产开发企业必须要区分已完工开发产品的成本与未完工开发产品的成本，只有完工产品才需要将开发成本结转为开发产品，竣工验收合格并报房地产管理部门备案是开发产品完工的标准。

计算出项目的总成本和单位可销售面积的开发成本，计算已完工开发项目从筹建至竣工验收的全部开发成本，并将其结转入“开发产品”账户。

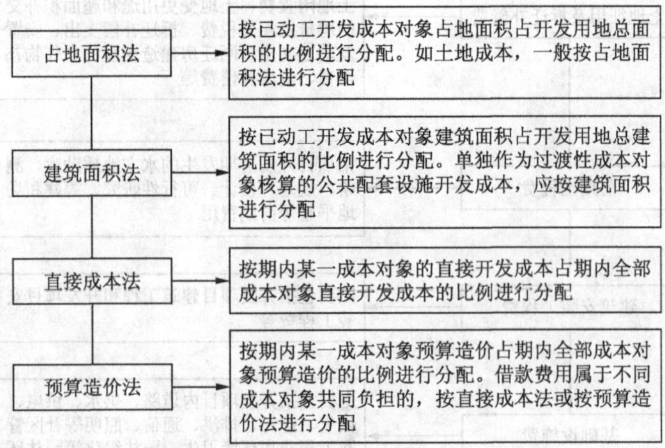

图 4-5　共同成本和间接成本分配方法

4.2.2　应设置的会计账户

为了核算房地产开发企业的成本费用，企业可根据其本身经营开发的业务要求，设置表 4-3 所示的账户进行会计核算。

表 4-3　开发建设阶段应设置的会计科目

一级会计科目	二级会计科目	三级会计科目
开发成本	土地开发	按成本核算对象进行明细核算，如商场、住宅楼 A、住宅楼 B 等
	房屋开发	
	配套设施开发	
	代建工程开发	
开发间接费用	按费用项目进行明细核算，如设置水电费、工资、福利费等	
管理费用	按费用项目进行明细核算，如设置水电费、工资、福利费、差旅费等	
销售费用	按费用项目进行明细核算，如设置水电费、工资、福利费、差旅费等	
财务费用	按费用项目进行明细核算，如设置利息、手续费等	
开发产品	商品性土地	
	自用土地	
	商品房 A/B……	
	周转房 A/B……	
	配套设施（商场/电房……）	

4.2.3 土地开发成本核算

土地开发是指房地产开发企业对取得的土地按照城市总体规划进行的平整、建筑物拆除、地下管道铺设和道路基础设施建设，将生地变熟地以便扩大对土地的有效利用范围或提高对土地的利用程度。房地产开发企业为了开发商品房屋或开展出租业务而开发的自用土地，属于房地产开发企业的中间产品其费用支出应计入有关商品房、投资性房地产的开发产品的成本。为了转让而开发的商品性土地，是房地产开发企业的最终产品，应单独核算其土地开发成本。

企业为开发商品房、出租房等房屋而开发的土地，其费用可分清负担对象的，应直接计入有关房屋开发成本，在“开发成本——房屋开发成本”科目进行核算。如果企业开发的自用土地，分不清负担对象，应由两个或两个以上成本核算对象负担的，其费用可先通过“开发成本——土地开发成本”科目进行归集，待土地开发完成投入使用时，在按一定的标准将其分配计入有关房屋开发成本。如果企业开发商品房、出租房使用的土地属于企业开发商品性土地的一部分，则应将整块土地作为一个成本核算对象，在“开发成本——土地开发成本”账户中归集其发生的全部开发支出，计算其总成本和单位成本，并于土地开发完成时，将成本结转到“开发产品”科目。待使用土地时，再将使用土地所应负担的开发成本，从“开发产品”科目转入“开发成本——房屋开发成本”科目，计入商品房、出租房等房屋的开发成本。

【例 4-1】天宏基业房地产开发公司在××市 ES60114 地块的开发，占地面积 50 000 平方米。开发完成后准备将其中的 30 000 平方米对外转让，其余的 20 000 平方米自行开发商品房。

假设在土地开发过程中发生了以下经济业务，天宏基业房地产公司做如下会计处理。

（1）2016 年 6 月 10 日支付土地出让金 150 000 000.00 元。

借：开发成本——土地开发——土地征用及拆迁补偿费　150 000 000.00

　　贷：银行存款　150 000 000.00

（2）2016 年 9 月 10 日支付拆迁偿费 5 000 000.00 元。

借：开发成本——土地开发——土地征用及拆迁补偿费　5 000 000.00

　　贷：银行存款　5 000 000.00

（3）2016 年 11 月 10 日支付勘察设计费 400 000.00 元。

借：开发成本——土地开发——前期工程费　400 000.00

　　贷：银行存款　400 000.00

（4）2016 年 11 月 15 日支付地下管道安装工程费 3 000 000.00 元。

借：开发成本——土地开发——基础设施费　3 000 000.00

　　贷：银行存款　3 000 000.00

（5）2016 年 12 月底，完成了××市 ES60114 地块开发工程完工。将土地开发成本进行归集，编制开发产品成本表，如表 4-4 所示。

表 4-4　××市 ES60114 地块开发产品成本归集分配表

二级账户：土地开发　　所属地块：ES60114 地块　　单位：元

2015 年		凭证号	摘要	土地出让金	拆迁补偿费	前期工程费	基础设施费	开发成本合计
月	日							
6	10	29	支付土地出让金	150 000 000.00				150 000 000.00
9	10	43	支付拆迁补偿费		5 000 000.00			5 000 000.00
11	10	21	支付勘察设计费			400 000.00		400 000.00
11	15	23	支付地下管道安装工程费				3 000 000.00	3 000 000.00
			合计					158 400 000.00

【例 4-2】从表 4-4 看出，地块 ES60114 账户归集的开发总成本为 158 400 000.00 元。总面积是 50 000 平方米，则单位土地开发成本为 3 168.00 元/平方米。其中自用的 20 000 平方米土地尚未投入使用，其余 30 000 平方米土地在 2016 年 12 月已全部转让，月终结转本块土地的开发成本。

依据土地开发成本归集分配表，天宏基业房地产开发公司做如下会计处理。

自用土地成本=20 000×3 168.00=63 360 000.00 元

商品性土地成本=30 000×3 168.00=95 040 000.00 元

借：开发产品——自用土地　　63 360 000.00

　　　　　　——商品性土地　　95 040 000.00

　贷：开发成本——土地开发　　158 400 000.00

借：营业成本——土地转让成本　　95 040 000.00

　贷：开发产品——商品性土地　　95 040 000.00

【例 4-3】2016 年 12 月，将自用的 20 000 平方米土地开发完成后立即投入房屋开发工程的建设。

天宏基业房地产开发公司做如下会计处理。

借：开发成本——房屋开发——土地征和及拆迁补偿费　　62 000 000.00

　　　　　　　　　　　　——前期工程费　　160 000.00

　　　　　　　　　　　　——基础设施费　　1 200 000.00

贷：开发成本——土地开发——土地征和及拆迁补偿费　　62 000 000.00

　　　　　　　　　　　——前期工程费　　160 000.00

　　　　　　　　　　　——基础设施费　　1 200 000.00

4.2.4 房屋开发成本核算

房地产开发企业开发建设的房屋按用途可以分为五类，如表 4-5 所示。

表 4-5　房地产开发企业开发建设的房屋分类

种　类	用　途	发生的工程成本核算会计科目
商品房	为销售而开发的商品房	开发成本——房屋开发
投资性房地产	为出租经营而开发建设的投资性房地产	开发成本——房屋开发
周转房	为安置拆迁居民而开发建设的周转房	开发成本——房屋开发
代建房	接受其他单位委托代为开发建设的代建房	工程合同成本
自用房屋	自行建造自用的房屋	在建工程

房屋开发成本可分为 6 项成本项目进行归集，即土地征用及拆迁补偿费、前期工程费、基础设施费、建筑安装工程费、公共配套设施费和开发间接费用。6 项成本项目相对应发生的业务类型如表 4-6 所示。

表 4-6　房地产开发企业 6 项成本项目对应的业务类型

项目	对应的业务类型	具体业务事项
土地征用及拆迁补偿费	土地征用费	土地出让金、土地转让费、土地效益金、土地开发费，交纳的契税、耕地占用税，土地变更用途和超面积补交的地价，补偿合作方地价，合作项目建房转入分给合作方的房屋成本和相应的税费等
	拆迁补偿费	地上、地下建筑物或附着物的拆迁补偿支出，安置及动迁支出，农作物补偿费，危房补偿费等
		拆迁旧建筑物回收的残值应估价入账，分别冲减有关的成本
	市政配套费	向政府部门交纳的大市政配套费，征用生地向当地市政公司交纳的红线外道路、水、电、气、热、通信等的建造费、管线铺设费等
前期工程费	行政事业性收费	项目报建时按规定向政府部门交纳的报批费，如市政基础设施配套费、绿化建设费、人防异地建设费、消防图纸审查费、白蚁防治费、建设工程社会保险费、新型墙体材料专项基金、工程质监费、防雷图纸及检测、施工图抗震设防技术审查费、工程招标代理费、图纸审查费、散装水泥费、环评报告编制费及招投标管理费等
	规划设计费	方案设计、施工图设计、园林设计、自来水设计、电力设计，人防设计、制图、晒图费，规划设计模型制作费，方案评审等费用
	勘测丈量费	水文、地质、文物和地基勘察费，沉降观测费，日照测试费，拨地钉桩验线费，复线费，定线费，放线费，建筑面积丈量费等
	“三通一平”费	接通红线外施工用临时给排水（含地下排水管、沟开挖铺设费用）、供电、道路（含按规定应交的占道费、道路挖掘费）等设施的设计、建造、装饰和进行场地平整发生的费用（包括开工前垃圾清运费）等

续表

项目	对应的业务类型	具体业务事项
前期工程费	临时设施费	施工方临时办公室，临时场地占用费，临时借用空地租费，以及沿红线周围设置的临时围墙、围栏等设施的设计、建造、装饰等费用
	预算编审费	支付给社会中介服务机构受聘为项目编制或审查预算而发生的费用
基础设施费（小区内施工图预算项目外）	道路工程费	红线外两米与大市政接口的费用
	供电工程	变（配）电设备的购置费，设备安装及电缆铺设费，供（配）电贴费，电源建设费，交纳的电增容费等
	给排水工程费	自来水、雨（污）水排放、防洪等给排水设施的建造、管线铺设费用，以及向自来水公司交纳的水增容费等
	煤气工程费	煤气管道的铺设费、增容费、集资费、煤气配套费、煤气发展基金、煤气挂表费等
	供暖工程费	暖气管道的铺设费、集资费
	通信工程费	电话线路的铺设、电话配套费，电话电缆集资费，电话增容费等
	电视工程费	小区内的有线电视（闭路电视）的线路铺设费等
	照明工程费	小区内路灯照明设施支出
	景观绿化工程费	小区内景观建设、人工草坪、栽花、种树等绿化支出
	环卫工程费	小区内的环境卫生设施支出，如垃圾站（箱）、公厕等
	安防智能化工程费	小区内安防、监控工程费
建筑安装工程费	土建工程费	土石方、桩基、护壁（坡）工程费，基础处理费，桩基咨询费，土建结构工程费（含地下室部分）
	安装工程费	主体工程内的照明等电气设施安装费，主体工程内的通信、保安监视、有线电视系统等电信设施安装费，主体工程内的上下水、热水等给排水设施安装费，主体工程内的电梯及其安装、调试费，主体工程内的换热站、冷冻站、风机盘管控制楼宇自控消防设施安装费，主体工程内的自动喷洒、消火栓和消防报警系统等消防设施安装费，主体工程内的煤气管线等燃气设施安装费，主体工程内的水暖、汽暖等供热设施安装费
公共配套设施费	不会产生经营收入的不可经营性公共配套设施	消防、水泵房、水塔、锅炉房（建筑成本）、变电所（建筑成本）、居委会、派出所、岗亭、儿童乐园和自行车棚等设施支出
	经营收入归于经营者或业委会的可经营性公共配套设施	幼儿园、邮局、图书馆、阅览室、健身房、游泳池和球场等
公共配套设施费	城市规划中规定的大配套设施	不能有偿思让和取得经营收益权时，发生的没有投资来源的费用
	不可销售的地下室、车位	如果补交地价或人防工程费得到政府部门认可，取得了产权，就作为经营性项目独立核算
开发间接费	不能将其归属于特定成本对象支出	管理人员工资、职工福利费、折旧费、修理费、办公费、水电费、劳动保护费、工程管理费、周转房摊销以及项目营销设施建造费，如样板房等

【例 4-4】天宏基业房地产开发公司开发的商品房 A、商品房 B 和周转房，在 2016 年度发生了以下业务。

（1）2016 年 2 月，用银行存款支付征地拆迁费 390 万元，其中商品房 A 应负担 200 万元，商品房 B 应负担 190 万元。

（2）2016 年 4 月，用银行存款支付承包设计单位设计费 135 万元，其中商品房 A 的设计费 80 万元，商品房 B 的设计费 30 万元，周转房的设计费 25 万元。

（3）2016 年 5 月，用银行存款支付承包施工企业基础设施工程款 120 万元，其中商品房 A 应负担的工程款为 60 万元，商品房 B 应负担的工程款为 40 万元，周转房应负担的工程款为 20 万元。

（4）2016 年 9 月，根据工程结算单，应付俊朗承包施工企业建筑安装工程款 770 万元，其中商品房 A 应负担的工程款为 500 万元，商品房 B 应负担的工程款为 200 万元，周转房应负担的工程款为 70 万元。

（5）根据小区需要，在小区内建设一公共配套水塔，共发生费用 106 万元，其中应由商品房 A 负担的水塔配套设施费为 50 万元，商品房 B 应负担的水塔配套设施费为 40 万元，周转房应负担的水塔配套设施费为 16 万元。

（6）2016 年 8 月，共发生开发间接费用 22 万元，其中应由商品房 A 负担 15 万元，商品房 B 负担 4 万元，周转房负担 3 万元。

根据上述资料，天宏基业房地产开发公司做如下会计处理。

（1）依据有关部门规划（拆迁）批准文件，双方签订的拆迁补偿合同和收款收据及银行付款凭据，天宏基业房地产开发公司编制如下会计分录。

借：开发成本——房屋开发——土地征用及拆迁补偿费（商品房 A）

2 000 000.00

——土地征用及拆迁补偿费（商品房 B）

1 900 000.00

贷：银行存款 3 900 000.00

（2）2016 年 4 月，支付设计费，依据结算单、建筑发票和银行付款凭据，天宏基业房地产开发公司编制如下会计分录。

借：开发成本——房屋开发——前期工程费（商品房 A） 800 000.00

——前期工程费（商品房 B） 300 000.00

——前期工程费（周转房） 250 000.00

贷：银行存款 1 350 000.00

（3）2016 年 5 月，用银行存款支付承包施工企业基础设施工程款 120 万元，依据结算单、建筑发票和银行付款凭据，天宏基业房地产开发公司编制如下会计分录。

借：开发成本——房屋开发——基础设施费（商品房 A） 600 000.00

——基础设施费（商品房B） 400 000.00

——基础设施费（周转房） 200 000.00

贷：银行存款 1 200 000.00

（4）2016 年 9 月，应付俊朗承包施工企业建筑安装工程款 770 万元，依据结算单、建筑发票和银行付款凭据，天宏基业房地产开发公司编制如下会计分录。

借：开发成本——房屋开发——建筑安装工程费（商品房A） 5 000 000.00

——建筑安装工程费（商品房B） 2 000 000.00

——建筑安装工程费（周转房） 700 000.00

贷：应付账款——应付工程款（俊朗承包施工企业） 7 700 000.00

（5）小区内建设一公共配套水塔，依据公共配套（水塔）计算分配表，天宏基业房地产开发公司编制如下会计分录。

借：开发成本——房屋开发——公共配套设施费（商品房A） 500 000.00

——公共配套设施费（商品房B） 400 000.00

——公共配套设施费（周转房） 160 000.00

贷：开发成本——配套设施开发——水塔 1 060 000.00

（6）2016 年 8 月，共发生开发间接费用 22 万元，依据开发间接费用分配表，天宏基业房地产开发公司编制如下会计分录。

借：开发成本——房屋开发——开发间接费用（商品房A） 150 000.00

——开发间接费用（商品房B） 40 000.00

——开发间接费用（周转房） 30 000.00

贷：开发间接费用 220 000.00

（7）将以上各项房屋开发支出分别计入对应的房屋开发成本明细账，编制开发产品成本结转明细表，如表 4-7 所示。

表 4-7 开发产品成本结转明细表

开发成本费用明细	总金额	分配项目		
		商品房 A	商品房 B	周转房
土地征用及拆迁补偿费	3 900 000.00	2 000 000.00	1 900 000.00	
前期工程费	1 350 000.00	800 000.00	300 000.00	250 000.00
基础设施费	1 200 000.00	600 000.00	400 000.00	200 000.00
建筑安装工程费	7 700 000.00	5 000 000.00	2 000 000.00	700 000.00
公共配套设施费	1 060 000.00	500 000.00	400 000.00	160 000.00
开发间接费用	220 000.00	150 000.00	40 000.00	30 000.00
合计	15 430 000.00	9 050 000.00	5 040 000.00	1 340 000.00

将完工验收的商品房开发成本结转“开发产品”账户的借方。天宏基业房地产开发公司编制如下会计分录。

借：开发产品——商品房A　　9 050 000.00

　贷：开发成本——房屋开发（商品房A）　　9 050 000.00

借：开发产品——商品房B　　5 040 000.00

　贷：开发成本——房屋开发（商品房B）　　5 040 000.00

借：开发产品——周转房　　1 340 000.00

　贷：开发成本——房屋开发（周转房）　　1 340 000.00

4.2.5 配套设施开发成本核算

配套设施是房地产开发企业根据城市建设规划的要求，或开发项目建设规划的要求，为满足居住的需要而与开发项目配套建设的各项服务性设施。配套设施主要有两类，如表4-8所示。

表4-8　配套设施分类表

具体类别	权　属	会计处理
能够有偿转让的公共配套设施（如会所、学校、幼儿园、物业管理用房、车库等）	产权归小区业主所有，或无偿移交政府、公用事业单位等	可直接入房屋开发成本，或者先在配套设施中归集，然后转入房屋开发成本
	产权归房地产开发商所有，或未明确产权	如果自用，按固定资产处理；其他按开发产品进行处理
不能有偿转让的公共配套设施	开发区内的锅炉房、水塔、自行车棚	不需要单独作为成本核算对象核算其开发成本，其发生的费用支出分别计入开发的土地、商品房、能有偿转让的配套设施等开发产品成本
	开发区以外为开发项目的居民提供服务的给排水、供水、供电、供暖、供气的增容、增压设施及交通道路等	

配套设施作为开发产品的一部分，其成本项目具有与开发产品成本项目相同的内容，即土地征用及拆迁补偿费、前期工程费、建筑安装工程费、基础设施费、公共配套设施费和开发间接费六大成本项目。

【例 4-5】天宏基业房地产开发公司根据建设规划要求，在开发小区内负责建设一个商场和一座变压房。上述设施均发包给施工企业施工，其中商场建成后，可进行有偿转让。变压房的开发支出按规定计入有关开发产品的成本。

上述各配套设施发生了下列有关支出，天宏基业房地产公司的会计处理如下。

（1）天宏基业房地产开发公司开发本小区共支付土地出让款 3 000 万元，商品房、周转房和能有偿转让的配套设施占地总面积 100 000 平方米，其中商场占地面积为1 500平方米。

商场应负担的土地征用及拆迁补偿费=3 000×（1 500÷100 000）=45万元

依据规划设计图纸及计算数据，天宏基业房地产开发公司编制如下会计分录。

借：开发成本——配套设施开发——土地征用及拆迁补偿费（商场）

450 000.00

贷：开发成本——土地开发 450 000.00

（2）天宏基业房地产开发公司用银行存款支付设计单位设计费 50 万元，其中商场设计费 30 万元，变压房的设计费 20 万元。依据结算单及发票，银行付款凭据，天宏基业房地产开发公司编制如下会计分录。

借：开发成本——配套设施开发——前期工程费（商场） 300 000.00

——前期工程费（变压房） 200 000.00

贷：银行存款 500 000.00

（3）天宏基业房地产开发公司应付施工单位基础设施工程款 90 万元，其中商场的工程款为 50 万元，变压房的工程款为 40 万元。依据结算单和建筑发票，天宏基业房地产开发公司编制如下会计分录。

借：开发成本——配套设施开发——基础设施费（商场） 500 000.00

——基础设施费（变压房） 400 000.00

贷：应付账款——应付工程款 900 000.00

（4）天宏基业房地产开发公司应付施工企业建筑工程款 400 万元，其中商场的工程款为 250 万元，变压房的工程款为 150 万元。依据结算单和建筑发票，天宏基业房地产开发公司编制如下会计分录。

借：开发成本——配套设施开发——建筑安装工程费（商场）2 500 000.00

——建筑安装工程费（变压房）1 500 000.00

贷：应付账款——应付工程款 4 000 000.00

（5）天宏基业房地产开发公司根据分配标准，假设应由商场负担的开发间接费用为 7 万元，由于变压房是不能有偿转让的，因此不用负担开发间接费。依据开发间接费用分配表，天宏基业房地产开发公司编制如下会计分录。

借：开发成本——配套设施开发——开发间接费（商场） 70 000.00

贷：开发间接费用 70 000.00

（6）天宏基业房地产开发公司，变压房已竣工验收，其总成本为 80 万元，按一定标准应分摊到商品房 50 万元，商场 30 万元。依据公共配套设施（变压房）归集分配表，天宏基业房地产开发公司编制如下会计分录。

借：开发成本——配套设施开发——配套设施费（商场） 300 000.00

——房屋开发——配套设施费（商品房） 500 000.00

贷：开发成本——配套设施开发（变压房）　　800 000.00

（7）天宏基业房地产开发公司，商场已竣工，假设只发生上述费用，依据开发成本-配套设施开发（商场）结转明细表，则应将其实际成本转入“开发产品——配套设施”账户。天宏基业房地产开发公司编制如下会计分录。

借：开发产品——配套设施（商场）　　4 120 000.00

贷：开发成本——配套设施开发　　4 120 000.00

4.2.6 开发间接费用核算

开发间接费用是指房地产开发企业内部独立核算单位在开发现场组织管理开发产品而发生的各项费用。这些费用虽也属于直接为房地产开发而发生的费用，但不能确定其为某项开发产品所应负担，因而无法将其直接计入各项开发产品成本。为了简化核算手续，将其先计入“开发间接费用”账户，然后按照适当分配标准计入各项开发产品成本。

开发间接费用的组成、归集和结转如表4-9所示。

表4-9 开发间接费用组成、归集和结转表

<table>
<tr><td rowspan="3">开发间接费用的组成</td><td>可以分设工资、折旧费、修理费、办公费、水电费、劳动保护费、周转房摊销和利息支出等明细项目进行核算</td></tr>
<tr><td>利息支出是指房地产开发企业为开发房地产借入资金所发生而不能直接计入某项开发成本的利息支出及相关的手续费，但应冲减使用前暂存银行而发生的利息收入</td></tr>
<tr><td>开发产品完工以后发生的借款利息，应作为财务费用，计入当期损益</td></tr>
<tr><td rowspan="2">开发间接费用的归集</td><td>用“开发间接费用”会计科目进行归集核算</td></tr>
<tr><td>房地产开发企业在开发现场组织和管理房地产开发建设而发生的各项费用，应作为开发间接费用计入开发产品成本</td></tr>
<tr><td rowspan="3">开发间接费用的归集</td><td>周转房摊销直接列入开发间接费用</td></tr>
<tr><td>设立现场管理机构所发生的费用可列入开发间接费用</td></tr>
<tr><td>不设现场管理机构，定期或不定期派人到开发现场组织开发建设活动，则其所发生的费用可直接并入企业的管理费用</td></tr>
<tr><td rowspan="5">开发间接费用的结转</td><td>每月终了，应对开发间接费用进行分配，按实际发生数计入有关开发产品的成本</td></tr>
<tr><td>土地开发、房屋开发、配套设施和代建工程，都可以分配开发间接费用</td></tr>
<tr><td>为简化核算手续并防止重复分配，自用土地和不能有偿转让的配套设施开发成本均不分配开发间接费用</td></tr>
<tr><td>企业内部独立核算单位发生的开发间接费用，可仅对有关开发房屋、商品性土地、能有偿转让配套设施及代建工程进行分配</td></tr>
<tr><td>开发间接费用的分配标准，可按月份内各项产品实际发生的直接成本（包括土地征用及拆迁补偿费或批租地价、前期工程费、基础设施费、建筑安装工程费及配套设施费）进行分配</td></tr>
</table>

【例 4-6】天宏基业房地产开发公司 2016 年 12 月共发生开发间接费用 60 000.00 元，应分配开发间接费的各开发产品实际发生的直接成本如表 4-10 所示。

表 4-10 开发间接费用分配表

开发产品名称	直接成本
商品房 A	1 000 000.00
商品房 B	600 000.00
周转房	300 000.00
大配套设施——商场	100 000.00
合计	2 000 000.00

根据上述资料，天宏基业房地产开发公司做如下会计处理。

各开发产品应分配开发间接费的分配率为：60 000.00 ÷ 2 000 000.00 × 100% =3%

商品房 A 应分配的开发间接费：1 000 000.00 × 3% =30 000.00 元

商品房 B 应分配的开发间接费：600 000.00 × 3% =18 000.00 元

周转房应分配的开发间接费：300 000.00 × 3% =9 000.00 元

大配套设施应分配的开发间接费：100 000.00 × 3% =3 000.00 元

根据上面的计算，就可将各开发产品应分配的开发间接费计入各开发产品成本核算对象的“开发间接费用”成本项目，并将它计入“开发成本”各二级账户的借方和“开发间接费用”账户的贷方。

天宏基业房地产开发公司编制如下会计分录。

借：开发成本——房屋开发——开发间接费（商品房 A） 30 000.00
　　　　　　　　　　　——开发间接费（商品房 B） 18 000.00
　　　　　　　　　　　——开发间接费（周转房） 9 000.00
　　　　　　　　　　　——开发间接费（商场） 3 000.00
　贷：开发间接费用 60 000.00

4.2.7 职工薪酬会计核算

职工薪酬是职工对企业投入劳动而获得的报酬，是房地产开发企业必须付出的人力成本。应付职工薪酬是指企业根据有关规定应付给职工的各种薪酬。

1. 职工薪酬核算的内容

按现行规定，职工薪酬主要包括职工的工资、奖金、津贴和补贴，职工福利费，医疗、养老、失业、工伤、生育等社会保险费，住房公积金，工会经费，职工教育经费，非货币性福利、辞退福利等。

2．应付职工薪酬的核算

“应付职工薪酬”账户核算房地产开发企业应支付给职工的各项劳动报酬。该账户贷方登记分配计入有关成本费用的职工薪酬的数额，借方登记实际发放、支付和缴纳的职工薪酬，期末贷方余额反映企业应付未付或应缴纳而尚未缴纳的职工薪酬。

该账户应设置“工资”“职工福利”“社会保险”“住房公积金”“工会经费”“职工教育经费”“非货币性福利”“辞退福利”等明细，进行明细核算。

房地产开发企业工资薪酬分配的会计处理如下：

（1）开发现场管理人员的工资计入“开发间接费用”账户；

（2）销售部门人员的工资计入“销售费用”账户；

（3）管理部门人员的工资计入“管理费用”账户。

【例4-7】2016年10月，天宏基业房地产开发公司月末发生工资如下：开发项目现场管理人员工资85 000.00元，专设销售机构人员工资36 000.00元，行政管理人员的工资64 000.00元。

天宏基业房地产开发公司应做如下会计处理。

借：开发间接费用　　85 000.00
　　销售费用　　36 000.00
　　管理费用　　64 000.00
　贷：应付职工薪酬——工资　　185 000.00

4.3　开发产品会计核算

开发产品是指企业已经完成全部开发建设过程，并已验收合格，符合国家建设标准和设计要求，可以按照合同规定的条件移交订购单位，或者作为对外销售、出租的产品，包括土地（建设场地）、房屋、配套设施、代建工程和周转房等。

4.3.1　应设置的会计账户

为了核算房地产开发企业的开发产品，应设置“开发产品”“周转房”等账户进行会计核算。

1．“开发产品”账户

“开发产品”账户核算房地产开发企业开发产品的增加、减少及结存情况。该账户借方登记已竣工验收的开发产品的实际成本，贷方登记月末结转的已销售、转让、结算或出租的开发产品的实际成本。月末借方余额表示尚未销售、转让、结算或出租的各种开发产品的实际成本。该账户应按开发产品的种类，如土地、房屋、配套设施、代建工程和周转房等设置明细账户，并在明细账户下，按成本核算对象设置账页，一般为多栏式明细账。

2.“周转房”账户

“周转房”账户核算房地产开发企业周转房的实际成本，该账户应设置“在用周转房”和“周转房摊销”两个二级账户。

“在用周转房”二级账户核算在用周转房的实际成本，借方登记增加的在用周转房实际成本，贷方登记减少的在用周转房实际成本，借方余额反映在用周转房的原始价值。

“周转房摊销”二级账户核算周转房的摊销价值，贷方登记按月提取的在用周转房摊销价值，借方登记改变周转房用途，对外销售应冲减的已提摊销价值，贷方余额反映在用周转房的累计已提摊销价值。“周转房”账户应按周转房的种类设置明细账户。

【例 4-8】2016 年 6 月，天宏基业房地产开发公司根据竣工验收单，本月已完工开发产品实际成本为 3 000 万元。其中，土地为 360 万元，房屋 2 600 万元，配套设施 250 万元。

天宏基业房地产开发公司做如下会计处理。

借：开发产品——土地	3 600 000.00
——房屋	26 000 000.00
——配套设施	2 500 000.00
贷：开发成本	32 100 000.00

4.3.2 开发产品的核算

企业的开发产品会因对外转让、销售等原因发生变动。对于开发产品的变动，应区分不同情况及时进行会计处理。

（1）企业对外转让、销售开发产品时，应于月份终了时按开发产品的实际成本，借记“主营业务成本”账户，贷记“开发产品”账户。

（2）采用分期收款方式销售开发产品的，在将开发产品移交使用单位或办妥分期收款销售合同后，按分期收款的开发产品的实际成本，借记“分期收款开发产品”账户，贷记“开发产品”账户。

（3）企业将开发的房屋安置拆迁居民周转使用，应于移交使用时，按土地和房屋的实际成本，借记“周转房”账户，贷记“开发产品——土地（或房屋）”账户。

（4）企业将开发产品用于出租时，应按照确定的建造成本，借记“投资性房地产”账户，贷记“开发产品”账户。

（5）企业将开发的房屋转为自用，应于房屋自用时，按开发产品的实际成本，借记“固定资产”账户，贷记“开发产品——房屋”账户。

【例 4-9】2016 年 5 月，天宏基业房地产开发公司确认销售商品房收入，房屋销售成本为 7 000 万元。

天宏基业房地产开发公司应做如下会计处理。

借：主营业务成本 70 000 000.00

贷：开发产品——房屋 70 000 000.00

4.3.3 周转房的核算

周转房是指房地产开发企业为了开发小区房屋建设，用于安置被动迁居民暂时居住周转使用、产权归企业所有的各种房屋。包括在开发过程中已经明确为安置被动迁居民暂时居住使用的房屋；搭建的用于安置被动迁居民暂时居住的临时性简易房屋；开发建设完成的商品房在销售以前，用于安置被动迁居民暂时居住的部分。

周转房是房地产开发企业特有的财产，它不同于固定资产，也不同于一般的流动资产，应单独设置“周转房”账户，以核算其价值的增减变动情况。企业应单独设置“周转房摊销”账户，以核算周转房在周转使用过程中所发生的价值损耗。周转房的价值损耗，应按其使用年限分期摊销，计入有关开发项目的成本，并从开发产品的销售收入中得到补偿，不单独形成基金，专户存储，专款专用。周转房属于为开发建设提供服务的房屋，在周转使用中，只有支出（价值损耗和维修费用），除收取低价的房租外，没有其他收入。发生的价值损耗（即周转房摊销）和维修费用，在“开发成本”账户核算，收取的低价房租在“其他业务收入”账户核算，不再单独设置会计账户进行核算。

根据周转房处于不同的阶段，将周转房在不同会计账户核算。

（1）企业开发完成用于安置拆迁居民周转使用的周转房和临时性简易房屋，应将其实际开发成本先从“开发成本——房屋开发”账户的贷方转入“开发产品——房屋”账户的借方。

（2）投入使用时，将各种用于安置拆迁居民周转使用的房屋从“开发产品——房屋”账户的贷方按其实际开发成本转入“周转房——在用周转房”账户的借方。

（3）对于在用周转房的管理，企业还应根据其具体使用情况，建立“周转房使用卡片”，按每一套周转房的栋号（或楼层、房间号）进行明细核算，详细记录周转房的坐落地点、结构、层次、面积和安置居民姓名等情况。

（4）周转房损耗价值的摊销额，应在“周转房——周转房摊销”账户核算。凡能确定其为某项土地或房屋开发项目负担的周转房摊销额，应计入“开发成本——商品性土地开发”或“开发成本——房屋开发”账户的借方；凡不能确定其为某项开发项目负担的周转房摊销额，应计入“开发间接费用”账户的借方。

（5）周转房在供拆迁居民使用过程中发生的修理费用，如果属于经常性修理费用，可作为当期的开发成本，计入“开发成本——商品性土地开发”“开发成本——房屋开发”“开发间接费用”等账户的借方。

如果属于大修理费用，因为大修理费用的间隔期一般超过一年，所以应将大修理费用先在“长期待摊费用”账户入账，然后根据大修理间隔期的长短，分期摊入有关开发成本。

【例 4-10】2016 年，天宏基业房地产开发公司发生如下业务。

（1）2016 年 1 月，天宏基业房地产开发公司为安置拆迁居民开发的房屋已全部竣工，其总成本为 1 600 万元。天宏基业房地产开发公司应做如下会计处理。

借：开发产品——房屋　　16 000 000.00

　贷：开发成本——房屋开发　　16 000 000.00

（2）2016 年 2 月，将已竣工的安置拆迁居民的房屋交给拆迁居民使用，并建立“周转房使用卡片”，天宏基业房地产开发公司应做如下会计处理。

借：周转房——在用周转房　　16 000 000.00

　贷：开发产品——房屋　　16 000 000.00

（3）2016 年 3 月，为安置拆迁居民的周转房预计使用 2 年，残值率为 4%，每月应摊销周转房摊销值为 64 万元［1 600×（1−4%）÷2÷12=64 万元］。该周转房专为“城中村项目”而建，其摊销额应计入该项目的开发成本中。天宏基业房地产开发公司应做如下会计处理。

借：开发成本——房屋开发　　640 000.00

　贷：周转房——周转房摊销　　640 000.00

（4）2016 年 11 月周转房经常性修理支出 2 万元，大修理支出 24 万元，两年维修一次，天宏基业房地产开发公司做如下会计处理。

借：开发成本——房屋开发　　20 000.00

　　长期待摊费用　　240 000.00

　贷：银行存款　　260 000.00

大修理摊销按两年分摊，每月分摊=240 000.00÷2÷12=10 000.00 元

借：开发成本——房屋开发　　10 000.00

　贷：长期待摊费用　　10 000.00

4.3.4 开发产品开发成本估算

房地产开发企业的开发产品成本可以用以下方法进行估算，进而提前做好税务筹划安排。

1．建设项目投资估算

建设项目总投资构成包括固定资产投资、建设期借款利息和流动资金三部分。

（1）固定资产投资是指项目按拟建规模、规划设计方案、建设内容进行建设所需的费用。

（2）建设期借款利息是指企业为建设项目进行建设投资借款和流动资金借款而发生的利息支出。

（3）流动资金是指为维持企业的正常生产经营活动所占用的全部周转资金。

建设项目总投资形成的资产分为固定资产、无形资产、递延资产和流动资产。

2．开发项目投资与总成本费用估算

房地产开发项目投资与成本费用估算涉及以下几个方面。

（1）房地产开发项目投资特点

三种经营模式：出售、出租和自主经营。

（2）房地产开发项目总投资

房地产开发项目总投资包括开发建设投资和经营资金两部分。

① 开发建设投资是指开发期内完成房地产产品开发建设所需投入的各项成本费用。包括土地费用、前期工程费、基础设施建设费、建筑安装工程费、公共配套设施建设费、开发间接费、管理费用、财务费用、销售费用、开发期税费、其他费用以及不可预见费等。

② 经营资金是指房地产开发企业用于日常经营周转的资金。

（3）开发产品成本

开发产品成本是指房地产开发企业在开发过程中所发生的各项费用，从财务角度，这些成本可按用途分为：土地开发成本、房屋开发成本、配套设施开发成本等。

而在核算上又可划分为开发直接费用和开发间接费用。开发直接费用包括土地费用、前期工程费、基础设施建设费、建筑安装工程费、公共配套设施建设费。开发间接费用包括管理费用、财务费用、销售费用、开发期税费、其他费用以及不可预见费等。

也可按开发成本和开发费用进行分类。开发成本包括土地费用、前期工程费、基础设施建设费、建筑安装工程费、公共配套设施建设费、其他费用、开发期税费、不可预见费。开发费用包括管理费用、财务费用、销售费用。

【例 4-11】天宏基业房地产开发公司在××市开发一个项目，总建筑面积157 349 平方米，其中住宅 135 049 平方米，商铺 5 300 平方米，会所 17 000 平方米。住宅全部销售，商铺用于出租，会所自己经营。该项目总投资 70 794 万元，其中开发建设投资 70 644 万元，由开发产品成本 65 644 万元和自营固定资产（会所）5 000 万元组成。会所投入运营时需投入经营资金 150 万元，在项目结束时

（预计38年后）一次收回。

天宏基业房地产开发公司应做如下会计处理：

如果项目只有租售部分无自营部分，那么其总投资就只有65 644万元，不包括自营固定资产（会所）的5 000万元和经营资金150万元。

3．开发项目总成本费用构成估算

房地产开发项目总成本费用构成估算涉及以下几个方面。

（1）土地费用估算

① 土地使用权出让金。土地使用权出让金的底价估算一般可参照政府同期出让的类似地块的出让金数额并进行时间、地段、用途、临街状况、建筑容积率、土地出让年限、周围环境状况及土地现状等因素的修正得到；也可以依据城市人民政府颁布的城市基准地价或平均标定地价，根据项目用地所处的地段等级、用途、容积率、使用年限等项因素修正得到。土地有偿出让的方式包括拍卖、招标与协议。

② 土地征用及拆迁安置补偿费。新条例规定：拆迁补偿的方式可以实行货币补偿，也可以实行产权调换。货币补偿的金额，应根据被拆迁房屋的区位、用途、建筑面积等因素，以房地产市场评估价格确定；实行产权调换的，应计算被拆迁房屋的补偿金额和所调换房屋的价格，结清产权调换的差价。

③ 土地转让费。土地转让费是指土地受让方向土地转让方支付土地使用权转让费。依法通过土地出让或转让方式取得的土地使用权可以转让给其他合法使用者。

④ 土地租用费。土地租用费是指土地租用方向土地出租房支付的费用。在房地产开发投资中不多见，但在房地产置业投资中（如购入酒店以作出租经营之用时）经常采用。

⑤ 土地投资折价。土地投资折价是非常常见的合作开发项目的模式。

（2）前期工程费

前期工程费主要包括开发项目的前期规划、设计、可行性研究、水文地质勘测以及“三通一平”等土地开发工程费支出。

① 项目的规划、设计、可行性研究所需的费用一般可按项目总投资的一个百分比估算。一般情况下，规划及设计费为建安工程费的3%左右，可行性研究费占项目总投资的0.1%～0.3%，水文、地质勘探所需的费用可根据所需工作量结合有关收费标准估算，一般为设计概算的0.5%左右。

② “三通一平”等土地开发费用，主要包括地上原有建筑物、构筑物拆除费用、场地平整费用和通水、电、路的费用。这些费用的估算可根据实际工作量，参照有关计费标准估算，一般为设计概算的0.35%。

（3）基础设施建设费

基础设施建设费又称红线内外工程费，是指建筑物2米以外和小区规划红线以内的各种管线和道路等工程的费用，主要包括供水、供电、道路、绿化、供气、排污、排洪、电信、环卫等设施的建设费用以及各项设施与市政设施干线、干管和干道的接口费用。

基础设施费通常采用单位指标估算法来计算。粗略估算时，则各项基础设施工程均可按建筑平方米或用地平方米造价计算。

（4）建筑安装工程费

建筑安装工程费是指直接用于工程建设的总成本费用，主要包括建筑工程费（结构、建筑、特殊装修工程费）、设备及安装工程费（给排水、电气照明、电梯、空调、煤气管道、消防、防雷、弱电等设备及安装）以及室内装修工程费用等。

（5）公共配套设施建设费

公共配套设施费是指居住小区内为居民服务配套建设的各种非营业性的公共配套设施（又称公建设施）的建设费用。主要包括居委会、派出所、托儿所、幼儿园、公共厕所、停车场等。

（6）开发间接费

开发间接费是指房地产开发企业所属独立核算单位在开发现场组织管理所发生的各项费用。包括工资、福利费、折旧费、修理费、办公费、水电费、劳动保护费、周转房摊销和其他费用等。

（7）管理费用

管理费用是指房地产企业行政管理部门为组织和管理房地产项目的开发经营活动而发生的各种费用。主要包括：管理人员工资、工会经费、业务接待费、职工教育经费、劳动保险费、待业保险费、董事会费、咨询费、审计费、诉讼费、房产税、土地使用税（企业管理用房）、车船使用费、技术开发费、无形资产摊销、开办费摊销等各种费用。

管理费用可按项目投资或前述（1）~（5）项直接费用为基数，取一个百分比计算。这个百分数一般为3%。

（8）财务费用

财务费用是指房地产开发企业为筹集资金而发生的各项费用，主要包括借款和债券的利息、金融机构手续费、保险费、融资代理费、外汇汇兑净损失以及企业为项目筹资发生的其他财务费用。

长期借款利息、流动资金借款利息的计算详见“借款还本付息估算”。利息外的财务费用可按利息10%估算。

（9）销售费用

销售费用是指开发项目在销售产品过程中发生的各项费用以及专设销售机构或委托销售代理的各项费用。主要包括以下三项。

① 广告宣传及市场推广费。广告宣传及市场推广费为销售收入的 2%~3%（住

宅销售物业较高，写字楼物业较低）。

② 销售代理费。销售代理费为销售收入的 1.5%～2%。

③ 其他销售费用。其他销售费用为销售收入的 0.5%～1%。

以上各项合计，销售费用占销售收入的 4%～6%。

（10）其他费用

其他费用主要包括临时用地费和临时建设费、工程造价咨询费、总承包管理费、合同公证费、施工执照费、工程监理费、竣工图编制费、工程保险费等。这些费用按当地有关部门规定的费率估算，一般占投资额的 2%～3%。

（11）开发期间税费

开发项目投资估算应考虑项目在开发过程中所负担的各种税金和地方政府或有关部门征收的费用。在一些大中城市，这部分税费已成为开发建设项目投资构成中占较大比重的费用。各项税费应当根据当地有关法规标准估算。以广州为例，这些税费一般包括以下几项：

① 配套设施建设费（小区建安造价的 5.5%，单体 11%）；

② 固定资产投资方向调节税（按总投资额 3%～5% 计征，目前暂停征收）；

③ 土地使用税；

④ 建筑工程质安监督费；

⑤ 供水增容费（已免征）；

⑥ 供电增容费（已免征）；

⑦ 物业管理基金（按售价 2% 计收，用于出租的物业由开发商交，用于出售的由买家交）；

⑧ 其他。

（12）不可预见费

不可预见费包括备用金（不含工料价格上涨备用金）、不可预见的基础或其他附加工程增加的费用、不可预见的自然灾害增加的费用。它依据项目的复杂程度和前述各项费用估算的准确程度，以上述各项费用之和为基数，按 3%～5% 计算。

如果是开发项目完成后出租或自营的项目，还应估算下列费用。

（13）运营费用

运营费用是指房地产项目开发完成后，在项目经营期间发生的各种运营费用。主要包括管理费用、销售费用等。

（14）修理费用

修理费用是指以出租或自营方式获得收益的房地产项目在经营期间发生的物料消耗和维修费用。

4．开发项目的收入估算

（1）经营收入测算

房地产开发项目应在项目策划方案的基础上，制订出切实可行的房地产产品的出售、出租、自营等计划（以下简称租售计划），通过该收入计划，正确地估算出开发项目可能的收入。租售计划应与开发商的营销策略相结合，同时还应遵守各级政府有关房地产租售方面的限制条件和规定。

（2）制订房地产开发项目租售计划

房地产项目租售计划一般包括可供租售的房地产类型及数量、租售价格、收款方式等内容。

① 在确定可供租售的房地产类型及数量时，应首先确定开发项目可以提供的房地产类型及数量，再根据市场条件，确定开发项目在整个租售期内每期（年、半年或季度，以下同）拟租售的房地产类型及数量。

② 租售价格的确定应在市场调查与预测的基础上，结合房地产开发项目的具体情况，通过市场交易信息的分析与比较来完成。特别应注意已建成的、正在建设的以及潜在的竞争性房地产项目对拟开发项目租售价格的影响。

③ 确定收款方式时应考虑房地产交易的付款习惯和惯例。当分期付款时，应注意分期付款的期数与分期付款的比例。在制订租售计划时，应特别注意可租售面积比例的变化对租售收入的影响。

（3）房地产开发项目租售收入的估算

租售收入的估算是要计算出每期所能获得的房地产收入，主要包括土地转让收入、商品房销售收入、出租房租金收入、配套设施销售收入和开发企业自营收入等。

① 房地产开发项目的出租、出售收入，一般为可租售的项目建筑面积的数量与单位租售价格的乘积。对于出租的情况，应注意空置期（项目竣工后暂未租出的时间）和空置率（未出租建筑面积占可出租总建筑面积的百分比）对各期租金收入的影响。同时还应考虑经营期未出租物业的转售收入。

② 房地产开发项目的自营收入是指房地产开发企业以开发完成后的房地产产品为其进行商业和服务业等经营活动的载体，通过综合性的自营方式得到的收入。在进行自营收入的估算时，应充分考虑目前已有的商业和服务业设施对拟开发项目建成后所产生的影响，以及未来商业和服务业设施对拟开发项目建成后所生产的影响，以及未来商业和服务业市场可能发生的变化对拟开发项目的影响。

5．开发项目的税金估算

（1）经营税金及附加

① 经营税金及附加的概念。经营税金及附加是指房地产销售、出租与自营过程中发生的税费，主要包括增值税城市维护建设税、教育费附加。

② 具体估算。

a. 增值税。

房地产开发企业销售自行开发的房地产项目应缴纳增值税。自行开发是指在依法取得土地使用权的土地上进行基础设施和房屋建设。房地产开发企业中的一般纳税人（以下简称一般纳税人）销售自行开发的房地产项目，适用一般计税方法计税，按照取得的全部价款和价外费用，扣除当期销售房地产项目对应的土地价款后的余额计算销售额。销售额的计算公式如下：

销售额=（全部价款和价外费用−当期允许扣除的土地价款）÷（1+11%）

一般纳税人销售自行开发的房地产项目适用一般计税方法计税的，应按照《营业税改征增值税试点实施办法》（财税〔2016〕36 号文件印发，以下简称《试点实施办法》）第四十五条规定的纳税义务发生时间，以当期销售额和 11% 的适用税率计算当期应纳税额，抵减已预缴税款后，向主管国税机关申报纳税。未抵减完的预缴税款可以结转下期继续抵减。

b. 城市维护建设税。

城市维护建设税是指按增值税、消费税的实缴税额为计税依据，专门用于城市建设、维护而征收的一种税。对房地产开发企业而言，城市维护建设税的计税依据是其实际缴纳的增值税。

城市维护建设税的税率因纳税人所在的地区而有所差异，纳税人所在地为市区的，税率为 7%，纳税人所在地为县城、镇的，税率为 1%。

c. 教育费附加。

教育费附加是国家为发展教育事业、筹集教育经费而征收的一种附加费，其计费依据与城市维护建设税相同。对房地产开发企业而言，教育费附加的计费依据是其实际缴纳的增值税。教育费附加的税率一般为 3%。

（2）土地使用税

土地使用税是房地产开发企业在开发经营过程中占有国有土地应缴纳的一种税。计税依据是纳税人实际占有的土地面积。采用分类分级别的幅度定额税率，每平方米的年幅度税额按城市大小分四个不同档次，其中如广州这样的大城市为 0.5～10元。

年应纳土地使用税=应税土地面积（平方米）× 税率

（3）房产税

房产税是投资者拥有房地产时应缴纳的一种财产税。对于出租的房产，以房产租金收入为计税依据。对于非出租的房产，以房产原值一次扣除 10%～30% 后的余额为计税依据计算缴纳。具体减除幅度由省、自治区、直辖市人民政府确定。

房产税采用比例税率，按房产余值计征，税率为 1.2%；按房产租金收入计征的，税率为 12%。

（4）企业所得税

企业所得税是对企业生产经营活动所得和其他所得征收的一种税。就房地产开发活动而言，企业所得税的纳税人即为房地产开发企业，所得税计算公式是：

所得税税额=应税所得额×税率

应税所得额=利润总额−允许扣除项目的金额

对房地产开发企业而言，其利润总额主要是开发建设及经营期间的收入，其允许扣除项目为总开发成本和经营成本。房地产开发企业所得税税率一般为25%。

（5）土地增值税

① 土地增值税的概念。土地增值税是对转让国有土地使用权、地上建筑物及其附着物并取得收益的单位和个人，就其转让房地产所得的增值额为征税对象征收的一种税。

② 转让房地产取得的收入。纳税人转让房地产取得的收入，应包括转让房地产的全部价款及有关的经济收益。可以是货币收入、实物收入和其他收入，但一般指货币收入。

③ 土地增值税的扣除项目。计算土地增值税应纳税额，并不是直接对转让房地产所得的收入征税，而是对收入额减除国家规定的各项扣除项目金额后的余额计算征税。这个余额就是纳税人在转让房地产中获取的增值额。

扣除项目包括以下几种。

a. 取得土地使用权所支付的地价款和相应的手续费。

b. 房地产开发成本，包括土地征用拆迁补偿费、前期工程费、基础设施建设费、建筑安装工程费、公共配套设施建设费、开发间接费等。

c. 房地产开发费用，包括管理费用、财务费用、销售费用。

但三项费用在计算土地增值税时，并不按纳税人房地产开发项目实际发生的费用进行扣除。具体扣除时，要看财务费用中的利息支出是否能够按转让房地产项目计算分摊并提供金融机构的证明。

如果是，则财务费用中的利息支出允许据实扣除，但最高不能超过商业银行同期贷款利率计算的金额，而其他房地产开发费用则按照 a、b 项计算金额之和的 5% 以内计算扣除。

如果否，则凡不能按转让房地产项目计算分摊利息支出或不能提供金融机构证明的，则整个房地产开发费用按上面 a、b 项计算金额之和的 10% 以内计算扣除。

d. 旧房或建筑物的评估价格。

转让旧有房地产时，应按旧房或建筑物的评估价格计算扣除项目金额。

e. 与转让房地产有关的税金，包括增值税、城乡维护建设税、教育费附加、印花税等。

f. 财政部规定的其他扣除项目。对从事房地产开发的纳税人可按 a、b 项之和的

20% 扣除。

④ 土地增值税的税率。土地增值税实行四级超率（额）累进税率，即 30% ~ 60%。

a. 增值额未超过扣除项目金额 50%（包括本比例数，下同）的部分，税率为 30%。

b. 增值额超过扣除项目金额 50%，但未超过扣除项目金额 100% 的部分，税率为 40%。

c. 增值额超过扣除项目金额 100%，但未超过扣除项目金额 200% 的部分，税率为 50%。

d. 增值额超过扣除项目金额 200% 的部分，税率为 60%。

⑤ 土地增值税的免税规定。有以下情形之一者，免征土地增值税。

a. 纳税人建筑普通标准住宅出售，增值额未超过扣除项目金额 20% 的。

b. 因国家建设需要征收的房地产。

【例 4-12】天宏基业房地产开发公司出售房地产得到收入 4 000 万元，其扣除项目金额为 1 000 万元，试计算其应纳土地增值税的税额。

解：

（1）计算增值额为：4 000−1 000=3 000 万元

（2）计算增值税与扣除金额之比：3 000 ÷ 1 000=300%

增值税超过扣除项目金额 200%，分别适用 30%、40%、50% 和 60% 四档税率。

（3）计算各档土地增值税税额：

① 增值额未超过扣除金额 50% 的部分，适用 30% 的税率，税额为：

1 000 × 50% × 30% =150 万元

② 增值额超过扣除金额 50%，但未超过 100% 的部分，适用 40% 的税率，税额为：

1 000 ×（100% −50%）× 40%=200 万元

③ 增值额超过扣除金额 100%，但未超过 200% 的部分，适用 50% 的税率，税额为：

1 000 ×（200% −100%）× 50% =500 万元

④ 增值额超过扣除金额 200% 的部分，适用 60% 的税率，税额为：

[3 000−（1 000 × 200%）] × 60% =600 万元

（4）土地增值税总额：150+200+500+600=1 450 万元

【例 4-13】天宏基业房地产开发公司建设普通标准住宅出售得到收入 45 000 万元，其扣除项目金额为 40 000 万元，试计算其应纳土地增值税的税额。

解：

（1）计算增值额为：45 000−40 000=5 000 万元

（2）计算增值税与扣除金额之比：5 000÷40 000=12.5%

（3）判断土地增值税适用税率：增值税未超过扣除项目金额 20%，故该项目免征土地增值税。

6．借款还本付息的估算

当房地产开发企业进行借贷来筹集资金进行房地产开发时，这时需要进行借款还本付息的估算。

借款还本付息的估算主要是测算借款还款期的利息和偿还借款的时间，从而观察项目的偿还能力和收益，为财务分析和项目决策提供依据。

（1）还本付息的资金来源

根据国家现行财税制度的规定，归还建设投资借款的资金来源主要是项目建成后可用于借款偿还的利润、折旧费、摊销费用等；对预售或预租的项目，还款资金还可以是预售或预租收入。

① 利润。用于归还借款的利润，一般应是可供分配的利润中弥补以前年度亏损，提取了盈余公积金、公益金以及向投资者分配利润后的未分配利润。

② 折旧费。如果项目建设完毕后形成了一部分固定资产，在使用初期还无需更新，那么作为固定资产重置准备金性质的折旧基金，在被提取后暂时处于闲置状态。为了有效利用一切可能的资金来源以缩短还贷期限，可以利用部分新增折旧基金作为偿还贷款的来源之一，但以后应由未分配利润扣除归还贷款的余额垫回，以保证折旧基金从总体上不被挪用，在还清贷款后恢复其原有的经济属性。

③ 摊销费。

④ 其他还款资金。

⑤ 预售或预租收入。

（2）还款方式和顺序

① 国外借款的还款方式。按照国际惯例，债权人一般对贷款本息的偿还期限都有明确的规定。如按规定等额还本付息、等额本金偿还、分期付款中最后一笔较大金额的付款等方式。

② 国内借款的还款方式和顺序。一般按照先贷先还、后贷后还，息高先还、息低后还的顺序，或按双方的贷款协议归还国内借款。

（3）利息的计算

① 借款时的利息计算。按照国家有关规定，在进行建设项目经济评价时，对当年发生借款的，假定借款在当年年中发生，按半年计息，其后按全年计息。每年应计利息为：

$$每年应计利息=（年初借款本息累计+本年借款÷2）×利率$$

【例 4-14】天宏基业房地产开发公司的房地产开发项目，建设期为 3 年。在建设期第 1 年借款 300 万元，第 2 年借款 600 万元，第 3 年 400 万元，年利率为 12%，试计算建设期贷款利息。

解：建设期各年利息计算如下：

第 1 年应计利息=（0+300÷2）×12% =18 万元

第 2 年应计利息=（318+600÷2）×12% =74.16 万元

第 3 年应计利息=（318+600+74.16+400÷2）×12% =143.06 万元

故建设期贷款利息总和为：18+74.16+143.06=235.22 万元

② 还款时的利息计算。

a. 等额偿还本金和利息总额。

b. 等额还本，利息照付。

（4）借款还本付息表

房地产投资项目的借款还本付息表提供了项目的债务状况财务信息，描述了项目开发经营过程中债务本息的分布状况，为项目经营决策和财务决策、偿债能力分析提供了重要依据。但应注意，借款还本付息表只反映固定资产资金的借款本息，而没有反映流动资金借款本息。流动资金借款还本付息一般是每年利息照付、期末一次还本。换句话说，流动资金的利息列入了财务费用，而由于其本金在项目计算期末用回收的流动资金一次偿还，所以在此没有考虑流动资金借款偿还问题。

针对项目还本付息表，可进行如下工作：

① 分析项目债务清偿能力；

② 协助安排短期贷款；

③ 研究资金筹措方案的合理性。

【例 4-15】天宏基业房地产开发公司的房地产开发项目，建设期为 3 年。第 1 年借款 1 000 万元，第 2 年借款 2 000 万元，第 3 年 3 000 万元。项目建设完毕后开始销售，预计每年的销售收入足以还本付息。贷款方的条件是年利率为 8%，建设期结束后 5 年内等额还本付息。试编制该项目的借款还本付息估算表。

解：（1）建设期各年应计利息：

第 1 年应计利息=（0+1 000÷2）×8% =40 万元

第 2 年应计利息=（1 040+2 000÷2）×8% =163 万元

第 3 年应计利息=（1 040+2 000+163+3 000÷2）×8% =376 万元

第 3 年末借款累计：本金+利息=6 000+40+163+376=6 579 万元

（2）每期还本付息：$A=P(A/P,i,n)$=1 648 万元

4.4 自营、外包、合作建房模式

房地产开发企业的基础设施和建筑安装等工程施工，可以采用自营方式，也可采用发包方式进行。

4.4.1 自营开发工程会计核算

采用自营方式进行的基础设施和建筑安装（包括装饰）等工程，如果工程规模不大，在施工过程中发生的各项工程费用，可直接计入有关开发成本的核算对象，计入“开发成本——房屋开发成本”。

如果工程规模较大，由企业所属施工单位进行内部核算的，可根据需要设置“工程施工”科目，用来核算和归集自营工程费用，并按工程施工成本核算对象和成本项目设置“工程施工成本明细分类账”进行分类核算。

注意

不论工程施工期限的长短，都须等到工程完工计入各项成本后，工程成本明细分类账的记录方为完整。

自营工程特点及成本核算方法，如表4-11所示。

表4-11 自营工程特点及成本核算

工程特点	成本核算方法	归集方法
多样性	属于单件生产，必须采用订单成本核算法，即按照各项工程进行分别核算成本	直接计入各项工程成本
固定性		按发生地点先行归集，再按一定标准，定期分配计入有关工程成本

现将自营工程成本核算程序进行归纳，如图4-6所示。

根据开工报告，确定工程成本核算对象，如“甲工程”“乙工程”等

↓

按工程成本核算对象和成本项目汇总分配材料、人工、折旧等费用

↓

分配机械使用费、其他辅助费等

↓

计算各月施工工程实际成本

↓

根据完工报告，结算出各个工程成本核算对象的实际总成本

图4-6 自营工程成本核算程序

1．自营工程材料费核算

材料费用的分配一般是根据各种领料凭证按各个成本计算对象汇总编制“材料费用分配表”，汇总计算各成本计算对象耗用材料计划成本和分摊的材料成本差异。据以计入各项工程成本的材料费项目。

【例 4-16】2016 年 12 月，天宏基业房地产开发公司自营建筑甲工程和乙工程，下属的第一工程处根据审核无误的各种领料凭证、大堆材料耗用分配表、周转材料摊销分配表等汇总编制的“材料费用分配表”，如表 4-12 所示。

表 4-12　自营工程材料费用分配表

单位：第一工程处　　　　2016 年 12 月　　　　单位：元

工程成本核算对象				甲工程	乙工程	合计
主要材料	钢材	计划成本		120 000.00	90 000.00	210 000.00
		成本差异	−0.01	−1 200.00	−900.00	−2 100.00
	水泥	计划成本		50 000.00	30 000.00	80 000.00
		成本差异	0.02	1 000.00	600.00	1 600.00
	其他主要材料	计划成本		15 000.00	12 000.00	27 000.00
		成本差异	−0.04	−600.00	−480.00	−1 080.00
	合计	计划成本		185 000.00	132 000.00	317 000.00
		成本差异	0.015	2 775.00	1 980.00	4 755.00
水泥预制件		计划成本		350 000.00	70 000.00	420 000.00
		成本差异	−0.01	−3 500.00	−700.00	−4 200.00
其他材料		计划成本		8 000.00	3 000.00	11 000.00
		成本差异	0.05	400.00	150.00	550.00
合计		计划成本		543 000.00	205 000.00	748 000.00
		成本差异	超支	3 175.00	2 130.00	5 305.00
			节约	−3 500.00	−700.00	−4 200.00

根据“材料费用分配表”的资料，做如下会计分录。

（1）确认甲工程应承担的各种材料费用：

借：工程施工——甲工程——材料费　　543 000.00

　　贷：原材料——主要材料　　185 000.00

　　　　　　——水泥预制件　　350 000.00

　　　　　　——其他材料　　8 000.00

（2）对甲工程应承担的材料成本差异进行调整：

借：工程施工——甲工程——材料费　　3 175.00

　　贷：材料成本差异——主要材料　　2 775.00

——其他材料 400.00

借：材料成本差异——水泥预制件 3 500.00

贷：工程施工——甲工程——材料费 3 500.00

（3）确认乙工程应承担的各种材料费用：

借：工程施工——乙工程——材料费 205 000.00

贷：原材料——主要材料 132 000.00

——水泥预制件 70 000.00

——其他材料 3 000.00

（4）对乙工程应该承担的材料成本差异进行调整：

借：工程施工——乙工程——材料费 2 130.00

贷：材料成本差异——主要材料 1 980.00

——其他材料 150.00

借：材料成本差异——水泥预制件 700.00

贷：工程施工——甲工程——材料费 700.00

2. 自营工程人工费核算

自营工程成本中的“人工费”是指在工程施工过程中直接参加施工生产的建筑安装工人以及在施工现场直接为工程制作构件和运料、配料等辅助生产工人的工资、工资性津贴、职工福利费、劳动保护费等。

人工费用计入成本的方法，一般应根据企业实行的具体工资制度确定。

【例 4-17】2016 年 12 月，天宏基业房地产开发公司下属的第一工程处本年度有甲、乙两个单位工程，分别计算工程成本。

本月发生的人工资料如下，应做如下会计处理。

（1）本月为折弯钢筋件支付的计件工资 32 000.00 元，这批钢筋件甲工程耗用 6 吨，乙工程耗用 2 吨。

工资分配标准=32 000.00÷（6+2）=4 000.00 元/吨

甲工程：4 000.00×6=24 000.00 元

乙工程：4 000.00×2=8 000.00 元

天宏基业房地产开发公司作如下会计处理。

借：工程施工——甲工程（人工费） 24 000.00

——乙工程（人工费） 8 000.00

贷：应付职工薪酬——职工工资 32 000.00

（2）本月发生计时工资 80 000.00 元，其中甲工程耗用 2 400 工时，乙工程耗用 1 600 工时。

工资分配标准=80 000.00÷（2 400+1 600）=20 元/小时

甲工程：20×2 400=48 000.00 元

乙工程：20×1 600=32 000.00 元

借：工程施工——甲工程（人工费） 48 000.00

——乙工程（人工费） 32 000.00

贷：应付职工薪酬——职工工资 80 000.00

3．自营工程机械使用费核算

工程成本项目中的“机械使用费”指建筑安装工程施工过程中使用施工机械所发生的费用（包括机上操作人员人工费，燃料、动力费，机械折旧、修理费，替换工具及部件费，润滑及擦拭材料费，安装、拆卸及辅助设施费，养路费，牌照税，使用外单位施工机械的租赁费，以及保管机械发生的保管费等）和按照规定支付的施工机械进出场费等。

【例 4-18】2016 年 12 月，天宏基业房地产开发公司下属的第一工程处本年度有甲、乙两个单位工程，分别计算工程成本。

本月发生的机械作业如下：

机械作业——吊车机械使用费明细科目的借方发生额为 47 380.00 元，吊车实际作业情况为甲工作 132 小时，乙工程 68 小时；

机械作业——铲车机械使用费明细科目的借方发生额为 60 000.00 元，铲车实际作业情况为甲工程 90 小时，乙工作 160 小时。

根据以上资料，天宏基业房地产开发公司做如下会计处理。

（1）编制机械使用费分配表，如表 4-13 所示。

（2）依据机械使用费分配表，甲工程应分摊的机械使用费为 50 000 元。

借：工程施工——甲工程（机械使用费） 50 000.00

贷：机械作业——吊车 26 000.00

——铲车 24 000.00

表 4-13 自营工程机械使用费分配表

单位：第一工程处　　2016 年 12 月　　单位：元

工程成本核算对象		甲工程	乙工程	合计
吊车	本月发生额			42 000.00
	台班数	130.00	80.00	210.00
	每台班成本			200.90
	工程分配金额	26 000.00	16 000.00	42 000.00
铲车	本月发生额			60 000.00
	台班数	120.00	180.00	300.00

续表

工程成本核算对象		甲工程	乙工程	合计
铲车	每台班成本			200.00
	工程分配金额	24 000.00	36 000.00	60 000.00
合计		50 000.00	52 000.00	102 000.00

（3）依据机械使用费分配表，乙工程应分摊的机械使用费为52 000元。

借：工程施工——乙工程（机械使用费）　　52 000.00

　　贷：机械作业——吊车　　16 000.00

　　　　　　　　——铲车　　36 000.00

4．自营工程辅助生产费用核算

施工企业一般都设置若干个非独立核算的辅助生产部门。辅助生产部门主要是为工程施工服务，包括机修车间、木工车间、供水站、供电站、混凝土搅拌站、运输队等，为工程施工、管理部门和企业内部其他部门提供产品（如材料、构件、水、电等）和劳务（设备维修、安装）等。

辅助生产部门所发生的各项费用首先通过“开发成本——辅助生产”账户进行归集和分配，并按辅助生产车间、单位和产品、劳务的品种三级明细账归集费用。

【例4-19】2016年12月，天宏基业房地产开发公司下属的运输队，本月发生的各种费用共261 900.00元。已根据有关凭证登记入账，如表4-14所示。

表4-14　自营工程辅助生产费用明细账

单位：运输队　　2016年12月　　单位：元

2015年		凭证号	摘要	借方					合计	贷方
月	日			人工费	燃料及动力费	折旧及修理费	其他直接费用	间接费用		
12	10	9	分配材料费用		134 500		1 600		136 100	
9	12	12	分配折旧费用			17 200			17 200	
11	15	13	发生修理费			33 800			33 800	
11	15	19	低值易耗品摊销			800			800	
11	15	23	按工资分配表分配工资费用	71 800					71 800	
11	15	26	分配制造费用					2 200	2 200	

续表

2015年		凭证号	摘要	借方					合计	贷方
月	日			人工费	燃料及动力费	折旧及修理费	其他直接费用	间接费用		
11	15	29	分配运输费用						—	261 900
			合计	71 800	134 500	51 800	1 600	2 200	261 900	261 900

天宏基业房地产开发公司做如下会计处理。

借：开发成本——辅助生产　261 900.00

　贷：原材料　134 500.00

　　应付职工薪酬　71 800.00

　　累计折旧　51 800.00

　　工程施工——其他直接费用　1 600.00

　　制造费用　2 200.00

月末，根据各辅助生产明细账借方发生额及实际提供的产品、劳务数量，编制辅助生产费用分配表，如表 4-15 所示。

表 4-15　自营工程辅助生产费用分配表

单位：运输队　　2016 年 12 月　　单位：元

受益对象	受益数量（吨公里）	分配系数	金额
运输队提供辅助服务	52 380	5.00	261 900.00
甲项目部	18 580	5.00	92 900.00
乙项目部	12 380	5.00	61 900.00
其中：1 号工程	9 120	5.00	45 600.00
2 号工程	3 260	5.00	16 300.00
公司总部	21 420	5.00	107 100.00
合计	52 380		261 900.00

根据分配表编制如下会计分录。

借：工程施工——甲项目部　92 900.00

　　　　——乙项目部　61 900.00

　管理费用　107 100.00

　贷：开发成本——辅助生产　261 900.00

4.4.2　外包工程会计核算

房地产开发企业的基础设施、配套设施、建筑及安装等工程的施工，通常采用出包方式，在出包工程中需要进行的会计核算业务有投标保证金的核算，预付备料款、工程款的核算，工程价款结算及其应付工程款的核算等。

1．投标保证金的核算

出包工程招标，房地产开发企业会要求投标单位缴纳一定金额的投标保证金。投票结果确定后，在约定期限内房地产开发企业将投标保证金退回未中标的单位，中标单位支付的投标保证金转为履约保证金。

投标保证金通过“其他应付款”账户核算，可按投标单位的名称进行明细核算。收到投标单位支付的投标保证金，借记“银行存款”等账户，贷记“其他应付款”账户；退回投标单位的投标保证金，借记“其他应付款”账户，贷记“银行存款”账户；中标单位的投标保证金转为履约保证金，借记“其他应付款——投标保证金”账户，贷记“其他应付款——履约保证金”账户。

【例 4-20】2016 年 12 月，天宏基业房地产开发公司招标采购电梯，投标保证金 20 万元。投标结束，东菱亚电梯公司中标，奇乐公司中标反悔，沙星公司未中标。

天宏基业房地产开发公司应做如下会计处理。

（1）收取三家公司的保证金。

借：银行存款　600 000.00

　贷：其他应付款——东菱亚电梯公司（投标保证金）　200 000.00

　　　——奇乐公司（投标保证金）　200 000.00

　　　——沙星公司（投标保证金）　200 000.00

（2）东菱亚电梯公司中标，依据中标通知书，投标保证金转为履约保证金。

借：其他应付款——东菱亚电梯公司（投标保证金）　200 000.00

　贷：其他应付款——东菱亚电梯公司（履约保证金）　200 000.00

（3）奇乐公司中标反悔，构成违约，投标保证金归天宏基业房地产开发公司所有。

借：其他应付款——奇乐公司（投标保证金）　200 000.00

　贷：营业外收入　200 000.00

（4）退回沙星公司投标保证金。

借：其他应付款——沙星公司（投标保证金）　200 000.00

　贷：银行存款　200 000.00

2．预付备料款、工程款的核算

房地产开发企业在工程出包中，通常会在工程承包合同中明确规定房地产开发企业在开工前拨付给承包方一定数额的工程预付备料款，以此作为承包商为工程项目储备主要材料、构件所需要的流动资金。

由于房地产开发企业拨付给承包方的备料款属于预支性质，在工程进行时，随着工程所需主要材料储备的逐步减少，应以抵充工程价款的方式扣回。

房地产开发企业和承包方双方应当在专门条款内约定房地产开发企业向承包方预付工程款的时间和数额，开工后随工程进度按约定的时间和比例逐次扣回。

房地产开发企业与施工企业有关预付备料款、结算工程款的核算，应在“应付账款——应付工程款”和“预付账款——预付承包单位款”两个账户进行。为了简化核算，可以将预付工程款和应付工程款合并在“应付账款”一个账户核算，如图 4-7 所示。

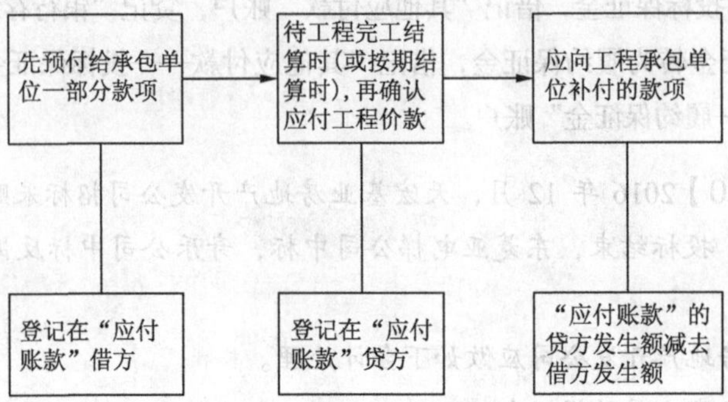

图 4-7　房地产开发企业确定成本项目

【例 4-21】2016 年 12 月，天宏基业房地产开发公司发生以下业务。

（1）按合同规定，预付给第六建筑工程公司房屋建筑工程款 300 万元。依据施工单位开具的收款和银行付款凭证，天宏基业房地产开发公司做如下会计处理。

借：预付账款——第六建筑工程公司　　3 000 000.00

　贷：银行存款　　3 000 000.00

（2）按合同规定拨付一批材料给第六建筑工程公司抵作备料款，材料作价 30 万元。依据施工单位签收的领料单和收款收据，天宏基业房地产开发公司做如下会计处理。

借：预付账款——第六建筑工程公司　　300 000.00

　贷：原材料　　300 000.00

（3）第六建筑工程公司承建的房屋建筑工程完工后转来“工程价款结算账单”，应结算工程款 800 万元。依据工程价款结算单和施工单位开具的建筑发票，天宏基业房地产开发公司应做如下会计处理。

借：开发成本——房屋开发成本　　8 000 000.00

　贷：应付账款——第六建筑工程公司　　8 000 000.00

同时将原来预付的账款转入应付账款，以冲减应付的工程账款。天宏基业房地产开发公司做如下会计处理。

借：应付账款——第六建筑工程公司　　3 300 000.00

　　贷：预付账款——第六建筑工程公司　　3 300 000.00

经过上述会计处理，“预付账款——第六建筑工程公司”明细账户已被冲平。“应付账款——第六建筑工程公司”贷方发生额 800 万元，借方发生额为 330 万元，余额为 470 万元。这是天宏基业房地产开发公司应对第六建筑工程公司补付的承包工程款。

待支付该项承包工程款时，天宏基业房地产开发公司做如下会计处理。

借：应付账款——第六建筑工程公司　　4 700 000.00

　　贷：银行存款　　4 700 000.00

如果建筑工程是按期结算，以下还是以天宏基业房地产开发公司为例进行介绍。

【例 4-22】2016 年 12 月，天宏基业房地产开发公司发生以下业务。

（1）按合同规定，预付给第六建筑工程公司房屋建筑工程款 300 万元，依据施工单位开具的收款和银行付款凭证，天宏基业房地产开发公司做如下会计处理。

借：预付账款——第六建筑工程公司　　3 000 000.00

　　贷：银行存款　　3 000 000.00

（2）2016 年 10 月，根据双方确认的工程价款结算单，已完工工程价值为 600 万元，减去按合同规定，本月应扣回预付工程款 300 万元，尚需支付工程款 300 万元（600 万元-300 万元=300 万元）。天宏基业房地产开发公司应做如下会计处理。

借：开发成本——房屋开发成本　　6 000 000.00

　　贷：预付账款——第六建筑工程公司　　3 000 000.00

　　　　应付账款——第六建筑工程公司　　3 000 000.00

3．质量保证金的核算

在房地产开发企业开发建设过程中，项目工程质保金按项目工程价款结算总额乘以合同约定的比例（一般为 5%）由房地产开发企业从施工企业工程计量拨款中直接扣留，且一般不计算利息。施工企业应在项目工程竣工验收合格后的缺陷责任期内，认真履行合同约定的责任，缺陷责任期满后，应及时向房地产开发企业申请返还工程质保金。房地产开发企业应及时向施工企业退还工程质保金。

对于项目工程质保金，在会计核算中，一般与施工单位决算后，施工单位开具全额发票，而按规定没有支付给施工单位的部分，应计入“开发成本”账户的借方和“其他应付款——质保金”的贷方，支付质保金时，应计入“其他应付款——质保金”账户的借方和“银行存款”账户的贷方。对于质量保证金，在收取时，应计“银行存款”账户的借方和“其他应付款——质保金”账户的贷方，在退还给施工单位时，应计入“其他应付款——质保金”的借方和“银行存款”账户的贷方。

【例 4-23】2016 年，天宏基业房地产开发公司发生以下业务。

（1）2016 年 9 月，与第六建筑工程公司进行决算，决算价为 300 万元，已付款 200 万元，预留 5% 的保证金 15 万元，本次开具全额发票 300 万元，用银行存款支付 85 万元工程款。根据工程结算单和施工单位开具的建筑发票，天宏基业房地产开发公司应做以下会计处理。

借：开发成本——房屋开发成本　3 000 000.00

　贷：预付账款——第六建筑工程公司　2 000 000.00

　　其他应付账款——质保金　150 000.00

　　银行存款　850 000.00

（2）2016 年 9 月，质保期到期，经质量验收部验收，没有质量问题，天宏基业房地产开发公司用银行存款支付质保金。依据工程验收单及施工单位开具的收款收据和银行付款凭据，天宏基业房地产开发公司做以下会计处理。

借：其他应付账款——质保金　150 000.00

　贷：银行存款　150 000.00

4.4.3　合作建房清算单位的确定

【例 4-24】企业（出地方）取得国有土地使用权后，联合其他单位（出资方）一同开发的，若双方约定，出地方不承担经营风险而只收取固定利益的，包括货币资金和其他非货币资产，对出地方是否应当按照转让国有土地使用权计算征收增值税和土地增值税？是否应向出资方开具发票？

分析如下：

对于一方出地、一方出资合作开发房地产项目的，清算项目的单位确定问题可以参照《山东省青岛市地方税务局关于印发〈房地产开发项目土地增值税清算有关业务问题问答〉的通知》(青地税函〔2009〕47 号）第十三条的规定：企业（出地方）取得国有土地使用权后，联合其他单位（出资方）一同开发的，若双方约定，出地方不承担经营风险而只收取固定利益的，包括货币资金和其他非货币资产，对出地方应当按照转让国有土地使用权计算征收增值税和土地增值税，并向出资方开具发票；对于取得土地使用权的出资方，继续投资进行开发并建房出售的，以新建房作为开发项目，计算征收土地增值税。其中，对出地方计算征收转让国有土地使用权土地增值税的价格，即作为出资方取得土地使用权所支付的金额，凭发票在其土地增值税清算时据以扣除。

若出地方和出资方合作建房、约定建成后分配开发产品的，出地方转让国有土地使用权的价格，为首次或者以后分配开发产品时应分出的开发产品的市场公允价值加减其他补价计算确认；同时确认出资方取得该项土地使用权的成本。

4.5 开发建设阶段纳税处理

一般来说，在开发建设阶段的应纳税种主要有城镇土地使用税和印花税。

4.5.1 城镇土地使用税

房地产开发企业在开发建设阶段需要以实际占用的土地面积为计税依据，按照税法规定的差别幅度税额计算缴纳城镇土地使用税。

【例 4-25】企业租用政府的土地是否缴纳城镇土地使用税?

分析如下：

《国家税务局关于检发〈关于土地使用税若干具体问题的解释和暂行规定〉的通知》(国税地字〔1988〕第15号)第十条关于免税单位自用土地的解释如下。

国家机关、人民团体、军队自用的土地，是指这些单位本身的办公用地和公务用地。

以上单位的生产、营业用地和其他用地，不属于免税范围，应按规定缴纳土地使用税。

《北京市税务局转发国家税务局关于印发〈关于土地使用税若干具体问题的补充规定〉的通知》(市税三字〔1990〕81 号)关于对免税单位与纳税单位之间有偿使用的土地如何征税问题规定如下。

免税单位有偿使用纳税单位土地，纳税单位应照章缴纳土地使用税。对纳税单位有偿使用免税单位的土地，属于本系统内的可由纳税单位代缴土地使用税；本系统外的仍由拥有土地使用权的单位缴纳。

《财政部、国家税务总局关于集体土地城镇土地使用税有关政策的通知》(财税〔2006〕56 号)规定，在城镇土地使用税征税范围内实际使用应税集体所有建设用地，但未办理土地使用权流转手续的，由实际使用集体土地的单位和个人按规定缴纳城镇土地使用税。

根据上述规定，政府土地出租给企业使用，不属于免征土地使用税范围，参考北京市规定，企业有偿使用政府土地，应当由政府缴纳土地使用税。但是政府出租的属于集体所有建设用地，但未办理土地使用权流转手续的，应当由企业缴纳土地使用税。

【例 4-26】建业兴中外合资有限企业，外商股份占 49%，中方股份占 51%，其使用的土地是否应当缴纳城镇土地使用税?

分析如下：

我国现行城镇土地使用税的基本规范是 2006 年 12 月 31 日国务院令第 483 号修改通过的《中华人民共和国城镇土地使用税暂行条例》(以下简称《条例》)。《条例》第二条规定："在城市、县城、建制镇、工矿区范围内使用土地的单位和个人，为城镇土地使用税（以下简称土地使用税）的纳税人，应当依照本条例的规定缴纳土地使用税。前款所称单位，包括国有企业、集体企业、私营企业、股份制企业、外商投资企业、外国企业以及其他企业和事业单位、社会团体、国家机关、军队以及其他单位；所称个人，包括个体工商户以及其他个人”。

城镇土地使用税的纳税人通常包括以下几类。

（1）拥有土地使用权的单位和个人。

（2）拥有土地使用权的单位和个人不在土地所在地的，其土地的实际使用人和代管人为纳税人。

（3）土地使用权未确定或权属纠纷未解决的，其实际使用人为纳税人。

（4）土地使用权共有的，共有各方都是纳税人，由共有各方分别纳税。

在 2008 年 12 月 31 日之前，外商投资企业、外国企业执行《城市房地产税暂行条例》，国务院令第 546 号规定：“1951 年 8 月 8 日政务院公布的《城市房地产税暂行条例》自 2009 年 1 月 1 日起废止。自 2009 年 1 月 1 日起，外商投资企业、外国企业和组织以及外籍个人，依照《中华人民共和国房产税暂行条例》缴纳房产税”。

所以，建业兴中外合资有限企业自 2009 年 1 月 1 日起应当按照新修订的《中华人民共和国城镇土地使用税暂行条例》交纳城镇土地使用税。

【例 4-27】城镇土地使用税计算：哪种方式对企业有利？

房地产企业取得开发用地的土地使用权，并从次月起开始缴纳土地使用税，但在商品房建成并销售后，对应的土地使用权并非直接发生转让，而是随着地面建筑物即商品房的销售相应转让给购房者，其城镇土地使用税纳税义务终止的时间和减少的税额该如何把握和计算呢？

分析如下：

（1）终止纳税义务的时间应符合法定条件

城镇土地使用税暂行条例第三条规定：土地使用税以纳税人实际占用的土地面积为计税依据，依照规定税额计算征收。其商品房对应的土地是否已经不再由房地产企业实际占用，应以以下两个文件为依据。

《财政部、国家税务总局关于房产税、城镇土地使用税有关问题的通知》（财税〔2008〕152 号）第三条“关于房产税、城镇土地使用税纳税义务截止时间的问题”规定，纳税人因房产、土地的实物或权利状态发生变化而依法终止房产税、城镇土地使用税纳税义务的，其应纳税款的计算应截止到房产、土地的实物或权利状态发生变化的当月末。《国家税务总局关于房产税、城镇土地使用税有关政策规定的通知》（国税发〔2003〕89 号）第二条第（二）项明确，购置新建商品房，自房屋交付使用之次月起计征房产税和城镇土地使用税。

本着转让方纳税义务截止日应与受让方纳税义务起始日相衔接的原理，房地产企业销售商品房，应以房产、土地的实物或权利状态已发生转移或变化，作为终止土地使用税纳税义务的条件，在实务中，可以房屋交付购房者或购房者办理房屋产权登记的时间"孰先"原则来确定，停止计算税款的时间为"次月"。购房者从此时开始成为纳税人（个人非生产经营用房占地免征的除外），房地产企业则从此时开始终止纳税义务。

在此以前，无论是已签订商品房销售合同，还是已收售房款、已开具发票，或者虽已达到合同约定交房时间但未实际交房等，只要房屋未发生实质性转移或土地使用权属未发生法定变化，房地产企业就仍是该商品房用地的实际占用者即纳税义务人。如此才能保持该块土地在纳税时间上的连续性，使得同一块土地的土地使用税的纳税义务得以实现无缝转移。反之，如果以其他时点作为房地产企业的纳税义务终止时间，均会造成土地使用税纳税义务的中断。

（2）计算税款方式不同，纳税不同

房地产企业因完成商品房的销售而终止土地使用税纳税义务，应缴税款随着已售房屋的交付而递减，这看似已很明确，但实务中让征纳双方感到困惑和难以把握的是如何具体计算减少的税款，不同的计算方式将得出不同的结果，影响到纳税人的利益。

天宏基业房地产公司 2015 年取得 6 万平方米的土地使用权，年税额每平方米 20 元，年应缴土地使用税 120 万元（6 万平方米 × 20 元）。已建商品房可售面积 30 万平方米，2017 年 10 月将首批已销售的 9 万平方米房屋交付购房者并办妥相关手续，已售房屋折算用地面积为 1.8 万平方米（9 万平方米 ÷ 30 万平方米 × 6 万平方米）。

2017 年土地使用税计算如下。

（1）甲方式：本地区规定的纳税期限为每年的 4 月和 10 月，分别以 3 月 31 日和 9 月 30 日的累计售房面积为半年度终止纳税义务截止时间，其 10 月交房对应的用地在当年不能减少税款，只能在次年上半年再计算减少的税款。2017 年应缴土地使用税：6 万 × 20 元＝120（万元）。

（2）乙方式：本地区土地使用税以季度为纳税期，分别在 3 月、6 月、9 月、12 月的 15 日前申报当季的税款，10 月交房对应的用地在四季度终止纳税义务，按季计算减少的税款：1.8 万平方米 × 20 元 ÷ 4＝9（万元）；2017 年应缴土地使用税 111 万元（120−9）。

（3）丙方式：与乙地相同，也是以季为纳税期，但税款分月计算、按季缴纳，10 月交房对应的用地在当月终止纳税义务，自 11 月起不再缴纳税款，按月计算减少的税款为：1.8 万平方米 × 20 元 ÷ 12 × 2＝6（万元）；2017 年应缴土地使用税 114 万元（120−6）。

相同的涉税情形，却因计算方式不同而计算出以上三种应缴税款，而缴纳税款的多少，直接影响企业本年利润的增减，究竟以何种方式计算为最佳呢？

土地使用税暂行条例第九条规定：征用的非耕地，自批准征用次月起缴纳土地使用税。财税〔2008〕152 号文件规定：依法终止纳税义务的，其应纳税款的计算应截止到当月末。国税发〔2003〕89 号文件规定：购置新建商品房，自房屋交付使用之次月起计征土地使用税。在这些法条中，均以“月”作为纳税义务的终止或起始“期”。

由此可见，甲方式显然加重了纳税人的税负，也不符合税法规定；乙方式虽然缴纳的税款最少，但在交房当月就不再纳税，违反了税款计算“截止到当月末”的规定；而丙方式，对已售房屋对应的用地从次月起依法终止纳税义务，分月计算减少的税款，按季汇总申报缴纳，既符合税法规定，又减轻了纳税人的税负，且避免每月申报缴税的烦琐，最大限度地维护了纳税人的合法权益。

4.5.2 印花税

房地产开发企业在开发建设阶段发生印花税的会计处理，主要是在“管理费用——印花税”账户核算。

【例 4-28】2016 年 7 月，天宏基业房地产开发公司签订合同如下：中央空调供货合同，合同金额为 600 万元；项目设计合同，合同金额为 300 万元；建筑工程承包合同，合同金额为 5 000 万元。

根据上述资料，天宏基业房地产开发公司做如下会计处理。

（1）订立供货合同应纳税额：应纳税额=6 000 000.00 × 0.03% =1 800.00 元

（2）订立设计合同应纳税额：应纳税额=3 000 000.00 × 0.05% =1 500.00 元

（3）订立建筑工程承包合同应纳税额：应纳税额=50 000 000.00 × 0.03% =15 000.00 元

（4）2016 年 7 月天宏基业房地产开发公司应缴纳的印花税为：

1 800.00+1 500.00+15 000.00=18 300.00 元

（5）缴纳印花税时，应编制如下会计分录。

借：管理费用——印花税　　18 300.00

　　贷：银行存款　　18 300.00

【例 4-29】根据财法字〔1995〕6 号《中华人民共和国土地增值税暂行条例实施细则》第七条（五）项：与转让房地产有关的税金，是指在转让房地产时缴纳的增值税、城市维护建设税、印花税。因转让房地产交纳的教育费附加，也可视同税金予以扣除。请问：土地使用税、涉及合同印花税等税金是否予以扣除呢。

分析如下：

《企业会计准则——应用指南》附录会计科目和主要账务处理“6602 管理费用”：

本科目核算企业为组织和管理企业生产经营所发生的管理费用，包括企业在筹建期间内发生的开办费、董事会和行政管理部门在企业的经营管理中发生的或者应由企业统一负担的公司经费（包括行政管理部门职工工资及福利费、物料消耗、低值易耗品摊销、办公费和差旅费等）、工会经费、董事会费（包括董事会成员津贴、会议费和差旅费等）、聘请中介机构费、咨询费（含顾问费）、诉讼费、业务招待费、房产税、车船使用税、土地使用税、印花税、技术转让费、矿产资源补偿费、研究费用、排污费等。

根据上述文件规定，房地产开发企业在开发过程中所签订合同的印花税及土地使用税应该计入管理费用。

4.5.3 其他税种

除了城镇土地使用税、印花税涉税处理外，房地产开发企业在开发建设阶段还可能涉及房产税、车船税等税种。

复习思考题

1. 房地产开发企业开发建设阶段成本费用的核算内容？
2. 土地开发成本如何核算？
3. 房屋开发成本如何核算？
4. 开发产品的会计核算包括哪些？
5. 自营工程会计核算的内容是什么？
6. 外包工程会计核算的内容是什么？
7. 开发建设阶段城镇土地使用税和印花税如何进行处理？

第 5 章 转让及销售阶段

学习目的

- 了解房地产开发企业商品房销售相关业务
- 掌握商品房销售的会计核算
- 掌握土地使用权转让的会计核算
- 掌握房地产开发企业转让及销售阶段企业所得税的纳税处理
- 掌握预收房款的纳税处理
- 掌握房地产开发企业土地增值税的核算

房地产开发企业的主要业务是从事土地、房屋和其他建筑物的开发和经营，故此阶段的主要业务是转让开发的土地、销售商品房及其他建筑物。房地产开发企业转让及销售阶段是房地产开发企业取得收入、实现资金回笼的重要阶段。会计处理上不仅要进行预售房业务的核算，还要对收入进行核算。转让及销售阶段应纳税种包括城建税、教育费附加、地方教育费附加、土地增值税、企业所得税和印花税等。

5.1 转让及销售阶段业务概述

房地产开发企业的转让及销售阶段的业务包括转让土地使用权、销售房屋及其他建筑物、附着物、配套设施等。土地使用权的转让是指房地产开发企业通过出让等形式取得土地使用权后，将土地使用权再转让的行为，包括出售、交换和赠与，属于土地买卖的二级市场。根据《商品房销售管理办法》的规定，商品房销售包括商品房预售和商品房现售。

5.1.1 转让土地使用权

根据《房地产管理法》和《城市房地产转让管理规定》的规定，房地产权利人可以通过买卖、赠与或者其他合法方式将其房地产转让予他人或法律实体。房屋转让时，房屋所有权和该房屋所在地的土地使用权需同时转让，房地产转让当事人须签订房地产转让合同并在房地产转让合同签订后 90 日内向房地产所在地的房地产管理部门办理转让登记备案手续。

如果以出让方式初步取得土地使用权，则须符合下列条件后方可转让房地产。

（1）按照出让合同约定已经支付全部土地使用权出让金，并取得土地使用权证。

（2）按照出让合同约定进行开发且属于房屋建设工程的项目，开发项目须占完成投资总额25%以上。

以出让方式初步取得土地使用权的，则转让房地产后，其土地使用权的使用年限为原土地使用权出让合同约定的使用年限减去原土地使用者已经使用年限后的剩余部分。

受让人拟改变原出让合同约定的土地用途，则必须首先取得原出让方和有关市或县人民政府规划行政主管部门的同意，签订土地使用权出让合同变更协议，或重新签订土地使用权出让合同，对土地使用权出让金作出相应调整。

以划拨方式取得土地使用权，则转让土地使用权须按照国务院的规定，报有批准权的人民政府审批。否则须由受让人办理土地使用权出让手续，并依照有关法律规定缴纳出让金。

房地产开发企业开发的商品性土地，可以将土地使用权进行转让。但在向其他单位转让时，必须按照法律和合同的规定，投入相当的资金，完成相应的开发。

土地使用权的转让，应签订转让合同，在合同中载明土地的位置、四周边界和面积、地上附着物、土地用途、建筑物高度、绿化面积、土地转让期限、土地转让金的支付方式和违约责任等。

土地转让的交易方式，可以采用协议、招标及拍卖等方式。土地转让的价格，受地理位置、经济环境、土地用途、土地转让期限和房地产市场供求等因素影响。

5.1.2 销售商品房

商品房销售根据开始销售的时间不同分为商品房预售和商品房现售；根据销售主体的不同分为自行销售和委托代理销售，委托代理销售包括视同买断、手续费和保底加提成等；商品房销售根据付款方式不同可以分为一次性付款、分期付款和按揭付款等。

1. 商品房预售和现房销售

（1）商品房预售

商品房预售是指房地产开发企业将正在施工建设中的商品房预先出售给承购人，并由承购人支付定金或者房价款的行为。商品房预售实行许可制度。房地产开发企业进行商品房预售应当向房地产管理部门申请预售许可，取得商品房预售许可证；未取得商品房预售许可证的，不得进行商品房预售。

商品房预售应当符合下列条件。

① 已交付全部土地使用权出让金，取得土地使用权证书。

② 持有建设工程规划许可证和施工许可证。

③ 按提供预售的商品房计算，投入开发建设的资金达到工程建设总投资的 25% 以

上，并已经确定施工进度和竣工交付日期。房地产开发企业申请预售许可，应当提交下列证件（复印件）及资料：

a. 商品房预售许可申请表；

b. 开发企业的营业执照和资质证书；

c. 土地使用权证、建设工程规划许可证、施工许可证；

d. 投入开发建设的资金占工程建设总投资的比例符合规定条件的证明；

e. 工程施工合同及关于施工进度的说明；

f. 商品房预售方案。预售方案应当说明预售商品房的位置、面积和竣工交付日期等内容，并应当附预售商品房分层平面图。

（2）商品房现售

商品房现售是指房地产开发企业将竣工验收合格的商品房出售给承购人，并由承购人支付房价款的行为。

商品房现售应当符合以下条件。

① 现售商品房的房地产开发企业应当具有企业法人营业执照和房地产开发企业资质证书。

② 取得土地使用权证书或者使用土地的批准文件。

③ 持有建设工程规划许可证和施工许可证。

④ 已通过竣工验收。

⑤ 拆迁安置已经落实。

⑥ 供水、供电、供热、燃气、通信等配套基础设施具备交付使用条件，其他配套基础设施和公共设施具备交付使用条件或者已确定施工进度和交付日期。

⑦ 物业管理方案已经落实。

房地产开发企业应当在商品房现售前将房地产开发项目手册及符合商品房现售条件的有关证明文件报送房地产开发主管部门备案。

2．自行销售与委托销售

房地产开发企业可以自行销售商品房，也可以委托房地产中介服务机构代理销售商品房。采取委托方式销售开发产品的，主要有以下方式。

（1）采取支付手续费方式委托销售开发产品。

（2）采取视同买断方式委托销售开发产品。

（3）采取基价（保底价）并实行越基价双方分成方式委托销售开发产品。

（4）采取包销方式委托销售开发产品。

3．一次性付款、分期付款、按揭付款

承购人购买商品房，可以根据持有的资金情况，选择不同的付款方式。

（1）一次性付款

一般而言，一次性付款要求承购人付清定金后 10～30 天内补足所有房款。此种付款方式下，房地产开发企业给予一定的价格折扣，相对而言比较优惠，但一次性付款涉及大额款项支出。

（2）分期付款

分期付款是指承购人按照销售合同约定的价款和付款日期分期支付购房款。分期付款分为三种：a. 预收款销售商品房，指在商品房交付前按合同或协议约定分期付款，房地产开发企业在收到最后一笔款项后才将商品房交付承购人的销售方式；b. 分期收款销售商品房，指商品房已交付承购人、承购人按合同或协议约定分期支付购房款；c. 以上两种方式的结合，指在商品房交付前，承购人已按销售合同约定分期支付部分房款，交付后分期支付余款的销售方式。

（3）按揭付款

按揭付款即购房抵押按揭贷款，是指承购人支付首付款，余款以所购商品房作抵押，向银行申请贷款，由银行先行支付房款给开发商，承购人按月向银行分期支付本息的付款方式。按揭贷款实行双重担保，即“抵押加保证”，借款人（即承购人）以所购的住房给贷款银行做抵押，在借款人取得该住房的房产证和办妥抵押登记之前，由开发商提供第二重担保（连带保证责任）。发放贷款时，贷款银行会收取一定比例的按揭保证金（一般为贷款额的 10%），作为开发商承担连带保证责任的保证金。一旦借款人发生违约情形，贷款银行有权从按揭保证金专户中直接扣收保证金，以此作为借款人违约拖欠贷款本息、罚息等的担保。

按揭付款方式下，贷款额最高可达购房费用总额的 80%，具体的贷款额度由银行根据借款人的资信、经济状况和抵押物的审查情况来确定；贷款的最长期限不能超过 30 年；贷款利率按合同签订时中国人民银行公布的个人住房贷款利率执行，如果在合同执行期间遇到利率调整，贷款利率将采取一年一定的原则，在第二年的 1 月 1 日作相应调整。

贷款银行不同，按揭贷款的程序也不完全相同。房地产开发企业按揭贷款的程序如下。

① 确定按揭银行。房地产项目在对外销售之前，一般由房地产开发企业与银行签订按揭协议，约定由该银行对房地产开发企业的房地产项目提供按揭贷款，其中包括贷款的额度、最高年限和成数以及房地产开发企业的保证责任等。

② 开展销售活动。房地产开发企业在取得项目的预售许可后对社会公开销售，与承购人签订商品房买卖合同。采用按揭付款方式的，承购人按照申请的贷款成数支付首付款，剩余购房款向银行申请按揭贷款，并办理商品房买卖合同的登记手续。

③ 贷款银行审查并批准。贷款银行对经律师见证、公证处公证的提交资料进行审

查，对合格者予以批准。

④ 签订抵押贷款合同及保证合同。银行与承购人签订抵押贷款合同，银行与房地产开发企业签订保证合同。

⑤ 抵押合同公证。抵押贷款合同签订后，到贷款银行认可的公证处办理相关公证手续。

⑥ 办理该商品房的保险。抵押期间保险单正本由贷款银行收押。

⑦ 贷款银行经审批提供文件资料后发放贷款。通常按贷款合同或保证合同的约定直接汇入房地产开发企业在贷款银行开立的银行账户。

⑧ 房产证办理完毕，房地产开发企业向贷款银行申请解冻按揭保证金。

4. 商品房销售流程

房地产开发企业商品房销售的主要流程包括前期策划、营销，取得预售许可证后开盘预售，签订协议或合同、交款，商品房交付和产权登记及办证等环节。

（1）前期策划及营销

房地产开发企业是以商品房销售为核心的企业，前期策划可能在拿地前进行，也可能在拿地后进行，主要工作是确定项目定位，准确定位目标市场，制定产品目标与发展计划，选择性价比最好的产品。前期策划是销售的重要阶段，在此阶段就决定了产品未来的销售状况。

房地产营销的目的是通过详细的介绍、生动的描述来塑造产品的形象，刺激顾客的购买欲。在销售阶段，房地产开发企业通常会采取一系列的营销手段，目前我国常用的营销方法包括广告、房地产展销会、活动推介及人员推销等。广告是房产营销手段中用得最多、富有成效的一种方法，包括户外路牌展板广告、电视广告、电台广播和报纸杂志广告等。

（2）取得预售许可证后开盘预售

项目开发建设达到规定条件的可以取得预售许可证，然后就可以确定开盘日期对外发售。开盘是指房地产开发企业在取得商品房预售许可证后开始对外公开发售商品房，房地产开发企业为成功地将开发的商品房推向市场，一般会在开盘日举行一个盛大的开盘仪式。

（3）签订销售合同及收款

开盘后，即可到现场看房，有意向购买的客户可与销售人员就房屋销售价格等合同条款进行协商，协商一致的签订商品房买卖合同，双方也可以对标准合同文本中的空白事项予以约定，需要签订补充协议的，双方商定具体补充内容。合同签订后，要在规定时间内向当地房地产管理部门办理备案，销售合同到房地产管理部门办理备案登记后生效。合同签订后，承购人要根据所签合同约定的付款时间交纳房价款及契税。

（4）商品房交付

房地产开发企业应当按照合同约定，将符合交付使用条件的商品房按期交付给承购人。

商品房交付必须符合交付使用条件，即入住条件。对交付使用条件，我国的《建筑法》《城市房地产管理法》和《城市房地产开发经营管理条例》都规定了建筑工程竣工经验收合格后，方可交付使用；未经验收或者验收不合格的，不得交付使用。同时，《消防法》规定，单体必须经过消防验收，才能交付使用。

"三书一证一表"齐全是楼房质量经过国家有关部门权威认可的标准，也是商品房交付使用的必要条件。"三书"是指住宅质量保证书、住宅使用说明书及建筑工程质量认定书，"一证"是指房地产开发建设项目竣工综合验收合格证，"一表"是指建筑工程竣工验收备案表。根据建设部《商品住宅实行住宅质量保证书和住宅使用说明书制度的规定》第三条"房地产开发企业在向用户交付销售的新建商品住宅时，必须提供住宅质量保证书和住宅使用说明书"，经过验收合格发给房地产开发建设项目竣工综合验收合格证，经过备案获得建筑工程竣工验收备案表。

另外，对于具体的交付使用条件，还要看具体的商品房买卖合同。可能在商品房买卖合同及其附件、补充协议中加以约定，如将公共配套设施验收合格（包括水、电、煤气、宽带、有线、安防、绿化、道路和电梯等）作为交付使用的条件，同时在合同中约定房地产开发企业未达到交付使用条件时的违约责任。

符合交房条件的商品房即可按合同约定办理交付手续，商品房交付的具体程序如下。

① 通知业主办理入住手续。房屋竣工并办理政府综合验收后，未与业主交接前，房地产开发企业一般会委派工程部、客服部、物业公司组成内部验房团，进行预验。

经过预验后，房地产开发企业将钥匙移交给物业公司，由物业公司安排业主验房。

对于达到交房条件的房子，房地产开发企业会通过报纸公告、寄发通知书等方式告知业主办理商品房移交。

② 确认身份。业主应该根据入住通知书的要求，携带相关资料到售楼部确认身份，并联系验收交接事宜。

③ 现场验房、交钥匙。物业公司指派一名相关人员陪同业主现场验房，若验收合格，业主须在商品房验收交接表上签字认可，领取房屋钥匙。

④ 办理房屋权属登记及房产证。房地产开发企业应当在商品房交付使用之日起 60 日内，将需要由其提供的办理房屋权属登记的资料报送房屋所在地房地产行政主管部门，并协助承购人办理土地使用权变更和房屋所有权登记手续。

5.1.3 代建工程

房地产开发企业的代建工程包括代建房屋、场地和城市道路、基础设施等市政工程。在房地产开发企业的实务中，代建工程存在两种形式。

第一种方式是受托方（房地产开发企业）与委托方（委托建房单位）实行全额结算（原票移交），只向委托方收取代建手续费的业务，也就是说，在建设过程中，施工方、设计方、监理等不与受托方签订合同，受托方只收取一定代理费的房地产开发方式。

（1）由委托方自行立项。

（2）不发生土地使用权或产权转移。

（3）受托方不垫付资金，单独收取代建手续费（或管理费）。

（4）事先与委托方订有委托代建合同。

（5）施工企业将建筑业发票全额开具给委托方。

第二种方式是受托方与委托方实行拨付结算，也就是说，在建设过程中，施工方、设计方、监理等直接与受托方（房地产开发企业）签订合同，不与委托方签订合同，资金由委托方拨付给受托方，受托方再拨付给施工方、设计方、监理等。代理工程最后销售或移交给委托方，受托方不收委托方的代建手续费，也不参与利润分配。

5.1.4　其他业务

1．销售其他建筑物

销售其他建筑物包括销售能有偿转让销售的配套设施、周转房等。

"配套设施"是指企业根据城市建设规划的要求，或开发项目建设规划的要求，为满足居住的需要而与开发项目配套建设的各种服务性设施。配套设施可以分为不能有偿转让的公共配套设施和能有偿转让的配套设施两类。建成后能够有偿转让的配套设施，房地产开发企业应单独核算其成本，作为开发产品对外销售。

周转房改变用途，可作为商品房对外销售。

2．其他业务收入

房地产开发企业的其他业务收入是指除主营业务收入以外的其他业务收入，包括商品房售后服务收入、材料销售收入等。

（1）商品房售后服务收入

房地产开发企业的商品房售后服务是指企业接受其他单位的委托，对已经销售出去的商品房进行管理，如房屋及其所属设备的维修、电梯看管、卫生清理和治安管理等劳务性的服务。企业提供的这种售后服务，可向用户收取服务费，形成商品房售后服务收入。

（2）材料销售收入

房地产开发企业的材料销售是指企业将不需用的库存材料对外销售。房地产开发企业的开发周期比较长，项目开发结束后，通常需要把在开发阶段剩余的材料物资进行销售处理，销售材料取得的价款构成企业的材料销售收入。

5.2 转让及销售阶段会计处理

房地产开发企业在房地产转让及销售阶段会计核算的主要任务是对收入和预收账款、应收账款及其涉税业务进行核算。房地产开发企业的收入包括转让及销售房地产取得的收入和其他业务收入，转让及销售房地产取得的收入如土地使用权转让收入、商品房销售收入和配套设施销售收入等，其他业务收入是指房地产开发企业不经常发生的收入，如商品房售后服务收入、材料销售收入等。

5.2.1 会计账户的设置

为了核算房地产开发企业转让与销售房地产阶段的业务，房地产开发企业应设置如下会计账户。

1. 主营业务收入

"主营业务收入"账户核算房地产开发企业对外转让、销售、结算开发产品等取得的收入。"主营业务收入"账户可以按经营收入的类别设置二级明细：

（1）土地转让收入；

（2）商品房销售收入；

（3）配套设施销售收入；

（4）代建工程结算收入。

2. 主营业务成本

"主营业务成本"账户核算房地产开发企业对外转让、销售、结算开发产品等应结转的经营成本。"主营业务成本"账户可以按经营成本的种类设置二级明细：

（1）土地转让成本；

（2）商品房销售成本；

（3）配套设施销售成本；

（4）代建工程结算成本。

3. 其他业务收入

"其他业务收入"账户核算房地产开发企业其他业务收入的实现和结转情况。该账户可以按其他业务收入的种类设置明细账，进行明细核算。

4. 其他业务成本

"其他业务成本"账户核算房地产开发企业确认的除主营业务活动以外的其他经营活动所发生的支出，包括商品房售后服务支出、材料销售成本和相关的费用等。该账户可以按其他业务成本的种类设置明细账，进行明细核算。

5．预收账款

"预收账款"账户核算房地产开发企业按照合同规定预收的款项。该账户的借贷方反映不同的经济业务情况：

（1）贷方登记企业销售开发产品等经营活动按合同规定向承购人预收的款项；

（2）贷方余额反映企业预收的款项；

（3）借方登记企业按规定确认收入转销的预收账款；

（4）借方余额反映企业应收未收的款项。

房地产开发企业应根据自身的实际情况设置明细账进行销售收入、预售收入的核算，如按楼号、分户设明细账，按开发项目设明细账等。承购人较多的，企业还可以建立销售合同台账对销售收入、预售收入进行辅助记录。

6．应收账款

"应收账款"账户核算房地产开发企业因销售开发产品等经营活动应收取的款项。该账户期末借方余额反映企业尚未收回的应收账款；期末如为贷方余额，反映企业预收的账款。

7．应交税费

"应交税费"账户核算房地产开发企业按照税法等规定计算应缴纳的各种税费。该账户期末如为贷方余额，反映企业尚未交纳的税费；期末如为借方余额，反映企业预交或多交的税费。该账户可按应交的税费项目进行明细核算。

8．营业税金及附加

"营业税金及附加"账户核算房地产开发企业经营活动发生的城市维护建设税和教育费附加等相关税费。该账户可按应交的税费项目进行明细核算。

5.2.2 土地使用权转让的会计核算

房地产开发企业向其他单位转让土地，应在土地转让移交并将发票账单提交买方时，将其转让价格计入"银行存款""应收账款"等科目的借方和"主营业务收入——土地转让收入"科目的贷方。月份终了，应将转让土地的实际开发成本自"开发产品——商品性土地"科目的贷方转入"主营业务成本——土地转让成本"科目的借方，具体如图5–1所示。

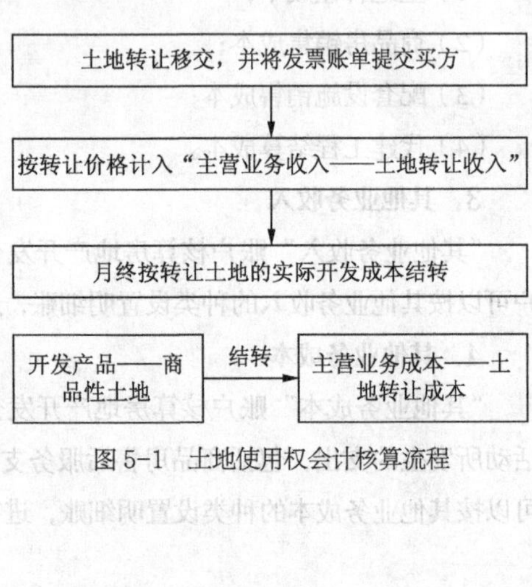

图5–1 土地使用权会计核算流程

【例 5-1】天宏基业房地产开发公司对外转让已开发完成的土地一块，价值3 000万元，实际取得成本为2 300万元，已办妥转让手续，价款已收讫并存入开户银行。

天宏基业房地产公司应进行如下会计处理。

（1）依据发票账单、收款证明，确认已实现的土地转让收入。

借：银行存款　　30 000 000.00

　　贷：主营业务收入——土地转让收入　　30 000 000.00

（2）结转已转让土地的实际成本。

借：主营业务成本——土地转让成本　　23 000 000.00

　　贷：开发产品——商品性土地　　23 000 000.00

（3）按照规定，计算应纳税额。

应交印花税=3 000×0.05%=1.5万元

应交土地增值税：

① 扣除项目金额=2 300+35+2.45+1.05+0.7+1.5=2 340.7万元

② 增值额=3 000−2 340.7=659.3万元

③ 增值率=659.3÷2 340.7×100%=28.17%

④ 应交土地增值税=659.3×30%=197.79万元

借：营业税金及附加　　1 977 900.00

　　贷：应交税费——应交土地增值税　　1 977 900.00

借：管理费用——印花税　　15 000.00

　　贷：银行存款　　15 000.00

5.2.3 商品房销售的会计核算

房地产开发企业商品房销售包括商品房预售和现房销售。商品房预售的会计核算包括预售的会计核算和收入确认的会计核算。

1．商品房预售的会计处理

房地产开发企业进行商品房预售，一般涉及诚意金、办卡费、预售定金、预售款以及代收的配套费用、维修基金、办证费等业务的会计核算。

（1）定金

预售商品房时承购人交纳的定金，可以通过“其他应付款”或“预收账款”账户核算，不论财务上如何核算，房地产开发企业收取定金都应缴纳营业税金及附加。

（2）预售房款

房地产开发企业按合同或协议规定向承购单位或个人预收的预售房款，在会计上做如下处理：

① 专设"预收账款"账户核算；

② 不设置"预收账款"账户，发生的预收账款直接在"应收账款"账户进行核算。

（3）按揭保证金

一般情况下，为便于按揭保证金的划转，银行会要求房地产开发企业同时开立一个一般结算户和一个按揭保证金户。按揭保证金户是不能随便动用的资金，企业在报建的时候，发改委和建委都会要银行开具相应的资金证明，按揭保证金上的资金额是不能计算在内的。

房地产开发企业向贷款银行交纳的按揭保证金，有的由贷款行在放贷时从贷款额中直接扣收，有的是在银行发放贷款后由房地产开发企业从一般结算户转入按揭保证金专户。具体如图5-2所示。

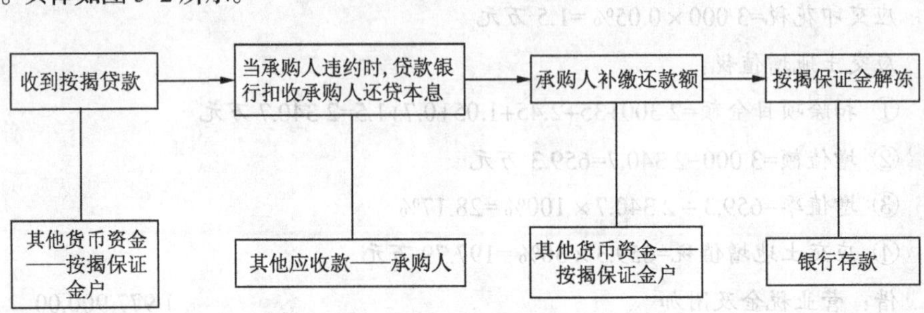

图5-2　按揭保证金核算流程

【例 5-2】天宏基业房地产开发公司采用银行按揭方式销售商品房一套，房屋价款220万元，承购人李湘琳缴纳首付款90万元，按揭贷款130万元。2016年5月，该套商品房按揭贷款到账，贷款行从按揭贷款额中直接收取10%的按揭保证金。放款次月起，承购人开始还贷款。2016年12月5日还款日，承购人未及时还款，贷款银行从公司按揭保证金户扣款8 500元；2016年12月底，承购人补缴了还款额。2017年5月该套商品房房产证书办理完毕，按揭贷款保证金解冻转入对应的一般结算账户。

天宏基业房地产公司会计处理如下。

（1）承购人支付首付款，应依据销售不动产发票记账联、收款收据记账联、现金缴款单或银行收账通知等收款证明，进行账务处理。

借：银行存款　　900 000.00

　　贷：预收账款　　900 000.00

（2）商品房按揭贷款到位，应依据银行收账通知等收款证明进行账务处理。

借：银行存款　　1170 000.00

其他货币资金——按揭保证金户　　130 000.00

贷：预收账款　　1 300 000.00

（3）承购人违约，贷款银行从按揭保证金户扣款，应依据贷款银行扣款证明进行账务处理。

借：其他应收款——李湘琳　　8 500.00

贷：其他货币资金——按揭保证金户　　8 500.00

（4）承购人补缴还款额，依据银行收账通知等收款证明进行账务处理。

借：其他货币资金——按揭保证金户　　8 500.00

贷：其他应收款——李湘琳　　8 500.00

（5）按揭保证金解冻，依据银行转账单据进行账务处理。

借：银行存款　　130 000.00

贷：其他货币资金——按揭保证金户　　130 000.00

（4）代收配套设施费、办证费、维修基金的核算

房地产开发企业在预收房款的同时会代收天然气初装费、暖气初装费、有线电视安装费、不动产产权证书办证费以及维修基金等。

住宅专项维修基金是指专项用于住宅共用部位、共用设施设备保修期满后的维修和更新、改造的资金。

代收的配套费用、维修基金应作为"其他应付款"核算。

【例5-3】天宏基业房地产开发公司2016年6月销售给承购人李丽商品房一套，该套商品房价款600 000.00元。城建税税率为7%，教育费附加征收率为3%，土地增值税预征率为3%，企业所得税预计毛利率为15%，企业所得税税率为25%。

天宏基业房地产开发公司会计处理如下。

（1）公司收到承购人李丽的购房定金50 000.00元，依据收款收据记账联、现金缴款单或银行收账通知进行账务处理。

借：银行存款　　50 000.00

贷：预收账款——李丽　　50 000.00

（2）预收承购人李丽支付首付款110 000.00，依据收款收据记账联、现金缴款单或银行收账通知进行账务处理。

借：银行存款　　110 000.00

贷：预收账款——李丽　　110 000.00

（3）承购人李丽按揭贷款到账340 000.00元，依据销售不动产发票记账联、银行收账通告进行账务处理。

借：银行存款　　340 000.00

　贷：预收账款——李丽　　340 000.00

（4）收到承购人李丽交纳配套费用 16 000.00 元，维修基金 4 800.00 元，办证费用 500.00 元，依据收款收据记账联、现金缴款单或银行收账通知进行账务处理。

借：银行存款　　21 300.00

　贷：其他应付款——李丽（配套费用）　　16 000.00

　　　——李丽（维修基金）　　4 800.00

　　　——李丽（办证费）　　500.00

（5）计算应交纳的企业所得税、土地增值税、印花税。

应交企业所得税：600 000.00 × 15% × 25% =22 500.00 元

预交土地增值税：600 000.00 × 3% =18 000.00 元

应交印花税：600 000.00 × 0.5‰ =300.00 元

依据完税凭证和付款证明进行账务处理：

借：应交税费——应交所得税　　22 500.00

　　——应交土地增值税　　18 000.00

　贷：银行存款　　40 500.00

借：管理费用　　300.00

　贷：库存现金　　300.00

（6）支付代收配套费用、维修费用、办证费用。

依据维修基金缴存凭证代收单位留存联和支付维修基金、配套费、办证费的付款证明进行账务处理。

借：其他应付款——李丽（配套费用）　　16 000.00

　　——李丽（维修基金）　　4 800.00

　　——李丽（办证费）　　500.00

　贷：银行存款　　21 300.00

2．商品房销售的会计处理

房地产开发企业应当合理确认销售商品收入的实现，并将已实现的收入按时入账。在确认收入时，需同时满足以下条件。

（1）企业已将商品所有权上的主要风险和报酬转移给购货方

企业已将商品所有权上的主要风险和报酬转移给购货方，是指与商品所有权有关的主要风险和报酬同时转移。

① 与商品所有权有关的报酬，是指商品价值增值或通过使用商品等产生的经济利益，在商品房预售情况下，如果商品房实现价值增值，则增值收益一般归承购人所有。

② 与商品所有权有关的风险，是指商品可能发生减值或毁损等形成的损失；在商

品房预售情况下，如果商品房价值发生减值，价值减少的损失一般由承购人承担，但是，如果商品房发生毁损，对于毁损的损失就不一定承担。一般情况下，在接到书面交房通知确定的交房使用之日起由买受人承担风险。

（2）企业既没有保留通常与所有权相联系的继续管理权，也没有对售出的商品实施控制

如果商品房售出后，企业仍保留与该商品的所有权相联系的继续管理权，则说明此项销售商品交易并没有完成，销售不能成立，也不能确认收入。

房地产开发企业销售商品房后委托物业公司管理小区物业不属于保留通常与所有权相联系的继续管理权，也不属于对售出的商品房实施控制。

（3）收入的金额能够可靠地计量

收入能否可靠地计量，是确认收入的基本前提，收入不能可靠计量，则无法确认收入。

（4）相关的经济利益很可能流入企业

实务中，房地产开发企业售出的商品房符合合同或协议规定的要求，并已将发票账单交付买方，买方也承诺付款，则表明销售商品房的价款能够收回。

（5）相关已发生或将发生的成本能够可靠计量

根据收入与费用配比原则，与同一项销售有关的收入与成本应在同一会计期间予以确认。一般情况下，所售商品房的开发项目完成竣工结算标志着“成本能够可靠地计量”。但如果施工过程中采用费率招标合同，则必须完成竣工结算才能够对成本可靠计量。

【例 5-4】天宏基业房地产开发公司 2015 年 6 月将其正在开发的商品房预售，合同收入 2 800 万元，2016 年 4 月开发的商品房已全部办理竣工验收并交房，商品房实际开发成本为 1 650 万元。企业于当月确认商品房销售收入，并办理土地增值税清算，应交土地增值税 140 万元，已预缴土地增值税 68 万元。

天宏基业房地产开发公司会计处理如下。

（1）商品房办理竣工验收时，按实际成本结转开发成本。

借：开发产品——房屋　　16 500 000.00

　　贷：开发成本　　16 500 000.00

（2）商品房移交时，确认商品房销售收入。

借：预收账款　　28 000 000.00

　　贷：主营业务收入　　28 000 000.00

（3）月末，结转商品房销售成本。

借：主营业务成本　　16 500 000.00

贷：开发产品　　　　16 500 000.00

（4）清算土地增值税。

借：营业税金及附加　　　　1 400 000.00

贷：应交税费——应交土地增值税　　　　1 400 000.00

（5）清算后补缴土地增值税时，依据土地增值税完税凭证和付款证明进行账务处理。

借：应交税费——应交土地增值税　　　　720 000.00

贷：银行存款　　　　720 000.00

5.2.4 特殊情况下商品房销售的会计核算

房地产开发企业会计实务中，可能遇到一些特殊的销售商品业务。

1．委托方式销售

采取委托房地产中介机构代理销售商品房的，应分不同的委托代理方式确认收入的实现。

房地产开发企业采取支付手续费方式委托销售商品房的，在委托房地产代理销售机构销售商品房时因不需要进行实物交付，通常不应确认销售商品房收入，也不需要进行账务处理，而应在符合收入确认条件时确认销售商品房收入的实现。

销售成立后，按合同或协议约定支付给房地产代理销售机构的手续费应作为销售费用处理，借记“销售费用”账户，贷记“银行存款”账户等。

【例 5-5】天宏基业房地产开发公司委托金禧专业销售公司销售其开发的商品房，双方约定，房屋销售价格由天宏基业房地产公司定价，销售收款后金禧专业销售公司按售价的 2% 收取手续费。月末，天宏基业房地产开发公司收到金禧专业销售公司开具的代销清单，共销售房屋 10 套，售价共计 600 万元。房屋开发成本为 450 万元。不考虑其他因素。

天宏基业房地产公司应做如下会计处理。

（1）委托销售时，因不需要进行实物交付，不需要进行账务处理。

（2）承购人缴纳房款时，依据收款收据记账联、现金缴款单或银行收账通知等收款证明进行账务处理。

借：银行存款　　　　6 000 000.00

贷：预收账款　　　　6 000 000.00

（3）收到代销清单，支付金禧专业销售公司销售手续费时，依据金禧专业销售公司开具的代理销售发票和付款证明进行账务处理。

借：销售费用　　　　120 000.00

贷：银行存款　　120 000.00

（4）房屋竣工验收，移交承购人时，应确认商品房销售收入。

借：预收账款　　6 000 000.00

贷：主营业务收入　　6 000 000.00

（5）确认收入的同时，结转房屋销售成本。

借：主营业务成本　　4 500 000.00

贷：开发产品——房屋　　4 500 000.00

2. 分期收款销售商品房收入的确定

为便于管理，房地产开发企业应设置分期收款开发产品备查簿或销售台账，详细记录分期收款开发产品的面积、售价、成本、已收取价款和尚未收取的价款等有关资料。

预收款销售商品房，收到的预收款先计入“预收账款”，待符合收入确认条件再确认商品房销售收入。

【例 5-6】天宏基业房地产开发公司以分期收款方式销售商品房一套，销售价款为 160 万元，该套商品房的成本为 100 万元。合同约定分 5 期收回房款，每期收回合同全部价款的 20%，收款时间为 2016 年 5~9 月每月 8 日，交房时间为 2016 年 10 月 31 日，交房前必须付清所有房款。

天宏基业房地产公司做如下会计处理。

（1）2016 年 5~9 月每月 8 日收取预收款时，依据收款收据记账联、现金缴款单或银行收账通知等收款证明进行账务处理。

借：银行存款　　320 000.00

贷：预收账款　　320 000.00

（2）2016 年 10 月 31 日，商品房移交承购人时，应确认商品房销售收入。

借：预收账款　　1 600 000.00

贷：主营业务收入——商品房销售收入　　1 600 000.00

（3）结转商品房实际成本。

借：主营业务成本　　1000 000.00

贷：开发产品　　1000 000.00

【例 5-7】天宏基业房地产开发公司以分期收款方式销售写字楼一栋，写字楼已交付承购人李丽，销售价 1 200 万元，分 5 期收回房款，每期收取全部价款的 20%，该套商品房的成本为 900 万元。

天宏基业房地产公司做如下会计处理。

（1）商品房移交时，依据房屋实际成本进行账务处理。

借：分期收款开发产品　　9 000 000.00

贷：开发产品　9 000 000.00

（2）按照销售合同规定，第一笔房款付款日期已到，根据合同约定的收款金额进行账务处理。

借：应收账款　2 400 000.00

贷：主营业务收入——商品房销售收入　2 400 000.00

（3）根据房屋全部销售成本占全部销售收入的比率计算出本期应结转的销售成本。

借：主营业务成本　1 800 000.00

贷：分期收款开发产品　1 800 000.00

（4）收到承购人李丽支付的分期付款额时，根据收款收据记账联、现金缴款单或银行收账通知等收款证明进行账务处理。

借：银行存款　2 400 000.00

贷：主营业务收入　2 400 000.00

在以后各期收回房款时，都要按照上述程序进行财务处理。

5.2.5 面积差的会计核算

根据《房产测绘管理办法》，申请办理商品房产权初始登记时，需要委托房产测绘单位进行房产测绘，商品房实测面积可能大于也可能小于销售合同面积。

（1）实测面积大于销售面积时，房地产开发企业向承购人收取面积差价，并向承购人就差价补开发票，记入“主营业务收入”账户。收取的面积差价应并入当期收入缴纳各项税费。

（2）实测面积少于销售合同面积时，房地产开发企业应退回多交的房款，开具红字冲销发票，冲回“主营业务收入”账户。支付的面积差价应冲减当期收入应交的各项税费。

【例 5-8】天宏基业房地产开发公司已销售的商品房中有 18 套商品房存在面积差，其中应向承购人收取的面积差价为 16 万元，应向承购人退回的面积差价为 8 万元。

天宏基业房地产开发公司应进行如下会计处理。

（1）收取面积差价，依据销售不动产发票记账联、收款证明进行账务处理。

借：银行存款　160 000.00

贷：主营业务收入　160 000.00

（2）支付面积差价，依据销售不动产发票记账联（红字）、付款证明进行账务处理。

借：主营业务收入　80 000.00

贷：银行存款　80 000.00

5.2.6 代建工程的会计核算

因代建工程代建方式不同，房地产开发企业应采用不同的会计处理。

1．收取手续费方式的代建工程

此种方式下，房地产开发企业的代建工程仅核算代建手续费即可。在工程结束时，向委托方开具服务业的增值税发票，并按照收取的代建手续费确认收入。

【例 5-9】天宏基业房地产开发公司受思源艺术中心委托代建一个艺术中心。思源艺术中心以自己名义办理土地征用手续，并取得有关部门的建设项目批准手续和基建计划，建筑施工企业将建筑业发票直接开具给思源艺术中心。天宏基业房地产开发公司不垫付资金，工程结束后，根据工程决算价的2%向思源艺术中心收取代建手续费。代建期间，天宏基业房地产开发公司发生职工薪酬支出 50 万元，思源艺术中心竣工决算价款为 6 000 万元。

天宏基业房地产开发公司应进行如下会计处理。

（1）发生代建支出。

借：其他业务成本　　　　500 000.00

　　贷：应付职工薪酬等　　　　500 000.00

（2）确认手续费收入。

借：应收账款　　　　1 200 000.00

　　贷：其他业务收入　　　　1 200 000.00

2．实行划拨结算方式的代建工程

实行划拨结算方式的代建工程适用于《企业会计准则第 15 号——建造合同》。

代建工程合同分为固定造价合同和成本加成合同。固定造价合同是指按照固定的合同价或固定单位确定工程价款的代建工程合同；成本加成合同是指以合同约定或其他方式议定的成本为基础，加上该成本的一定比例或定额费用确定工程价款的代建工程合同。

（1）结果能够可靠估计的代建合同

【例 5-10】天宏基业房地产开发公司与思源公司签订了一项总金额为 29 000 000.00 元的固定造价合同，合同完工进度按照累计实际发生的合同成本占合同预计总成本的比例确定。工程已于 2015 年 1 月开工，预计 2016 年 7 月完工。代建工程总成本为 26 000 000.00 元。该代建工程于 2016 年 5 月提前两个月完工，工程质量优良，思源公司同意支付奖励款 300 000.00 元。建造该工程的其他有关资料如表 5-1 所示。

表 5-1 工程资料表

单位：元

项目	2015 年	2016 年
累计实际发生成本	23 000 000.00	26 000 000.00
预计完成合同尚需发生成本	3 000 000.00	
结算合同成本	24 000 000.00	5 600 000.00
实际收到价款	22 000 000.00	8 500 000.00

天宏基业房地产公司对本项代建工程合同的有关会计处理如下。

（1）2015 年财务处理

登记实际发生的合同成本：

借：开发成本——代建工程成本　23 000 000.00

　　贷：银行存款、应付账款、预付账款等　23 000 000.00

登记已结算的合同价款：

借：应收账款　24 000 000.00

　　贷：代建工程结算　24 000 000.00

登记实际收到的合同价款：

借：银行存款　22 000 000.00

　　贷：应收账款　22 000 000.00

确认计量当年的合同收入和费用，并登记入账：

2015 年的完工进度=2 300 ÷ 2 600 × 100% =88%

2015 年确认的合同收入=2 900 × 88% =2 552 万元

2015 年确认的合同费用=2 600 × 88% =2 288 万元

2015 年确认的合同毛利=2 552−2 288=264

借：主营业务成本——代建工程开发成本　23 000 000.00

　　开发成本——代建工程合同毛利　2 640 000.00

　　贷：主营业务收入——代建工程结算收入　25 640 000.00

（2）2016 年的账务处理

登记实际发生的合同成本：

借：开发成本——代建工程开发　3 000 000.00

　　贷：银行存款、应付账款、预付账款等　3 000 000.00

登记结算的合同价款：

借：应收账款　5 600 000.00

　　贷：代建工程结算　5 600 000.00

登记实际收到的合同价款：

借：银行存款　　8 500 000.00

　贷：应收账款　　8 500 000.00

确认计量当年的合同收入和费用，并登记入账：

2016 年确认的合同收入=（2 900+30）−2 564=366 万元

2016 年确认的合同费用=2 600−2 300=300 万元

2016 年确认的合同毛利=366−300=66 万元

借：主营业务成本——代建工程开发成本　　3 000 000.00

　开发成本——代建工程合同毛利　　660 000.00

　贷：主营业务收入——代建工程结算收入　　3 660 000.00

2016 年代建工程全部完工，应将“开发成本——代建工程开发”科目的余额与“代建工程结算”科目的余额相对冲：

借：代建工程结算　　29 300 000.00

　贷：开发成本——代建工程开发　　26 000 000.00

　　——代建工程合同毛利　　3 300 000.00

（2）结果不能可靠估计的代建工程合同

代建工程合同的结果不能可靠估计的，应当分以下两种情况进行会计处理。

① 合同成本能够收回的，合同收入根据能够收回的实际合同成本予以确认，合同成本在其发生的当期确认为合同费用。

② 合同成本不可能收回的，应在发生时立即确认为合同费用，不确认为合同收入。

【例 5-11】天宏基业房地产开发公司与思源公司签订了一项总金额为 1 900 万元的代建工程合同。第一年实际发生代建工程开发成本 800 万元，天宏基业房地产开发公司与思源公司只办理价款结算 700 万元，其余款项可能收不回来。天宏基业房地产开发公司在年末时对该项工程的完工进度无法可靠确定。

天宏基业房地产开发公司账务处理如下。

（1）发生代建工程开发成本时：

借：开发成本——代建工程开发　　8 000 000.00

　贷：银行存款、应付账款等　　8 000 000.00

（2）登记结算的合同价款：

借：应收账款　　7 000 000.00

　贷：代建工程结算　　7 000 000.00

（3）确认计量当年合同收入和合同费用：

借：主营业务成本——代建工程开发成本　　8 000 000.00

贷：主营业务收入——代建工程结算收入　　7 000 000.00

开发成本——代建工程合同毛利　　1 000 000.00

如果双方均能履行合同规定的义务，当年发生的成本均能收回，天宏基业房地产开发公司确认计量当年合同收入和合同费用的账务处理如下。

借：主营业务成本——代建工程开发成本　　8 000 000.00

贷：主营业务收入——代建工程结算收入　　8 000 000.00

如果第二年，完工进度无法可靠确定的因素消除，天宏基业房地产开发公司就不应再按照上述规定确认合同收入和费用，而应转为按照完工百分比法确认合同收入和费用。假设第二年实际发生成本为 660 万元，预计为完成合同尚需发生的成本为 360 万元，则天宏基业房地产开发公司的账务处理如下。

第二年合同完工进度=（800+660）÷（800+660+360）×100%=80%

第二年确认的合同收入=1 900×80%−700=820 万元

第二年确认的合同费用=（800+660+360）×80%−800=656 万元

第二年确认的合同毛利=820−656=164 万元

借：主营业务成本——代建工程开发成本　　6 560 000.00

开发成本——代建工程开发——合同毛利　　1 640 000.00

贷：主营业务收入——代建工程结算收入　　8 200 000.00

（3）合同预计损失的处理

房地产开发企业的代建工程，类似于在建开发项目，属于企业的存货，期末应当对其进行减值测试。如果代建工程合同的预计总成本超过合同总收入，则形成合同预计损失，应提取损失准备，并确认为当期费用。合同完工时，将已提取的损失准备冲减合同费用。

【例 5-12】天宏基业房地产开发公司与思源公司签订了一项总金额为 1 600 万元的固定造价合同，最初预计总成本为 1 500 万元。第一年实际发生成本 1 200 万元。年末，预计为完成合同尚需发生成本 800 万元。该合同的结果能够可靠估计。

天宏基业房地产公司会计处理如下。

（1）第一年年末，应进行如下账务处理。

第一年合同完工进度=1 200÷（1 200+800）×100%=60%

第一年确认的合同收入=1 600×60%=960 万元

第一年确认的合同费用=（1 200+800）×60%=1 200 万元

第一年确认的合同毛利=960−1 200=−240 万元

第一年预计的合同损失=［（1 200+ 800）−1 500］×（1−60%）=200万元

借：主营业务成本——代建工程开发成本　　12 000 000.00

贷：主营业务收入——代建工程结算收入　　9 600 000.00

开发成本——代建工程开发——合同毛利　　2 400 000.00

借：资产减值损失　　2 000 000.00

贷：存货跌价准备　　2 000 000.00

（2）第二年合同完工，应进行如下账务处理。

借：主营业务成本——代建工程开发成本　　8 000 000.00

贷：主营业务收入——代建工程结算收入　　6 400 000.00

开发成本——代建工程开发——合同毛利　　1 600 000.00

借：存货跌价准备　　2 000 000.00

贷：主营业务成本——代建工程开发成本　　2 000 000.00

5.2.7　土地增值税的会计核算

房地产开发企业按规定应交纳的土地增值税，在“应交税费——应交土地增值税”科目进行核算。

【例 5-13】天宏基业房地产开发公司 2015 年销售商务楼取得销售收入 9 000 万元，预征土地增值税税率为 3%。2016 年 3 月该项目确认营业收入 10 000 万元，应负担的土地增值税税额为 360 万元。2016 年 6 月对该项目进行土地增值税清算，清算应交纳的土地增值税额 390 万元，该项目累计已缴纳土地增值税额为 360 万元，清算后应补交土地增值税 30 万元。

天宏基业房地产公司会计处理如下。

（1）2015 年取得预售收入，预交土地增值税时，依据土地增值税完税凭证和付款证明进行账务处理。

借：应交税费——应交土地增值税　　2 700 000.00

贷：银行存款　　2 700 000.00

（2）2016 年 3 月确认营业收入，计算应由当期营业收入负担的土地增值税：

借：营业税金及附加　　3 600 000.00

贷：应交税费——应交土地增值税　　3 600 000.00

（3）土地增值税清算后，补交土地增值税时，应补提营业税金及附加，并依据土地增值税完税凭证和付款证明进行账务处理。

借：营业税金及附加　　300 000.00

贷：应交税费——应交土地增值税　　300 000.00

借：应交税费——应交土地增值税　　300 000.00

贷：银行存款　　300 000.00

5.2.8 其他业务的会计核算

房地产开发企业发生的其他业务主要有商品房售后服务收入、销售材料取得的价款等。

1．商品房售后服务的核算

房地产开发企业提供售后服务所取得的收入，可以在其他业务收入账户中入账，对应发生的支出，在其他业务成本科目中入账。

【例 5-14】天宏基业房地产开发公司销售商品房后，在商品房小区设立了管理处，为住户提供治安保卫、卫生清洁、电梯看管和房屋维修等项服务，按月向业主收取管理费用。假设 2016 年 5 月向业主收取的全部管理费用为 120 000.00 元，当月发生下列支出：管理人员工资 60 000.00 元，社会保险费 16 000.00 元，以银行存款支付卫生用具费 8 000.00 元，材料支出 14 000.00 元。

天宏基业房地产公司会计处理如下。

（1）收到售后管理收入时，依据收款证明、服务业发票记账联进行账务处理。

借：银行存款　　120 000.00

　　贷：其他业务收入——商品房售后服务收入　　120 000.00

（2）发生支出时，依据工资表、材料领用单、税务机关监制发票或财政部门监制收据、银行付款证明等进行账务处理。

借：其他业务成本　　98 000.00

　　贷：应付职工薪酬——工资　　60 000.00

　　　　　　　　　　——社会保险费　　16 000.00

　　　　银行存款　　8 000.00

　　　　库存材料　　14 000.00

2．材料销售的核算

销售材料取得的价款，构成房地产开发企业的材料销售收入，材料销售收入按规定应缴纳增值税、城建税和教育费附加。

【例 5-15】天宏基业房地产开发公司在开发项目结束后，将一批多余材料对外销售，售价 36 400.00 元存入银行，该批材料实际成本为 28 000.00 元，增值税税率为 4%，城建税税率为 7%，教育费附加征收率为 3%。

天宏基业房地产公司会计处理如下。

（1）取得材料销售收入。

借：银行存款　　36 400.00

　　贷：其他业务收入——材料销售收入　　35 000.00

应交税费——应交增值税 1 400.00

（2）计算应缴纳的税金。

借：营业税金及附加 140.00

贷：应交税费——应交城市维护建设税 98.00

——应交教育费附加 42.00

（3）结转材料销售成本。

借：其他业务成本——材料销售成本 28 000.00

贷：库存材料 28 000.00

5.3 转让及销售阶段纳税处理

房地产开发企业转让及销售阶段涉及的税种主要有增值税、城建税、教育费附加、印花税、土地增值税和企业所得税。预售商品房涉及缴纳土地增值税、企业所得税。预售阶段和现售阶段所得税的计算不同。其中“预售房款纳税处理”和“土地增值税”将在 5.4 节和 5.5 节详细介绍。

5.3.1 增值税

1．一般纳税人

（1）销售额的计算

房地产开发企业中的一般纳税人（以下简称一般纳税人）销售自行开发的房地产项目，适用一般计税方法计税，按照取得的全部价款和价外费用，扣除当期销售房地产项目对应的土地价款后的余额计算销售额。

销售额的计算公式如下：

销售额=（全部价款和价外费用–当期允许扣除的土地价款）÷（1+11%）

当期允许扣除的土地价款按照以下公式计算：

$$\text{当期允许扣除的土地价款}=\left(\text{当期销售房地产项目建筑面积}\div\text{房地产项目可供销售建筑面积}\right)\times\text{支付的土地价款}$$

当期销售房地产项目建筑面积是指当期进行纳税申报的增值税销售额对应的建筑面积。

房地产项目可供销售建筑面积是指房地产项目可以出售的总建筑面积，不包括销售房地产项目时未单独作价结算的配套公共设施的建筑面积。

支付的土地价款是指向政府、土地管理部门或受政府委托收取土地价款的单位直接支付的土地价款。

在计算销售额时从全部价款和价外费用中扣除土地价款，应当取得省级以上（含省级）财政部门监（印）制的财政票据。

一般纳税人应建立台账登记土地价款的扣除情况，扣除的土地价款不得超过纳税人实际支付的土地价款。

（2）房地产老项目

一般纳税人销售自行开发的房地产老项目，可以选择适用简易计税方法按照 5% 的征收率计税。一经选择简易计税方法计税的，36 个月内不得变更为一般计税方法计税。

房地产老项目是指：①《建筑工程施工许可证》注明的合同开工日期在 2016 年 4 月 30 日前的房地产项目；②《建筑工程施工许可证》未注明合同开工日期或者未取得《建筑工程施工许可证》，但建筑工程承包合同注明的开工日期在 2016 年 4 月 30 日前的建筑工程项目。

一般纳税人销售自行开发的房地产老项目适用简易计税方法计税的，以取得的全部价款和价外费用为销售额，不得扣除对应的土地价款。

（3）预缴税款

一般纳税人采取预收款方式销售自行开发的房地产项目，应在收到预收款时按照 3% 的预征率预缴增值税。

应预缴税款按照以下公式计算：

$$\text{应预缴税款}=\text{预收款}\div(1+\text{适用税率或征收率})\times 3\%$$

适用一般计税方法计税的，按照 11% 的适用税率计算；适用简易计税方法计税的，按照 5% 的征收率计算。

一般纳税人应在取得预收款的次月纳税申报期向主管国税机关预缴税款。

（4）进项税额

一般纳税人销售自行开发的房地产项目，兼有一般计税方法计税、简易计税方法计税、免征增值税的房地产项目而无法划分不得抵扣的进项税额的，应以《建筑工程施工许可证》注明的“建设规模”为依据进行划分。

$$\text{不得抵扣的进项税额}=\text{当期无法划分的全部进项税额}\times\left(\text{简易计税、免税房地产项目建设规模}\div\text{房地产项目总建设规模}\right)$$

一般纳税人销售自行开发的房地产项目适用一般计税方法计税的，应按照《营业税改征增值税试点实施办法》（财税〔2016〕36 号文件，以下简称《试点实施办法》）第四十五条规定的纳税义务发生时间，以当期销售额和 11% 的适用税率计算当期应纳税额，抵减已预缴税款后，向主管国税机关申报纳税。未抵减完的预缴税款可以结转下期继续抵减。一般纳税人销售自行开发的房地产项目适用简易计税方法计税的，应按照

《试点实施办法》第四十五条规定的纳税义务发生时间，以当期销售额和 5% 的征收率计算当期应纳税额，抵减已预缴税款后，向主管国税机关申报纳税。未抵减完的预缴税款可以结转下期继续抵减。

2．小规模纳税人

（1）预缴税款

房地产开发企业中的小规模纳税人（以下简称小规模纳税人）采取预收款方式销售自行开发的房地产项目，应在收到预收款时按照 3% 的预征率预缴增值税。

应预缴税款按照以下公式计算：

应预缴税款=预收款 ÷（1+5%）× 3%

小规模纳税人应在取得预收款的次月纳税申报期或主管国税机关核定的纳税期限向主管国税机关预缴税款。

小规模纳税人销售自行开发的房地产项目，应按照《试点实施办法》第四十五条规定的纳税义务发生时间，以当期销售额和 5% 的征收率计算当期应纳税额，抵减已预缴税款后，向主管国税机关申报纳税。未抵减完的预缴税款可以结转下期继续抵减。

（2）发票开具

小规模纳税人销售自行开发的房地产项目，自行开具增值税普通发票。购买方需要增值税专用发票的，小规模纳税人向主管国税机关申请代开。

小规模纳税人销售自行开发的房地产项目，其 2016 年 4 月 30 日前收取并已向主管地税机关申报缴纳营业税的预收款，未开具营业税发票的，可以开具增值税普通发票，不得申请代开增值税专用发票。

小规模纳税人向其他个人销售自行开发的房地产项目，不得申请代开增值税专用发票。

5.3.2 印花税

根据《中华人民共和国印花税暂行条例》和《财政部、国家税务总局关于印花税若干政策的通知》（财税〔2006〕162 号）的规定，对商品房销售合同按照产权转移书据征收印花税，按合同记载金额的 0.05% 征收；对土使用权出让合同、土地使用权转让合同按产权转移书据征收印花税。

【例 5-16】天宏基业房地产开发公司 2016 年 8 月签订商品房销售合同总金额为 5 000 万元，当月应交印花税为：

应交印花税=5 000 × 0.05% =2.5 万元

5.3.3 企业所得税

同土地增值税一样，企业所得税的征收方式也分为查账征收和核定征收两种。房地产开发企业在查账征收方式下，销售开发产品需要进行季（或月）度预缴和年度汇算清缴。

1．企业所得税季（或月）度预缴

企业所得税季（或月）度预缴主要包括销售未完工开发产品和销售完工开发产品的季（或月）度预缴。

（1）销售未完工开发产品企业所得税季（或月）度预缴

在查账征收方式下，根据《房地产开发经营业务企业所得税处理办法》（国税发〔2009〕31 号）第九条规定，房地产开发企业开发产品完工前销售未完工开发产品取得的收入，应先按预计计税毛利率分季（或月）计算出预计毛利额，计入当期应纳税所得额。根据此规定，取得销售未完工开发产品在进行企业所得税季（或月）度预缴时应进行如下处理。

首先，计算销售未完工开发产品的预计毛利额。

销售未完工开发产品的预计毛利额 = 销售未完工开发产品取得的收入 × 预计计税毛利率

房地产开发企业销售未完工开发产品的计税毛利率由各省、自治区、直辖市国家税务局、地方税务局按下列规定进行确定。

① 开发项目位于省、自治区、直辖市和计划单列市人民政府所在地城市城区和郊区的，不得低于 15%。

② 开发项目位于地及地级市城区及郊区的，不得低于 10%。

③ 开发项目位于其他地区的，不得低于 5%。

④ 属于经济适用房、限价房和危改房的，不得低于 3%。

其次，把预计毛利额并入当期应纳税所得额。

实际利润额=会计利润总额−以前年度待弥补亏损−不征税收入−免税收入+预计利润额

当期应纳所得税额=实际利润额×适用税率

另外，根据国税发〔2009〕31 号第十二条规定，“企业发生的期间费用、已销开发产品计税成本、营业税金及附加、土地增值税准予当期按规定扣除”，所以未完工开发产品取得的收入可以扣除当期发生的营业税金及附加、土地增值税。

根据国家税务总局《关于印发〈中华人民共和国企业所得税月（季）度预缴纳税申报表〉等报表的通知》（国税函〔2008〕44 号）和《关于房地产开发企业所得税预缴问题的通知》（国税函〔2008〕299 号）的规定，房地产开发企业按照当年实际利润据实预缴企业所得税的，对销售未完工开发产品取得的收入，按预计计税毛利率分季（或月）计算预计毛利额，填报在中华人民共和国企业所得税月（季）度预缴纳税申报表

（A类）第4行“实际利润额”内。

【例 5-17】天宏基业房地产开发公司 2015 年 8 月开工开发大乐城项目，2016 年 5 月符合预售条件开始预售，当地税务机关核定的销售未完工开发产品计税毛利率 15%，土地增值税预征率 1%，城建税税率 7%，教育费附加征收率为 3%。

解：（1）2015 年年初未分配利润为 500 万元，2016 年第二季度取得预售收入 3 000 万元，截至第二季度末，累计会计利润总额为−500 万元，公司采用据实分季预缴企业所得税。

2016 年第二季度所得税计算：

当期预计毛利额=3 000×15%=450 万元。

当期应纳税所得额=−500+450−3 000×（5.5%+1%）=−50−195=−245 万元。

当期亏损，不缴纳企业所得税。

（2）第三季度取得预售收入 4 000 万元，预计 2016 年 12 月底完工，截至第三季度末累计会计利润总额为−200 万元。

2016 年第三季度所得税计算：

累计预计毛利额=（3 000+4 000）×15%=1 050 万元。

累计应纳税所得额=−200+1050−（3 000+4 000）×（5.5%+1%）=395 万元

当期应纳企业所得税税额=395×25%=98.75 万元

（2）销售完工开发产品的企业所得税季（或月）度预缴

销售完工开发产品在会计处理上如果符合收入确认条件的，根据国家税务总局《关于印发〈中华人民共和国企业所得税月（季）度预缴纳税申报表〉等报表的通知》（国税函〔2008〕44 号）、《关于填报企业所得税月（季）度预缴纳税申报表有关问题的通知》（国税函〔2008〕635 号），按照会计利润表计算实际利润额，填报在中华人民共和国企业所得税月（季）度预缴纳税申报表（A类）第4行“实际利润额”内。

2．企业所得税汇算清缴

按照全国人大 2007 年 3 月 16 日颁布的《中华人民共和国企业所得税法》及其实施细则，以及国家税务总局于 2009 年 3 月 6 日发布的《房地产开发经营业务企业所得税处理办法》（国税发〔2009〕31 号）等相关的税收法规的规定，房地产开发企业应自年度终了之日起 5 个月内，进行企业所得税汇算清缴。

5.4 预收房款纳税处理

房地产开发企业采用预收房款方式销售商品房时，有哪些特殊规定呢？

5.4.1 预收房款企业所得税

房地产开发企业采用预收房款方式销售商品房时，根据《国家税务总局关于房地产开发业务征收企业所得税问题的通知》(国税发〔2006〕31 号）第一条明确规定："开发企业开发、建造的住宅、商业用房以及其他建筑物、附着物、配套设施等开发产品，在其未完工前采取预售方式销售的，其预售收入先按预计计税毛利率分季（或月）计算出当期毛利额，扣除相关的期间费用、营业税金及附加后再计入当期应纳税所得额，待开发产品结算计税成本后再行调整。"

也就是说，房地产开发企业采用预收房款方式销售商品房时，需要按预计计税毛利率计算出预计毛利额，扣除相关的期间费用、营业税金及附加后再计入当期应纳税所得额，预缴企业所得税。

【例 5-18】天宏基业房地产开发公司 2017 年 8 月 31 日预收房款 400 万元，假设天宏基业房地产开发公司没有发生其他应税收入，除了营业税金及附加 22.4 万元外，没有其他相关的期间费用，当地的预缴企业计税毛利率为 15%。

解：天宏基业房地产公司 2017 年第三季度应预缴企业所得税为：

预计毛利额=400×15%=60.00 万元

应纳税所得额=60.00−22.4=37.6 万元

应预缴企业所得税=37.6×25%=9.4 万元

若房地产开发企业在核算所得税按照可抵扣暂时性差异来确认对未来期间应纳所得税金额的影响，对预缴的所得税应确认为递延所得税资产，缴纳时直接入"应交税费——应交所得税"，年终对未达到收入确认条件的预收账款对应的已上缴的所得税从"应交税费——应交所得税"科目转入"递延所得税资产——预售房预缴所得税"科目。

【例 5-19】天宏基业房地产开发公司 2017 年 8 月 31 日预收房款 400 万元，假设天宏基业房地产开发公司没有发生其他应税收入，除了营业税金及附加外，没有其他相关的期间费用，当地的预缴企业计税毛利率为 15%。天宏基业房地产公司 2017 年第三季度应预缴企业所得税，年终时，全部预收款收入均未达到收入确认条件。

解：预计毛利额=400×15%=60.00 万元

应纳税所得额=60.00−22.40=37.60 万元

应预缴企业所得税=37.60×25%=9.40 万元

（1）预缴企业所得税时。

借：应交税费——应交所得税	94 000.00	
贷：银行存款		94 000.00

（2）年终时。

借：递延所得税资产——预售房预缴所得税　　94 000.00

　　贷：应交税费——应交所得税　　94 000.00

5.4.2 预收房款对财务数据的影响

通过预收房款相关税费会计处理对财务数据或指标的影响分析可知，房地产企业预售收入产生的递延所得税资产及预交税金产生的递延所得税负债对报表会产生很大影响。

1．当利润总额为正时，确认递延所得税资产的影响

当本期企业的利润总额为正数时，预收房款预缴的企业所得税作为递延所得税资产进行会计处理。

【例 5-20】天宏基业房地产开发公司 2017 年发生预售房款收入 2 000 万元，当地税务机关规定的预征毛利率为 15%，本期达到收入确认条件的预收款有 600 万元，相应成本 160 万元，期间费用及其他相关费用 40 万元，则年末预收账款的账面价值为 1 400 万元，计税基础为 1 400×（1−15%）＝1 190 万元，产生可抵扣暂时性差异 210 万元，相应确认递延所得税资产 210×25%＝52.50 万元。

天宏基业房地产开发公司会计分析及处理如下。

（1）会计分析

利润表上企业所得税费用（600−160−40）×25%＝100 万元（假设除预收款外，无其他纳税调整事项）；未确认收入的预售房款预缴企业所得税 1 400×15%×25%＝52.50（万元）；年末汇算清缴，按照当期预售房款收入预缴企业所得税（1 400×15%+600−160−40）×25%＝610×25%＝152.50 万元。

（2）当期缴交企业所得税时

借：所得税费用——当期所得税费用　　1 000 000.00

　　应交税费——企业所得税　　525 000.00

　　贷：银行存款　　1 525 000.00

（3）年末，确认递延所得税资产 26.25 万元

借：递延所得税资产　　525 000.00

　　贷：应交税费——企业所得税　　525 000.00

经分析可见，在利润总额为正的情况下，确认递延所得税资产后，影响当期财务报表中资产、负债总额，导致资产负债率变大，但不影响利润总额、净利润、每股收益等财务指标。

2．当利润总额为负时，确认递延所得税资产的影响

当本期企业的利润总额为负数时，预收房款预缴的企业所得税作为递延所得税资产

进行会计处理。

【例 5-21】天宏基业房地产开发公司 2017 年发生预售房款收入 2 000 万元，当地税务机关规定的预征毛利率为 15%，本期未达到收入确认条件的预收款，期间费用及其他相关费用 40 万元，则年末预收账款的账面价值为 2 000 万元，计税基础为 2 000×（1−15%）=1 700 万元，产生可抵扣暂时性差异 300 万元，相应确认递延所得税资产 300×25% =75 万元。

天宏基业房地产开发公司相关会计处理如下。

（1）年末，按照当期预售房款收入预缴企业所得税（2 000×15%−40）×25% =65 万元

借：应交税费——企业所得税　　650 000.00

　　贷：银行存款　　650 000.00

（2）年末，确认递延所得税资产 75 万元

借：递延所得税资产　　750 000.00

　　贷：应交税费——企业所得税　　650 000.00

　　　　所得税费用　　100 000.00

注意

冲减未确认收入的预售房款预缴的企业所得税时用红字

经分析可见，在利润总额为负的情况下，确认递延所得税资产后，导致当期财务报表中资产、负债总额变大，资产负债率变大，利润总额、净利润、每股收益等财务指标变大。

5.5 土地增值税

土地增值税是房地产开发企业的一个重要税种，房地产开发企业转让国有土地使用权、地上建筑物及其附着物并取得收入，应就其转让房地产所取得的增值额征收土地增值税。

5.5.1 土地增值税征收规定

1. 土地增值税征收范围

（1）土地增值税征收范围的判断标准

在实际工作中，房地产开发企业通过以下三个标准来准确界定土地增值税的征税范围。

① 转让的土地使用权是否为国家所有，是判定是否属于土地增值税征税范围的标准之一。

对于法律规定属于国家所有的土地，其土地使用权在转让时，属于土地增值税的征税范围。根据《中华人民共和国宪法》和《中华人民共和国土地管理法》的规定，城市的土地属于国家所有。农村和城市郊区的土地除由法律规定属于国家所有的以外，属于集体所有。而农村集体所有的土地是不能自行转让的，集体土地的自行转让是一种违法行为，只有根据有关法律规定，国家为公共利益，可以依据法律规定对集体土地实行征用，依法被征用的土地属于国家所有。由国家征用以后变为国家所有时，才能进行转让。

② 土地使用权、地上的建筑物及其附着物的产权是否发生转让是判定是否属于土地增值税征税范围的标准之一。

是否发生房地产权属（指土地使用权和房产产权）的变更，是确定是否纳入征税范围的一个标准，凡土地使用权、房产产权不转让的（如房地产的出租），不征收土地增值税。房地产权属的变更包括房地产转让和土地使用权出让，土地增值税的征税范围不包括未转让土地使用权、房产产权的行为。

③ 土地增值税是对转让房地产并取得收入的行为征税。

是否取得收入是判定是否属于土地增值税征税范围的标准之一。土地增值税的征税范围不包括房地产的权属虽转让，但未取得收入的行为。

上述三个条件必须同时具备，缺一不可，否则不属于土地增值税的征税范围。

（2）具体业务征收范围的判定

在实务中，房地产开发企业应根据以上三条判定标准对有些具体情况是否属于土地增值税的征税范围进行判定。

① 以出售方式转让国有土地使用权、地上的建筑物及附着物的。这种情况因其同时符合上述三个标准，所以属于土地增值税的征税范围。这里又分为三种情况。

第一种情况，出售国有土地使用权的。这种情况是指土地使用者通过出让方式，向政府缴纳了土地出让金，有偿受让土地使用权后，仅对土地进行通水、通电、通路和平整地面等土地开发，不进行房产开发，即所谓“将生地变熟地”，然后直接将空地出售出去。这属于国有土地使用权的有偿转让，应纳入土地增值税的征税范围。

第二种情况，取得国有土地使用权后进行房屋开发建造，然后出售的。这种情况即是一般所说的房地产开发。虽然这种行为通常被称作卖房，但按照国家有关房地产法律和法规的规定，卖房的同时，土地使用权也随之发生转让。由于这种情况既发生了产权的转让又取得了收入，所以应纳入土地增值税的征税范围。

第三种情况，存量房地产的买卖。这种情况是指已经建成并已投入使用的房地产，其房屋所有人将房屋产权和土地使用权一并转让给其他单位和个人。这种行为按照国家有关的房地产法律和法规，应当到有关部门办理房产产权和土地使用权的转移变更手续；原土地使用权属于无偿划拨的，还应到土地管理部门补交土地出让金。这种情况既发生了产权的转让又取得了收入，应纳入土地增值税的征税范围。

② 房地产的出租。房地产的出租是指房产的产权所有人、依照法律规定取得土地使用权的土地使用人，将房产、土地使用权租赁给承租人使用，由承租人向出租人支付租金的行为。房地产的出租，出租人虽取得了收入，但没有发生房产产权、土地使用权的转让，因此不属于土地增值税的征税范围。

③ 房地产的抵押。房地产的抵押是指房地产的产权所有人、依法取得土地使用权的土地使用人作为债务人或第三人向债权人提供不动产作为清偿债务的担保而不转移权属的法律行为。这种情况由于房产的产权、土地使用权在抵押期间产权并没有发生权属的变更，房产的产权所有人、土地使用权人仍能对房地产行使占有、使用、收益等权利，房产的产权所有人、土地使用人虽然在抵押期间取得了一定的抵押贷款，但实际上这些贷款在抵押期满后是要连本带利偿还给债权人的。因此，对房地产的抵押，在抵押期间不征收土地增值税。

待抵押期满后，视该房地产是否转移占有而确定是否征收土地增值税。对于以房地产抵债而发生房地产权属转让的，应列入土地增值税的征税范围。

④ 房地产的交换。这种情况是指一方以房地产与另一方的房地产进行交换的行为。由于这种行为既发生了房产产权、土地使用权的转移，交换双方又取得了实物形态的收入，按《中华人民共和国土地增值税暂行条例》的规定，它属于土地增值税的征税范围。但对个人之间互换自有居住用房地产的，经当地税务机关核实，可以免征土地增值税。

⑤ 以房地产进行投资、联营。对于以房地产进行投资、联营的，投资、联营的一方以土地（房地产）作价入股进行投资或作为联营条件，将房地产转让到所投资、联营的企业中时，暂免征土地增值税。对投资、联营企业将上述房地产再转让的，应征收土地增值税。但是所投资、联营的企业从事房地产开发的，或者房地产开发企业以其建造的商品房进行投资和联营的，均不适用暂免征土地增值税的规定。

⑥ 企业兼并转让房地产。在企业兼并中，对被兼并企业将房地产转让到兼并企业中的，暂免征收土地增值税。

⑦ 房地产的代建房行为。这种情况是指房地产开发企业代客户进行房地产的开发，开发完成后向客户收取代建收入的行为。对于房地产开发企业而言，虽然取得了收入，但没有发生房地产权属的转移，其收入属于劳务收入性质，故不属于土地增值税的征税范围。

2．土地增值税征收方式

土地增值税征收方式分为查账征收和核定征收两种。查账征收方式下，在项目全部竣工结算前需要预征土地增值税，符合土地增值税清算条件的，要按照税法规定进行土地增值税清算。

（1）查账征收

在土地增值税查账征收方式下，分为土地增值税的预征和清算两个阶段。

① 土地增值税预征。根据《中华人民共和国土地增值税暂行条例实施细则》第十六条规定，房地产开发企业在项目全部竣工结算前转让房地产取得的收入，由于涉及成本确定或其他原因，而无法据以计算土地增值税的，可以预征土地增值税，待该项目全部竣工、办理结算后再实行清算，多退少补。具体办法由各省、自治区、直辖市地方税务局根据当地情况制定。

② 土地增值税清算。为了加强土地增值税征收管理，规范土地增值税清算工作，根据《中华人民共和国税收征收管理法》及其实施细则、《中华人民共和国土地增值税暂行条例》及其实施细则等规定，国家税务总局 2009 年 5 月 12 日制定《土地增值税清算管理规程》（国税发〔2009〕91 号）。土地增值税清算的具体内容详见下面关于土地增值税部分。

（2）核定征收

在土地增值税清算过程中，发现纳税人符合核定征收条件的，应按核定征收方式对房地产项目进行清算。在土地增值税清算中符合以下条件之一的，可实行核定征收。

① 依照法律、行政法规的规定应当设置但未设置账簿的。

② 擅自销毁账簿或者拒不提供纳税资料的。

③ 虽设置账簿，但账目混乱或者成本资料、收入凭证、费用凭证残缺不全，难以确定转让收入或扣除项目金额的。

④ 符合土地增值税清算条件，企业未按照规定的期限办理清算手续，经税务机关责令限期清算，逾期仍不清算的。

⑤ 申报的计税依据明显偏低，又无正当理由的。

符合上述核定征收条件的，由主管税务机关发布核定征收的税务事项告知书后，税务人员对房地产项目开展土地增值税核定征收核查，经主管税务机关审核合议，通知纳税人申报缴纳应补缴税款或办理退税。

3. 土地增值税纳税地点

土地增值税由税务机关征收。纳税人应向房地产所在地主管税务机关办理纳税申报，“房地产所在地”是指房地产的坐落地。纳税人转让的房地产坐落在两个或两个以上地区的，应按房地产所在地分别申报纳税。

在实际工作中，当转让的房地产坐落地与其机构所在地或经营所在地一致时，则在办理税务登记的原管辖税务机关申报纳税即可；如果转让的房地产坐落地与其机构所在地或经营所在地不一致时，则应在房地产坐落地所管辖的税务机关申报纳税。

4．土地增值税纳税申报

房地产开发企业应在转让房地产合同签订后的 7 日内，到房地产所在地主管税务机关办理纳税申报，在税务机关核定的期限内缴纳土地增值税，并向税务机关提交房屋及建筑物产权、土地使用权证书，土地转让、房产买卖合同，房地产评估报告及其他与转让房地产有关的资料。

对于房地产开发企业预售房地产所取得的收入，凡当地税务机关规定预征土地增值税的，纳税人应当到主管税务机关办理纳税申报，并按规定比例预交，待办理决算后，多退少补；凡当地税务机关不预征土地增值税的，也应在取得收入时先到税务机关登记或备案。

5.5.2 土地增值税清算

土地增值税清算是指房地产开发企业在符合土地增值税清算条件后，依照税收法律、法规及土地增值税有关政策规定，计算房地产开发项目应缴纳的土地增值税税额，并填写土地增值税清算申报表，向主管税务机关提供有关资料，办理土地增值税清算手续，结清该房地产项目应缴纳土地增值税税款的行为。

1．土地增值税清算的程序

根据《中华人民共和国土地增值税暂行条例》及其实施细则，《中华人民共和国税收征收管理法》、《土地增值税清算管理规程》等法律的规定，土地增值税的清算程序如下。

（1）房地产开发企业符合清算条件后，依照税收规定，计算开发项目应缴纳的土地增值税，纳税人可委托税务中介机构审核鉴证清算项目。

（2）在规定期限内到主管税务机关办理清算手续，提供清算应报送资料等。

（3）主管税务机关对纳税人报送资料予以受理，并在一定期限内及时组织清算审核。清算审核包括案头审核、实地审核。

房地产开发企业委托税务中介机构审核鉴证清算项目的，税务中介机构应按税务机关规定的格式对清算项目进行审核鉴证。对符合要求的鉴证报告，税务机关可以采信，未采信或部分采信鉴证报告的，应当告知其理由。

（4）清算审核结束后，主管税务机关将审核结果书面通知纳税人，房地产开发企业在确定期限办理补、退税手续。

2．土地增值税清算单位

土地增值税以国家有关部门审批的房地产开发项目为单位进行清算，对于分期开发的项目，以分期项目为单位清算。开发项目中同时包含普通住宅和非普通住宅的，应分别计算增值额。

3．土地增值税清算条件

（1）房地产开发企业符合下列条件之一的，应进行土地增值税的清算。

① 房地产开发项目全部竣工、完成销售的。

② 整体转让未竣工决算房地产开发项目的。

③ 直接转让土地使用权的。

（2）房地产开发企业符合以下条件之一的，主管税务机关可要求纳税人进行土地增值税清算。

① 已竣工验收的房地产开发项目，已转让的房地产建筑面积占整个项目可售建筑面积的比例在 85% 以上，或该比例虽未超过 85%，但剩余的可售建筑面积已经出租或自用的。

② 取得销售（预售）许可证满三年仍未销售完毕的。

③ 纳税人申请注销税务登记但未办理土地增值税清算手续的。

④ 省（自治区、直辖市、计划单列市）税务机关规定的其他情况。

对前款所列第③项情形，应在办理注销登记前进行土地增值税清算。

5.5.3 土地增值税自行清算

1．税率

土地增值税按增值额与扣除项目金额的比率的不同实行 30%、40%、50% 和 60% 四级超率累进税率计算。超率累进税率如表 5-2 所示。

表 5-2 土地增值税四级超率累进税率表

级数	增值额与扣除项目金额的比率	税率(%)	速算扣除系数（%）
1	不超过 50% 的部分	30	0
2	超过 50% 至 100% 的部分	40	5
3	超过 100% 至 200% 的部分	50	15
4	超过 200% 的部分	60	35

注：每级增值额未超过扣除项目金额的比例，均包括本比例数。

2．应纳税额的计算

应纳土地增值税=增值额×税率−扣除项目金额×速算扣除系数

增值额=应税收入−扣除项目金额

（1）应税收入

纳税人转让房地产取得的应税收入，包括转让房地产的全部价款及有关的经济收益。从收入的形式来看，包括货币收入、实物收入和其他收入。其中，实物收入和其他收入的价值不太容易确定，一般要对其价值进行评估。

房地产开发企业将开发产品用于职工福利、奖励、对外投资、分配给股东或投资人、抵偿债务、换取其他单位和个人的非货币性资产等，发生所有权转移时应视同销售房地产，其收入按下列方法和顺序确认。

① 按本企业在同一地区、同一年度销售的同类房地产的平均价格确定。

② 由主管税务机关参照当地当年、同类房地产的市场价格或评估价值确定。

房地产开发企业将开发的部分房地产转为企业自用或用于出租等商业用途时，如果产权未发生转移，不征收土地增值税，在税款清算时不列收入，不扣除相应的成本和费用。

(2) 扣除项目的确定

税法准予纳税人从转让收入额中减除的项目包括取得土地使用权所支付的金额、房地产开发成本、房地产开发费用、与转让房地产有关的税金、其他扣除项目、旧房及建筑物的评估价格。具体如下。

① 取得土地使用权所支付的金额。取得土地使用权所支付的金额包括两方面的内容。

第一，房地产开发企业为取得土地使用权所支付的地价款。如果是以协议、招标和拍卖等方式取得土地使用权的，地价款为纳税人所支付的土地出让金；如果是以行政划拨方式取得土地使用权的，地价款为按照国家有关规定补交的土地出让金；如果是以转让方式取得土地使用权的，地价款为向原土地使用权人实际支付的地价款。

第二，房地产开发企业在取得土地使用权时按国家统一规定缴纳的有关费用。它指纳税人在取得土地使用权过程中为办理有关手续，按国家统一规定缴纳的有关登记、过户手续费。

② 房地产开发成本。房地产开发成本是指纳税人房地产开发项目实际发生的成本，包括土地征用及拆迁补偿费、前期工程费、建筑安装工程费、基础设施费、公共配套设施费和开发间接费等。

a. 土地征用及拆迁补偿费。包括土地征用费、耕地占用税、劳动力安置费及有关地上、地下附着物拆迁补偿的净支出和安置动迁用房支出等。

b. 前期工程费。包括规划、设计、项目可行性研究和水文、地质、勘察、测绘和“三通一平”等支出。

c. 建筑安装工程费。是指以出包方式支付给承包单位的建筑安装工程费，以自营方式发生的建筑安装工程费。

d. 基础设施费。包括开发小区内道路、供水、供电、供气、排污、排洪、通信、照明、环卫和绿化等工程发生的支出。

e. 公共配套设施费。包括不能有偿转让的开发小区内公共配套设施发生的支出。

开发间接费。指直接组织、管理开发项目发生的费用，包括工资、职工福利费、折旧费、修理费、办公费、水电费、劳动保护费和周转房摊销等。

③ 房地产开发费用。房地产开发费用是指与房地产开发项目有关的销售费用、管理费用和财务费用。根据现行财务会计制度的规定，这三项费用作为期间费用，直接

计入当期损益，不按成本核算对象进行分摊。作为土地增值税扣除项目的房地产开发费用，不按纳税人房地产开发项目实际发生的费用进行扣除，而按《土地增值税暂行条例实施细则》的标准进行扣除。

《土地增值税暂行条例实施细则》规定，财务费用中的利息支出，凡能够按转让房地产项目计算分摊并提供金融机构证明的，允许据实扣除，但最高不能超过按商业银行同类同期贷款利率计算的金额。其他房地产开发费用，按取得土地使用权所支付的金额和房地产开发成本之和的 5% 以内计算扣除。凡不能按转让房地产项目计算分摊利息支出或不能提供金融机构证明的，房地产开发费用按取得土地使用权所支付的金额和房地产开发成本之和的 10% 以内计算扣除。计算扣除的具体比例，由各省、自治区、直辖市人民政府规定。

此外，财政部、国家税务总局还对扣除项目金额中利息支出的计算问题作了两点专门规定：一是利息的上浮幅度按国家的有关规定执行，超过上浮幅度的部分不允许扣除；二是对于超过贷款期限的利息部分和加罚的利息不允许扣除。

④ 与转让房地产有关的税金。与转让房地产有关的税金是指在转让房地产时缴纳的城市维护建设税和印花税。因转让房地产缴纳的教育费附加，也可视同税金予以扣除。此外，对于印花税分别规定如下。

房地产开发企业在转让房产时缴纳的印花税列入管理费用中，因管理费用属于期间费用，是按《土地增值税暂行条例实施细则》的标准进行扣除，在此不允许单独扣除。

非房地产开发企业纳税人缴纳的印花税（按产权转移书据所载金额的 0.5‰ 贴花）允许在此扣除。

⑤ 其他扣除项目。对从事房地产开发的纳税人可按《土地增值税暂行条例实施细则》第七条规定的取得土地使用权所支付的金额和房地产开发成本之和，加计 20% 扣除。此条优惠只适用于从事房地产开发的纳税人，除此之外的其他纳税人不适用。

如果房地产开发企业并未进行实质性的开发，不允许加计扣除，而若进行了实质性开发，则允许作加计扣除。

⑥ 旧房及建筑物的评估价格。旧房及建筑物的评估价格是指在转让已使用的房屋及建筑物时，由政府批准设立的房地产评估机构评定的重置成本价乘以成新度折扣率后的价格。评估价格须经当地税务机关确认。

【例 5-22】

天宏基业房地产开发公司有一幢办公楼已使用近 15 年，建造时的造价为 500 万元，按转让时的建材价格及人工费用计算，建同样的新办公楼需支出 3 000 万元，该房有六成新，则该办公楼的评估价格为 3 000 × 60% =1 800 万元。

此外，转让旧房的，应按房屋及建筑物的评估价格、取得土地使用权所支付的地价款和按国家统一规定缴纳的有关费用及在转让环节缴纳的税金作为扣除项目金额计征土地增值税。

对取得土地使用权时未支付地价款或不能提供已支付的地价款凭据的，在计征土地增值税时不允许扣除。

（3）土地增值税扣除项目要求

根据《国家税务总局关于房地产开发企业土地增值税清算管理有关问题的通知》（国税发〔2006〕187 号）的规定，土地增值税扣除项目应符合以下要求。

① 扣除项目金额，须提供合法有效凭证；不能提供合法有效凭证的，不予扣除。

② 房地产开发企业办理土地增值税清算所要附送的前期工程费、建筑安装工程费、基础设施费、开发间接费用的凭证或资料不符合清算要求或不实的，地方税务机关可参照当地建设工程造价管理部门公布的建安造价定额资料，结合房屋结构、用途、区位等因素，核定上述四项开发成本的单位面积金额标准，并据以计算扣除。具体核定方法由省税务机关确定。

③ 房地产开发企业开发建造的与项目配套的居委会和派出所用房、会所、停车场（库）、物业管理场所、变电站、热力站、水厂、文体场馆、学校、幼儿园、托儿所、医院和邮电通信等公共设施，按以下原则处理：第一，建成后产权属于全体业主所有的，其成本、费用可以扣除；第二，建成后无偿移交给政府、公用事业单位用于非营利性社会公共事业的，其成本、费用可以扣除；第三，建成后有偿转让的，应计算收入，并准予扣除成本、费用。

④ 房地产开发企业销售已装修的房屋，其装修费用可以计入房地产开发成本。房地产开发企业的预提费用，除另有规定外，不得扣除。

⑤ 属于多个房地产项目共同的成本费用，应按项目可售建筑占多个项目可售总建筑面积的比例或其他合理的方法，计算确定项目的扣除金额。

（4）应纳税额的计算

土地增值税的计算方法有两种：一种是根据转让房地产所取得的增值额和规定的税率分步计算，这种方法比较烦琐，在实际工作中，一般会采用第二种方法，即速算扣除法。速算扣除法计算步骤如下：

① 确定清算项目的销售额；

② 确定扣除项目金额；

③ 计算增值额；

④ 计算增值额与扣除项目金额之比，确定适用的税率和速算扣除数；

⑤ 计算土地增值税税额。

3．税收优惠

（1）房地产开发企业建造普通标准住宅出售，增值额未超过扣除项目金额 20%

的，免征土地增值税；增值额超过扣除项目金额 20% 的，应就其全部增值额按规定计税。

对于房地产开发企业既建普通标准住宅又从事其他房地产开发的，应分别核算增值额。不能分别核算增值额或不能准确核算增值额的，其建造的普通标准住宅不能适用免税规定。

（2）因国家建设需要依法征用、收回的房地产，免征土地增值税。因国家建设需要依法征用、收回的房地产，是指因城市实施规划、国家建设的需要而被政府批准征用的房产或收回的土地使用权。因城市实施规划、国家建设的需要而搬迁，由纳税人自行转让原房地产的，比照本规定免征土地增值税。

符合免税规定的单位和个人，须向房地产所在地税务机关提出免税申请，经税务机关审核后，免予征收土地增值税。

4．土地增值税清算申报

对于符合清算条件中规定应进行土地增值税清算的项目，房地产开发企业应当在满足条件之日起 90 日内到主管税务机关办理清算手续。对于确定需要进行清算的项目，由主管税务机关下达清算通知，房地产开发企业应当在收到清算通知之日起 90 日内办理清算手续。

房地产开发企业清算土地增值税时应提供以下清算资料。

（1）土地增值税清算表及附表。

（2）房地产开发项目清算说明，主要内容应包括房地产开发项目立项、用地、开发、销售、关联方交易、融资和税款缴纳等基本情况及主管税务机关需要了解的其他情况。

（3）项目竣工决算报表、取得土地使用权所支付的地价款凭证、国有土地使用权出让合同、银行贷款利息结算通知单、项目工程合同结算单、商品房购销合同统计表、销售明细表、预售许可证等与转让房地产的收入、成本和费用有关的证明资料。主管税务机关需要相应项目记账凭证的，纳税人还应提供记账凭证复印件。

（4）纳税人委托税务中介机构审核鉴证的清算项目，还应报送中介机构出具的《土地增值税清算税款鉴证报告》。

注意

部分省市还可根据本省市的情况制定土地增值税清算管理的规程，如广东省于 2014 年 7 月 1 日起施行的《广东省地方税务局土地增值税清算管理规程（暂行）》里对提供的资料作了更详细的要求，其有 14 张附表，如表 5–3 所示。

表 5-3　土地增值税清算申报表及附表清单

序号	材料名称
1	土地增值税纳税申报表
2	清算项目基本情况表
3	与收入相关面积明细表
4	销售情况表
5	关联方及其交易声明书
6	取得土地使用权所支付的金额明细表
7	土地征用及拆迁补偿明细表
8	前期工程费用明细表
9	建筑安装工程费明细表
10	基础设施费明细表
11	公共配套设施费明细表
12	开发间接费用明细表
13	利息支出明细表
14	与转让房地产有关的税金明细表

5．清算后再转让房地产的处理

在土地增值税清算时未转让的房地产，清算后销售或有偿转让的，纳税人应按规定进行土地增值税的纳税申报，扣除项目金额按清算时的单位建筑面积成本费用乘以销售或转让面积计算。

单位建筑面积成本费用=清算时的扣除项目总金额÷清算时的总建筑面积

5.5.4　土地增值税相关问题

【例 5-23】房地产开发企业在取得土地使用权之前，需向国土管理局征地测量事务所支付测绘费、交易费等费用，并取得相关发票。这些费用能否作为“取得土地使用权所支付的金额”在计算土地增值税时扣除？

分析如下：

根据《土地增值税暂行条例实施细则》（财法字〔1995〕6 号）第七条第一款的规定，取得土地使用权所支付的金额，是指纳税人为取得土地使用权所支付的地价款和按国家统一规定交纳的有关费用。

支付给国土管理局征地测量事务所的测绘费、交易费不属于按国家统一规定交纳的有关费用，因此，不能作为“取得土地使用权所支付的金额”在计算土地增值税时扣除。

【例 5-24】天宏基业房地产开发公司自 2008 年起承担政府部分经济适用房的建

设项目，从事开发的经济适用房需要缴纳土地增值税吗？

分析如下：

经济适用房属于“普通标准住宅”。纳税人建造普通标准住宅出售，增值额未超过扣除项目金额20%的，免征土地增值税。根据有关规定，经济适用房的利润率不得超过3%，从利润率分析，经济适用房的土地增值税增值率不可能超过20%，因此，房地产开发企业开发的经济适用房不需要缴纳土地增值税。

【例5-25】职工集资建房是否应缴纳土地增值税？

分析如下：

根据《土地增值税暂行条例》及其实施细则关于土地增值税征收范围的规定，职工集资建房不属于土地增值税征收范围，不用缴纳土地增值税。

【例 5-26】天宏基业房地产开发公司主要建设并出售一住宅小区，但从一开始就将其沿街商业用房设定为自建出租使用，并将全部费用在“在建工程”科目核算，并办理了相应的产权证。请问对这部分用于出租的商业用房是否需要缴纳土地增值税？

分析如下：

根据《土地增值税暂行条例》及其实施细则的规定，土地增值税以单位或个人转让国有土地使用权、地上建筑物及其附着物取得的增值额为计税依据。房地产开发企业将自建的商品房用于出租，因未转让，无从通过转让收入实现增值，因而不属于土地增值税的征收范围。

【例5-27】房地产企业VIP卡抵房款是否缴纳土地增值税？

天宏基业房地产开发公司在销售房屋之前，向客户销售VIP卡，每张售价200元，在购房时可冲抵房款并享受3个点的折扣。对于VIP卡的收入，天宏基业房地产开发公司账务按“其他业务收入”处理，申报缴纳增值税及随增值税征收的相关税金附加。请问此行为需要缴纳土地增值税吗？

分析如下：

公司销售VIP卡的收入是否征收土地增值税，土地增值税相关法规没有明确规定。但从性质分析来看，天宏基业房地产开发公司销售VIP卡后，持卡人在购房时凭此卡冲抵房款并享受3个点的折扣，应属于预收房款性质。

《财政部国家税务总局关于土地增值税若干问题的通知》(财税〔2006〕21号)规定，关于土地增值税的预征和清算问题各地要进一步完善土地增值税预征办法，根据本地区房地产业增值水平和市场发展情况，区别普通住房、非普通住房和商用房等不同类型，科学合理地确定预征率，并适时调整。工程项目竣工结算后，应及时进行清算，多退少补。对未按预征规定期限预缴税款的，应根据《税收征管法》

及其实施细则的有关规定，从限定的缴纳税款期限届满的次日起，加收滞纳金。

如果销售的 VIP 卡等同于定金性质，收取后不能退回，应在收取后，按照规定缴纳增值税，预缴土地增值税、企业所得税。

【例 5-28】天宏基业房地产开发公司开发一小区，小区中有临街一、二层为商业用房，二层以上为住宅用房，共有 21 层的商住一体房屋一栋。提出如下问题。

（1）在土地增值税清算过程中，按照《国家税务总局关于房地产开发企业土地增值税清算管理有关问题的通知》（国税发〔2006〕187 号）中“土地增值税的清算单位开发项目中同时包含普通住宅和非普通住宅的，应分别计算增值额”的规定，天宏基业房地产开发公司在土地增值税清算时是否能把本属于一体的单位工程分为普通住宅和非普通住宅进行土地增值税清算？

（2）如分开，应如何确定非普通住宅建筑成本和土地成本？

（3）上述工程根据财政部、建设部《建设工程价款结算暂行办法》中“工程竣工结算分为单位工程竣工结算、单项工程竣工结算和建设项目竣工总结算”的规定，竣工结算只能为整栋房屋，不能将本单位工程中的商业和住宅分开结算工程造价。那么，天宏基业房地产开发公司是否可以将该栋房屋作为独立的土地增值税清算对象进行清算？

分析如下：

（1）国税发〔2006〕187 号文件第一条第二款规定，开发项目中同时包含普通住宅和非普通住宅的，应分别计算增值额。《国家税务总局关于印发〈土地增值税清算管理规程〉的通知》（国税发〔2009〕91 号）还规定要分别计算增值率。

（2）尽管立项时是一个项目，但计算土地增值税时需要分为两个项目进行清算，收入及相应税金完全可以分开计算。至于相关成本如何扣除，国税发〔2006〕187 号文件第四条第（五）项规定，属于多个房地产项目共同的成本费用，应按清算项目可售建筑面积占多个项目可售总建筑面积的比例或其他合理的方法，计算确定清算项目的扣除金额。

（3）如果连体楼中普通住宅增值率低于 20% 或不享受普通住宅税收优惠的，也可以不分开计算增值额，即可以合并计算作为一个清算单位。

【例 5-29】房地产开发企业将开发的商品房进行对外投资，在计算土地增值税时，应如何确认对外投资房产的收入？

分析如下：

根据《国家税务总局关于印发〈土地增值税清算管理规程〉的通知》（国税发〔2009〕91 号）的规定，房地产开发企业将开发产品用于职工福利、奖励、对外投资、分配给股东或投资人、抵偿债务、换取其他单位和个人的非货币性资产等，发生所有权转移时应视同销售房地产，其收入按下列方法和顺序确认。

（1）按本企业在同一地区、同一年度销售的同类房地产的平均价格确定。

（2）由主管税务机关参照当地当年、同类房地产的市场价格或评估价值确定。

【例 5-30】土地增值税清算时，地下车库车位可售建筑面积与已售建筑面积如何确定？

分析如下：

根据广州市地方税务局 2014 年 6 月 11 日（穗地税函〔2014〕109 号）对广州市白云区地方税务局《关于土地增值税清算时地下车库车位可售建筑面积与已售建筑面积如何确定的请示》（穗地税云发〔2014〕28 号）的批复。土地增值税清算时，地下车库车位可售建筑面积与已售建筑面积按如下确定。

（1）地下车库未分割而整层销售的，“可售建筑面积”与“已售建筑面积”均以该车库《房地产权证》或《房屋面积测量成果报告书》记载的“建筑面积”为准。

（2）地下车库分割车位销售的，“可售建筑面积”应为《房地产权证》或《房屋面积测量成果报告书》记载的每个可售车位的“套内建筑面积”之和与车位“另共有面积”的合计数。

“已售建筑面积”应为《房地产权证》或《房屋面积测量成果报告书》记载的每个已售车位的“套内建筑面积”之和与车位“另共有面积”分摊份额的合计数。

车位“另共有面积”分摊份额按照以下顺序确定。

① 由纳税人提供国土房管部门出具的分摊证明。

② 纳税人按每个已售车位的“套内建筑面积”之和占每个可售车位“套内建筑面积”之和的比例确定。即“另共有面积”分摊份额=每个已售车位“套内建筑面积”之和÷每个可售车位“套内建筑面积”之和×车位“另共有面积”。

（3）对本批复下发前已完成土地增值税清算审核程序并出具书面清算结论的房地产项目不作追溯调整。

其他地区可参照广州市地方税务局的批复进行处理。

【例 5-31】清算后“尾盘销售”是否需要重新计算增值率。天宏基业房地产开发公司 2015 年在土地增值税清算之后陆续发生尾盘销售收入 8 039 万元，依然按照预征税率申报缴纳了土地增值税 160.78 万元。对于“尾盘销售”是否需要重新计算增值率？

分析如下：

根据《国家税务总局关于房地产开发企业土地增值税清算管理有关问题的通知》（国税发〔2006〕187 号）第八条的规定，在土地增值税清算时未转让的房地产，清算后销售或有偿转让的，纳税人应按规定进行土地增值税的纳税申报，扣除项目金额按清算时的单位建筑面积成本费用乘以销售或转让面积计算。单位建筑面积成本费用=清算时的扣除项目总金额÷清算的总建筑面积。

所以企业需要重新计算土地增值税增值率，补征土地增值税 1 856.22 万元，并依法加收滞纳金和 50% 的罚款。

注意

清算后的土地增值税缴纳，应根据以上方法确定的扣除项目金额按月重新计算增值额、增值率、税额缴纳，不能再按照预征率或清算时的实际税负率来计算缴纳。

【例 5-32】天宏基业房地产开发公司与星源东建房地产开发公司签订合作协议，协议规定，天宏基业房地产开发公司将名下的一块土地转让给星源东建房地产开发公司，但不过户，由星源东建房地产开发公司负责投资、管理并承担该项目所有的税费，星源东建房地产开发公司一次性支付给天宏基业房地产开发公司 5 000 万元的土地款，天宏基业房地产开发公司在此业务当中负责协助星源东建房地产开发公司办理有关立项、报批等手续，立项与报批以天宏基业房地产开发公司名义进行。那么，在该项目中谁是清算单位？

分析如下：

天宏基业房地产开发公司实际上已将土地使用权转让给星源东建房地产开发公司，按《国家税务总局关于未办理土地使用权证转让土地有关税收问题的批复》（国税函〔2007〕645 号）的精神，该土地使用权的收益权等实质上已经转让给了星源东建房地产开发公司。对此，天宏基业房地产开发公司是纳税义务人，其获得的 5 000 万元收入应缴纳增值税、企业所得税、印花税与土地增值税。在立项后开发完工并销售完之后清算时，税务机关一般会以天宏基业房地产开发公司作为纳税主体，以天宏基业房地产开发公司为清算单位，至于税款谁负担，由双方协商。

【例 5-33】天宏基业房地产开发公司是一生产加工企业，因经营不善，现需将部分土地、房产（旧房）以资抵债，土地和房屋经过评估机构以评估。请问：①房屋和土地是分开算还是合并算土地增值税。②旧房屋有哪些扣除项目。

分析如下：

（1）转让房产土地增值税问题。

《土地增值税暂行条例》第二条规定：转让国有土地使用权、地上的建筑物及其附着物（以下简称转让房地产）并取得收入的单位和个人，为土地增值税的纳税义务人（以下简称纳税人），应依照本条例缴纳土地增值税。

根据上述规定，对于以土地、房产抵偿债务的行为，应视同转让土地使用权及地上建筑物缴纳土地增值税。在转让时应当按照转让行为进行征收，如果转让土地使用权时一并转让地上建筑物，则一并计算土地增值税。

（2）转让旧房扣除问题。

① 取得土地使用权时未支付地价款或不能提供已支付的地价款凭据的。《财政部、国家税务总局关于土地增值税一些具体问题规定的通知》（财税字〔1995〕048号）第十条“关于转让旧房如何确定扣除项目金额的问题”规定，转让旧房的，应按房屋及建筑物的评估价格，取得土地使用权所支付的地价款和按国家统一规定交纳的有关费用以及在转让环节缴纳的税金作为扣除项目金额计征土地增值税。对取得土地使用权时未支付地价款或不能提供已支付的地价款凭据的，不允许扣除取得土地使用权所支付的金额。

②《财政部、国家税务总局关于土地增值税若干问题的通知》（财税〔2006〕21号）第二条第一款规定，纳税人转让旧房及建筑物，凡不能取得评估价格，但能提供购房发票的，经当地税务部门确认，《条例》第六条第（一）、（三）项规定的扣除项目的金额，可按发票所载金额并从购买年度起至转让年度止每年加计5%计算。对纳税人购房时缴纳的契税，凡能提供契税完税凭证的，准予作为“与转让房地产有关的税金”予以扣除，但不作为加计5%的基数。

③ 对于转让旧房及建筑物，既没有评估价格，又不能提供购房发票的，地方税务机关可以根据《中华人民共和国税收征收管理法》（以下简称《税收征管法》）第35条的规定，实行核定征收。

④《国家税务总局关于土地增值税清算有关问题的通知》（国税函〔2010〕220号）第七条规定：“《财政部、国家税务总局关于土地增值税若干问题的通知》（财税〔2006〕21号）第二条第一款规定‘纳税人转让旧房及建筑物，凡不能取得评估价格，但能提供购房发票的，经当地税务部门确认，《条例》第六条第（一）、（三）项规定的扣除项目的金额，可按发票所载金额并从购买年度起至转让年度止每年加计5%计算’。计算扣除项目时‘每年’按购房发票所载日期起至售房发票开具之日止，每满12个月计一年；超过一年，未满12个月但超过6个月的，可以视同为一年。”

根据上述规定，对于转让旧房的，应当按照房屋及建筑物的评估价格和支付的土地价款及在转让过程中交纳的税金等来确定扣除项目金额。如果不能提供支付土地价款的凭据，则不得扣除取得土地使用权时的金额。

【例5-34】天宏基业房地产开发公司，现预撤销工程部，将该部门的工作全部对外委托给专业的工程管理咨询公司。请问天宏基业房地产开发公司支付给工程管理公司的“工程管理咨询费”能否作为开发间接费加计扣除？计入开发间接费的必要条件是什么？开发公司取得的是增值税发票，能否作为开发间接费加计扣除？

分析如下：

根据《土地增值税暂行条例实施细则》第七条规定，条例第六条所列的计算增值额的扣除项目具体如下。

（一）取得土地使用权所支付的金额，是指纳税人为取得土地使用权所支付的地价款和按国家统一法规缴纳的有关费用。

（二）开发土地和新建房及配套设施的成本，是指纳税人房地产开发项目实际发生的成本（以下简称房地产开发成本），包括土地征用及拆迁补偿费、前期工程费、建筑安装工程费、基础设施费、公共配套设施费、开发间接费用。

土地征用及拆迁补偿费，包括土地征用费、耕地占用税、劳动力安置费及有关地上、地下附着物拆迁补偿的净支出、安置动迁用房支出等。

前期工程费，包括规划、设计、项目可行性研究和水文、地质、勘察、测绘、"三通一平"等支出。

建筑安装工程费，是指以出包方式支付给承包单位的建筑安装工程费，以自营方式发生的建筑安装工程费。

基础设施费，包括开发小区内道路、供水、供电、供气、排污、排洪、通信、照明、环卫、绿化等工程发生的支出。

公共配套设施费，包括不能有偿转让的开发小区内公共配套设施发生的支出。

开发间接费用，是指直接组织、管理开发项目发生的费用，包括工资、职工福利费、折旧费、修理费、办公费、水电费、劳动保护费、周转房摊销等。

（三）开发土地和新建房及配套设施的费用（以下简称房地产开发费用），是指与房地产开发项目有关的销售费用、管理费用、财务费用。

……

（六）根据条例第六条（五）项法规，对从事房地产开发的纳税人可按本条(1),（二）项法规计算的金额之和，加计20%的扣除。

《企业会计准则应用指南——会计科目和主要账务处理》"6602 管理费用"规定，本科目核算企业为组织和管理企业生产经营所发生的管理费用，包括企业的董事会和行政管理部门在企业的经营管理中发生的或者应由企业统一负担的公司经费（包括行政管理部门职工薪酬、修理费、物料消耗、低值易耗品摊销、办公费和差旅费等）、工会经费、董事会费（包括董事会成员津贴、会议费和差旅费等）、聘请中介机构费、咨询费（含顾问费）、诉讼费、业务招待费、房产税、车船使用税、土地使用税、印花税、技术转让费、矿产资源补偿费、研究费用、排污费等。

根据上述规定，对于房地产开发企业来说，咨询费不属于《土地增值税暂行条例实施细则》第七条规定（一),（二）项支出，计算土地增值税时不能加计20%计算扣除。贵公司应将其计入管理费用科目核算；同时"咨询费"属于"营改增"项目，贵公司在支付咨询费时应取得增值税发票。

5.6 个人所得税相关问题

【例 5-35】销售以按揭方式购买的住房，期间支付的贷款利息，是否可以在转让所得中扣除?

分析如下:

《个人所得税法》第三条第五项规定，财产转让所得，按照一次转让财产的收入额减除财产原值和合理费用后的余额，计算缴纳个人所得税。

《国家税务总局关于个人住房转让所得征收个人所得税有关问题的通知》(国税发〔2006〕108 号)第二条第三项关于“合理费用”的规定，合理费用是指纳税人按照规定实际支付的住房装修费用、住房贷款利息、手续费、公证费等费用。其中第二项规定中有关“支付的住房贷款利息”规定为，纳税人出售以按揭贷款方式购置的住房，其向贷款银行实际支付的住房贷款利息，凭贷款银行出具的有效证明据实扣除。

【例 5-36】个人转让住房的所得是否征收个人所得税?

分析如下:

根据财税字〔1999〕278 号文件第一条规定和个人所得税法的规定，个人出售自有住房取得的所得应按照“财产转让所得”项目征收个人所得税。

国税发〔2006〕108 号文件规定，个人所得税法及其实施条例规定，个人转让住房，以其转让收入额减除财产原值和合理费用后的余额为应纳税所得额，按照“财产转让所得”项目缴纳个人所得税。

【例 5-37】个人转让住房计征个人所得税时，计税价格如何确定?

分析如下:

国税发〔2006〕108 号文件第一条规定，对住房转让所得征收个人所得税时，以实际成交价格为转让收入。纳税人申报的住房成交价格明显低于市场价格且无正当理由的，征收机关依法有权根据有关信息核定其转让收入，但必须保证各税种计税价格一致。

国税发〔2007〕33 号文件第一条规定，工作基础较好，具备直接制定最低计税价格条件的，可直接制定房屋交易最低计税价格，但定价时要考虑房屋的坐落地点、建筑结构、建筑年限、历史交易价格或建造价格、同类房屋先期交易价格等因素。不具备直接制定最低计税价格条件的，可参照下列一种方法确定最低计税价格。

（1）当地政府公布的拆迁补偿标准、房屋交易指导价、基准地价。政府公布的上述信息未及时调整的，确定最低计税价格时应考虑房地产市场价格上涨因素。

（2）房地产交易资金托管金额或者房地产交易网上报价。

（3）信誉良好的房地产价格评估机构的评估价格。

各地区要加强与房产管理部门的联系，及时获得有关信息，按照规定的管理制度，确定有关交易房屋的最低计税价格，避免在办税窗口纳税人申报纳税时即时确定计税价格。

纳税人申报的房屋销售价格高于各地区确定的最低计税价格的，应按纳税人申报的销售价格计算征税；纳税人申报的房屋销售价格低于各地区确定的最低计税价格的，应按最低计税价格计算征税。

【例 5-38】个人转让住房时，如何确定房屋原值？

分析如下：

根据国税发〔2006〕108 号文件第二条第一款规定，房屋原值具体确定如下。

（1）商品房。购置该房屋时实际支付的房价款及交纳的相关税费。

（2）自建住房。实际发生的建造费用及建造和取得产权时实际交纳的相关税费。

（3）经济适用房（含集资合作建房、安居工程住房）。原购房人实际支付的房价款及相关税费，以及按规定交纳的土地出让金。

（4）已购公有住房。原购公有住房标准面积按当地经济适用房价格计算的房价款，加上原购公有住房超标准面积实际支付的房价款以及按规定向财政部门（或原产权单位）交纳的所得收益及相关税费。

已购公有住房指城镇职工根据国家和县级（含县级）以上人民政府有关城镇住房制度改革政策规定，按照成本价（或标准价）购买的公有住房。

经济适用房价格按县级（含县级）以上地方人民政府规定的标准确定。

（5）城镇拆迁安置住房。根据《城市房屋拆迁管理条例》（国务院令第 305 号）和《建设部关于印发〈城市房屋拆迁估价指导意见〉的通知》（建住房〔2003〕234 号）等有关规定，其原值分别为：房屋拆迁取得货币补偿后购置房屋的，为购置该房屋实际支付的房价款及交纳的相关税费；房屋拆迁采取产权调换方式的，所调换房屋原值为《房屋拆迁补偿安置协议》注明的价款及交纳的相关税费；房屋拆迁采取产权调换方式，被拆迁人除取得所调换房屋，又取得部分货币补偿的，所调换房屋原值为《房屋拆迁补偿安置协议》注明的价款和交纳的相关税费，减去货币补偿后的余额；房屋拆迁采取产权调换方式，被拆迁人取得所调换房屋，又支付部分货币的，所调换房屋原值为《房屋拆迁补偿安置协议》注明的价款，加上所支付的货币及交纳的相关税费。

【例 5-39】个人转让住房计征个人所得税时，可扣除的合理费用包括哪些？

根据国税发〔2006〕108 号文件第二条第三款规定，合理费用指纳税人按照规定实际支付的住房装修费用、住房贷款利息、手续费、公证费等费用。

（1）支付的住房装修费用。纳税人能提供实际支付装修费用的税务统一发票，并且发票上所列付款人姓名与转让房屋产权人一致的，经税务机关审核，其转让的住房在转让前实际发生的装修费用，可在以下规定比例内扣除：已购公有住房、经济适用房，最高扣除限额为房屋原值的 15%；商品房及其他住房，最高扣除限额为房屋原值的 10%。纳税人原购房为装修房，即合同注明房价款中含有装修费（铺装了地板，装配了洁具、厨具等）的，不得再重复扣除装修费用。

（2）支付的住房贷款利息。纳税人出售以按揭贷款方式购置的住房的，其向贷款银行实际支付的住房贷款利息，凭贷款银行出具的有效证明据实扣除。

（3）纳税人按照有关规定实际支付的手续费、公证费等，凭有关部门出具的有效证明据实扣除。

国税发〔2007〕33 号文件第五条第一款规定，凡有下列情况之一的，在计算缴纳转让住房所得个人所得税时不得扣除装修费用。

（1）纳税人提供的装修费用凭证不是有效发票的。

（2）发票上注明的付款人姓名与房屋产权人或产权共有人的姓名不一致的。

（3）发票由建材市场、批发市场管理机构开具，且未附所购商品清单的。

【例 5-40】个人因离婚办理房屋产权过户手续，是否征收个人所得税？

分析如下：

根据国税发〔2009〕121 号文件第四条第一款规定，通过离婚析产的方式分割房屋产权是夫妻双方对共同共有财产的处置，个人因离婚办理房屋产权过户手续，不征收个人所得税。

复习思考题

1. 房地产企业转让及销售阶段业务有哪些？
2. 土地使用权转让如何进行会计核算？
3. 商品房销售如何进行会计核算？
4. 转让及销售阶段涉及的税种有哪些？
5. 预售房款涉及哪些的纳税处理？
6. 土地增值税如何清算？

第 6 章 投资性房地产

学习目的

- 了解投资性房地产的特征和范围
- 掌握投资性房地产的初始和后续计量
- 理解投资性房地产的转换形式
- 了解投资性房地产相关的纳税处理

投资性房地产是指为赚取租金或资本增值，或者两者兼有而持有的房地产。投资性房地产的主要形式是出租建筑物、出租土地使用权，这实质上属于一种让渡资产使用权的行为。企业持有的房地产除了用作自身管理、生产经营活动场所和对外销售外，出现了将房地产用于赚取租金或增值收益的经营活动，甚至将其作为个别企业的主营业务。根据新会计准则的规定，我们现在把这部分经营性租赁的房产作为投资性房地产进行核算。根据税法规定，企业房地产出租、国有土地使用权增值后转让均属于一种经营活动，其取得的房地产租金收入或国有土地使用权转让收益应当缴纳增值税等。就某些企业而言，投资性房地产属于日常经营性活动，形成的租金收入或转让增值收益确认为企业的主营业务收入，对于大部分企业而言，投资性房地产是与经营性活动相关的其他经营活动，形成的租金收入或转让增值收益构成企业的其他业务收入。

6.1 投资性房地产概述

6.1.1 投资性房地产的特征

投资性房地产主要有以下特征，如表 6-1 所示。

表 6-1 投资性房地产的特征

特 征	具体说明
投资性房地产是一种经营性活动	投资性房地产的主要形式是出租建筑物、土地使用权，实质上是一种让渡资产使用权行为。房地产租金就是让渡资产使用权取得的使用费收入，是企业为完成经营目标所从事的经营性活动以及与之相关的其他活动形成的经济利益总流入。投资性房地产的另一种形式是持有并准备增值后转让的土地使用权，其增值收益通常与市场供求、经济发展等因素相关

续表

特　征	具体说明
投资性房地产在用途、状态、目的等方面区别于作为生产经营场所的房地产和用于销售的房地产	需要将投资性房地产单独作为一项资产核算和反映，与自用的厂房、办公楼等房地产和作为存货（已建完工商品房）的房地产加以区别，从而更加清晰地反映企业所持有的房地产的构成情况和盈利能力。企业在首次执行投资性房地产准则时，应当根据投资性房地产的定义对企业资产进行重分类，凡是符合投资性房地产定义和确认条件的建筑物和土地使用权，应当归为投资性房地产
投资性房地产有两种后续计量模式	企业通常应当采用成本模式对投资性房地产进行后续计量，只有在满足特定条件下，即有确凿证据表明其持有投资性房地产的公允价值能够可靠计量的，才可以采用公允价值模式进行后续计量。但是，同一企业只能采用一种模式对投资性房地产进行后续计量，不得同时采用两种计量模式

6.1.2 投资性房地产的范围

投资性房地产的范围包括：已出租的土地使用权、持有并准备增值后转让的土地使用权、已出租的建筑物。

1. 已出租的土地使用权

已出租的土地使用权是指企业通过出让或转让方式取得的、以经营租赁方式出租的土地使用权。企业取得的土地使用权通常包括在一级市场上以缴纳土地出让金的方式取得的土地使用权，也包括在二级市场上接受其他单位转让的土地使用权。

【例 6-1】天宏基业房地产开发公司与天喜乐房地产开发公司签署了土地使用权租赁协议，天宏基业房地产开发公司以年租金 720 万元租赁使用天喜乐房地产开发公司拥有的 40 万平方米土地使用权。那么，自租赁协议约定的租赁期开始日起，这项土地使用权就属于天喜乐房地产开发公司的投资性房地产。

对于以经营租赁方式租入土地使用权再转租给其他单位的，不能确认为投资性房地产。

2. 持有并准备增值后转让的土地使用权

持有并准备增值后转让的土地使用权是指企业取得的、准备增值后转让的土地使用权。这类土地使用权很可能给企业带来资本增值收益，符合投资性房地产的定义。

【例 6-2】乐比得科技有限公司准备将厂房搬到西华区，部分土地使用权停止自用，企业管理当局（董事会或类似机构）作出书面决议明确继续持有这部分土地使用权，等其增值后转让以赚取增值收益。但根据根据国家有关规定，不属于持有并准备增值后转让的土地使用权。

根据国土资源部《闲置土地处置办法》认定的闲置土地，不属于持有并准备增值后转让的土地使用权，所以在我国实务中，持有并准备增值后转让的土地使用权这种情况较少。

3．已出租的建筑物

已出租的建筑物是指企业拥有产权、以经营租赁方式出租的建筑物，包括自行建造或开发活动完成后用于出租的建筑物。企业在判断和确认已出租的建筑物时，应当把握以下几点。

（1）用于出租的建筑物是指企业拥有产权的建筑物。企业以经营租赁方式租入再转租的建筑物不属于投资性房地产。

【例 6-3】乐比得科技有限公司与天宏基业房地产开发公司签订了一项经营租赁合同，天宏基业房地产开发公司将其持有产权的一栋办公楼出租给乐比得科技有限公司，租期 5 年。乐比得科技有限公司一开始将该办公楼改装后用于自行经营餐馆。2 年后，由于连续亏损，乐比得科技有限公司将餐馆转租给源远公司，以赚取租金差价。这种情况下，对于乐比得科技有限公司而言，该栋楼不属于其投资性房地产，对于天宏基业房地产开发公司而言，则属于其投资性房地产。

（2）已出租的建筑物是企业与他方签订租赁协议，约定以经营租赁方式出租的建筑物。一般应自租赁协议规定的租赁期开始日，经营租出的建筑物才属于已出租的建筑物。通常情况下，对企业持有以备经营出租的空置建筑物，如董事会或类似机构做出书面决议，明确表明将其用于经营出租且持有意图短期内不再发生变化的，即使尚未签订租赁协议，也应视为投资性房地产。

【例 6-4】乐比得科技有限公司在当地房地产交易中心通过竞拍取得一块土地使用权，乐比得科技有限公司按照合同规定对这块土地进行开发，并在这块土地上建造了一栋商场，拟用于整体出租，但尚未开发完工。

该尚未开发完的商场不属于“空置建筑物”，所以也不属于投资性房地产。

（3）企业将建筑物出租，按租赁协议向承租人提供的相关辅助服务在整个协议中不重大的，应当将该建筑物确认为投资性房地产。

【例 6-5】乐比得物业管理有限公司购买了一栋写字楼，共 12 层。其中一层经营出租给某家大型超市，2～5 层经营出租给源远公司，6～12 层经营出租给多乐喜公司。乐比得物业管理有限公司同时为该写字楼提供保安、维修等日常辅助服务。

乐比物物业管理有限公司提供的辅助服务在整个协议中不重大，所以这一栋写字楼属于乐比得物业管理有限公司的投资性房地产。

4．不属于投资性房地产

以下项目不属于投资性房地产。

（1）自用房地产

自用房地产是指为生产商品、提供劳务或者经营管理而持有的房地产。如企业生产经营用的厂房和办公楼属于固定资产；企业生产经营用的土地使用权属于无形资产。自用房地产的特征在于服务于企业自身的生产经营活动，其价值将随着房地产的使用而逐渐转移到企业的产品或服务中去。通过销售商品或提供服务以实现经济利益，在产生现金流量的过程中，与企业持有的其他资产密切相关。

（2）作为存货的房地产

作为存货的房地产通常是指房地产开发企业在正常经营过程中销售的或为销售而正在开发的商品房和土地。这部分房地产属于房地产开发企业的存货，其生产、销售构成企业的主营业务活动，产生的现金流量也与企业的其他资产密切相关。因此，具有存货性质的房地产不属于投资性房地产。

从事房地产开发经营的企业依法取得的，用于开发后出售的土地使用权，属于房地产开发企业的存货，即使房地产开发企业决定待增值后再转让其开发的土地，也不得将其确认为投资性房地产。

6.2 投资性房地产会计处理

企业将持有房地产用于赚取租金或增值收益的活动，需要将投资性房地产单独作为一项资产核算和反映，与自用的厂房、办公楼等房地产和作为存货的房地产加以区别，从而更清晰地反映企业所持有房地产的构成情况和盈利能力。企业投资性房地产的确认、计量和披露适用《企业会计准则第 3 号——投资性房地产》的规定，房地产租金收入的确认、计量和披露适用《企业会计准则第 21 号——租赁》的规定。

6.2.1 投资性房地产的确认

投资性房地产只有在符合定义的前提下，同时满足下列条件，才能予以确认。

（1）与该投资性房地产有关的经济利益很可能流入企业。

（2）该投资性房地产的成本能够可靠地计量。

不满足投资性房地产确认条件的房地产，应当先作为固定资产、开发产品、无形资产加以确认，等满足投资性房地产确认条件时，才能从固定资产、存货、无形资产转换为投资性房地产。

投资性房地产的确认时点有以下两种情形，如表 6-2 所示。

表 6-2　投资性房地产的确认时点

种　　类	确认时点
已出租的土地使用权、已出租的建筑物	确认时点一般为租赁期开始日，如土地使用权、建筑物出租、开始赚取租金的日期
持有并准备增值后转让的土地使用权	确认时点为企业将自用土地使用权停止使用，准备增值后转让的日期

6.2.2　投资性房地产的初始计量

1．外购投资性房地产的初始计量

在计量外购投资性房地产时，有两种模式：成本模式和公允价值模式。

（1）成本模式计量

在采用成本模式计量下，外购的土地使用权和建筑物，按照取得时的实际成本进行初始计量，借记“投资性房地产”科目，贷记“银行存款”等科目。取得时的实际成本包括购买价款、相关税费和可直接归属于该资产的其他支出。

企业购入的房地产，部分用于出租（或资本增值），部分自用，用于出租（或资本增值）的部分应当予以单独确认的，应按照不同部分的公允价值占公允价值总额的比例将成本在不同部分之间进行分配。

【例 6-6】2016 年 5 月，天宏基业房地产开发公司计划购入两间门面用于对外出租。5 月 20 日，天宏基业房地产开发公司与源远公司签订了经营租赁合同，约定自门面房购买日起将两间门面房出租给源远公司，租赁期限 3 年。6 月 1 日，天宏基业房地产开发公司实际购入两间门面房，支付价款共计 300 万元。

天宏基业房地产开发公司采用成本模式进行后续计量，购买门面房的财务处理如下。

借：投资性房地产——门面房　　3 000 000.00

　　贷：银行存款　　3 000 000.00

（2）公允价值模式计量

在采用公允价值模式计量下，应当在“投资性房地产”科目下设置“成本”和“公允价值变动”两个明细科目，按照外购的土地使用权和建筑发生的实际成本，计入“投资性房地产——成本”科目。

【例 6-7】2016 年 5 月，天宏基业房地产开发公司计划购入两间门面用于对外出租。5 月 20 日，天宏基业房地产开发公司与源远公司签订了经营租赁合同，约定自门面房购买日起将两间门面房出租给源远公司，租赁期限 3 年。6 月 1 日，天宏基业房地产开发公司实际购入两间门面房，支付价款共计 300 万元。

天宏基业房地产开发公司采用公允价值模式进行后续计量，购买门面房的财务处理如下。

借：投资性房地产——成本（门面房）　　3 000 000.00

　　贷：银行存款　　3 000 000.00

2. 自行建造投资性房地产的初始计量

自行建造投资性房地产的成本由建造该项资产达到预定可使用状态前所发生的必要支出构成，包括土地开发费、建筑成本、安装成本、应予以资本化的借款费用、支付的其他费用和分摊的间接费用等。建造过程中发生的非正常性损失，直接计入当期损益，不计入建造成本。

（1）采用成本模式计量的，应按照确定的成本，借记“投资性房地产”科目，贷记“在建工程”或“开发产品”科目。

（2）采用公允价值模式计量的，应按照确定的成本，借记“投资性房地产——成本”科目，贷记“在建工程”或“开发产品”科目。

【例 6-8】2016 年 6 月，天宏基业房地产开发公司以出让方式取得一块土地的使用权用于商品房的开发，为利于房屋的销售，天宏基业房地产开发公司计划在该块土地上建一幢综合性的商场对外出租。2017 年 2 月，天宏基业房地产开发公司预计商场即将完工，与源远公司签订了经营租赁合同，将该商场租赁给源远公司使用。合同约定，该商场于完工（达到预定可使用状态）时开发起租。2017 年 3 月 28 日，该商场完工（达到预定可使用状态）。该商场应分摊的土地使用权成本为 1 950 万元；商场的实际造价为 3 600 万元，能够单独出售。

天宏基业房地产开发公司采用公允价值模式计量进行账务处理如下。

借：投资性房地产——成本（商场）　　36 000 000.00

　　贷：在建工程　　36 000 000.00

借：投资性房地产——成本（已出租土地使用权）　　19 500 000.00

　　贷：无形资产——土地使用权　　19 500 000.00

6.2.3 投资性房地产的后续支出

1. 投资性房地产资本化的后续支出

与投资性房地产有关的后续支出可以分为资本化的后续支出和费用化的后续支出。

与投资性房地产有关的后续支出，满足投资性房地产确认条件的，应当计入投资性房地产成本。如企业为了提高投资性房地产的使用效能，往往需要对投资性房地产进行改建、扩建而使其更加坚固耐用，或者通过装修而改善其室内装潢，改扩建或装修支出满足确认条件的，应当将其资本化。

企业对某项投资性房地产进行改扩建等再开发且将来仍作为投资性房地产的，在再开发期间应继续将其作为投资性房地产，再开发期间不计提折旧或摊销。

【例 6-9】2016 年 2 月，天宏基业房地产开发公司与侨鑫物业管理有限公司的一项写字楼经营租赁合同即将到期。该办公楼按照成本模式进行后续计量，原价为 350 万元，已计提折旧 120 万元。为了提高写字楼的租金收入，天宏基业房地产开发公司决定在租赁期满后对写字楼进行改扩建，并与源远物业管理有限公司签订了经营租赁合同，约定自改扩建完工时将写字楼出租给源远物业管理有限公司。

2016 年 4 月 15 日，与侨鑫物业管理有限公司的租赁合同到期，写字楼随即进入改扩建工程。2016 年 12 月 10 日，写字楼改扩建工程完工，共发生支出 250 万元，即日按照租赁合同出租给源远物业管理有限公司。天宏基业房地产开发公司采用成本计量模式进行核算。

本例中，改扩建支出属于资本化的后续支出，应当计入投资性房地产的成本。

天宏基业房地产开发公司的账务处理如下。

（1）2016 年 4 月 15 日，投资性房地产转入改扩建工程：

借：投资性房地产——写字楼（在建）	2 300 000.00	
投资性房地产累计折旧	1 200 000.00	
贷：投资性房地产——写字楼		3 500 000.00

（2）2016 年 4 月 15 日～12 月 10 日发生改扩建支出：

借：投资性房地产——写字楼（在建）	2 500 000.00	
贷：银行存款等		2 500 000.00

（3）2016 年 12 月 10 日，改扩建工程完工：

借：投资性房地产——写字楼	4 800 000.00	
贷：投资性房地产——写字楼（在建）		4 800 000.00

【例 6-10】2016 年 3 月 15 日，天宏基业房地产开发公司从源远公司租赁取得一写字楼进行改扩建，并与恒星物业管理有限公司签订了经营租赁合同，约定自改扩建完工时将写字楼出租给恒星物业管理有限公司。写字楼账面余额为 1 600 万元，其中成本 1 000 万元，累计公允价值变动 600 万元。11 月 10 日，写字楼改扩建工程完工，共发生支出 180 万元，即日起按照租赁合同出租给恒星物业管理有限公司。天宏基业房地产开发公司采用公允价值模式计量。

天宏基业房地产开发公司的财务处理如下。

（1）2016 年 3 月 15 日，投资性房地产转入改扩建工程：

借：投资性房地产——写字楼（在建）	16 000 000.00	
贷：投资性房地产——成本		10 000 000.00
——公允价值变动		6 000 000.00

（2）2016 年 3 月 15 日～11 月 10 日，发生改扩建支出：

借：投资性房地产——写字楼（在建）　　1 800 000.00

　贷：银行存款　　1 800 000.00

（3）2016 年 11 月 10 日，改扩建工程完工：

借：投资性房地产——成本　　17 800 000.00

　贷：投资性房地产——写字楼（在建）　　17 800 000.00

2. 投资性房地产费用化的后续支出

与投资性房地产有关的后续支出，不满足投资性房地产确认条件的，应当在发生时计入当期损益。如企业对投资性房地产进行日常维护所发生的支出。企业在发生投资性房地产费用化的后续支出时，借记“其他业务成本”等科目，贷记“银行存款”等科目。

【例 6-11】2016 年 5 月，天宏基业房地产开发公司对其对外出租的商场进行日常维修，发生维修支出 7 万元。

本例中，日常维修支出属于费用化的后续支出，应当计入当期损益。

天宏基业房地产开发公司的账务处理如下：

借：其他业务成本　　70 000.00

　贷：银行存款等　　70 000.00

6.2.4 投资性房地产的后续计量

企业可以采用成本模式、公允价值模式对投资性房地产进行后续计量，各种模式的使用条件和转换如表 6-3 所示。

表 6-3　投资性房地产后续计量模式

模　式	使用条件
成本模式	通常情况下，企业应当采用成本模式对投资性房地产进行后续计量
公允价值模式	在有确凿证据表明投资性房地产的公允价值能够持续可靠取得的情况下，可以对投资性房地产采用公允价值模式进行后续计量。同时满足条件： ① 投资性房地产所在地有活跃的房地产交易市场 ② 企业能够从房地产交易市场上取得同类或类似房地产的市场价格及其他相关信息，从而对投资性房地产的公允价值作出合理的估计
成本模式变更为公允价值模式	存在确凿证据表明投资性房地产的公允价值能够持续可靠取得，且能够满足采用公允价值模式条件的情况下，才允许企业对投资性房地产从成本模式变更为公允价值模式计量
已采用公允价值模式计量	已采用公允价值模式计量的投资性房地产，不得从公允价值模式转为成本模式

1. 成本计量模式

采用成本模式进行后续计量的投资性房地产，应当按照《企业会计准则第 4 号——固定资产》或《企业会计准则第 6 号——无形资产》的有关规定，按期（月）计提折旧或返销，借记“其他业务成本”等科目，贷记“投资性房地产累计折旧（摊销）”等科目。取得的租金收入，借记“银行存款”等科目，贷记“其他业务收入”等科目。

投资性房地产存在减值迹象的，还应当适用资产减值的有关规定。经减值测试后确定发生减值的，应当计提减值准备，借记“资产减值损失”科目，贷记“投资性房地产减值准备”科目。如果已经计提减值准备的投资性房地产的价值又得以恢复，不得转回。

【例 6-12】2016 年 1 月，天宏基业房地产开发公司计划购入一栋写字楼用于对外出租。2 月 9 日，天宏基业房地产开发公司与侨鑫物业管理有限公司签订了经营租赁合同，约定自办公楼购买日起将这栋写字楼出租给侨鑫物业管理有限公司，租期 2 年。3 月 10 日，天宏基业房地产开发公司实际购入写字楼，支付价款 1 900 万元。该写字楼预计使用年限 25 年，预计净残值 100 万元，采用直线法计提折旧。2016 年 12 月 31 日，该栋写字楼发生减值 50 万元。天宏基业房地产开发公司采用成本计量模式。

天宏基业房地产开发公司的账务处理如下。

（1）2016 年 3 月 10 日，天宏基业房地产开发公司实际购入写字楼：

借：投资性房地产——写字楼　　19 000 000.00

　　贷：银行存款　　19 000 000.00

（2）2016 年 4 月～12 月，天宏基业房地产开发公司每月计提折旧：

借：其他业务成本　　60 000.00

　　贷：投资性房地产累计折旧（摊销）　　60 000.00

（3）2016 年年末，计提投资性房地产减值准备：

借：资产减值损失　　500 000.00

　　贷：投资性房地产减值准备　　500 000.00

2．公允价值计量模式

企业存在确凿证据表明投资性房地产的公允价值能够可靠计量的，可以对投资性房地产采用公允价值模式进行后续计量。

只要是企业选择了公允价值计量模式，就应当对其所有的投资性房地产采用公允价值模式进行后续计理。

在极少数情况下，已采用公允价值计量的企业，有证据表明某项房地产在完成建造或开发活动后或改变用途后首次成为投资性房地产时，该投资性房地产的公允价值不能持续可靠取得的，应当对该投资性房地产采用成本模式计量直至处置，并且假设无残值。

相反，采用成本模式的企业，即使有证据表明企业首次取得某项投资性房地产时，该投资性房地产公允价值能够持续可靠取得，该企业仍应对该项投资性房地产采用成本模式进行后续计量。

投资性房地产采用公允价值模式进行后续计量的，不对投资性房地产计提折旧或进行返销，应当以资产负债表日投资性房地产的公允价值为基础调整其账面价值，公允价值与原账面价值之间的差额计入当期损益。投资性房地产的公允价值高于其账面余额的差额，借记“投资性房地产——公允价值变动”科目，贷记“公允价值变动损益”科目；公允价值低于其账面余额的差额则做相反的账务处理。

【例 6-13】2016 年 1 月，天宏基业房地产开发公司计划购入一栋写字楼用于对外出租。2 月 9 日，天宏基业房地产开发公司与源远公司签订了经营租赁合同，约定自写字楼购买日起将这栋写字楼出租给源远公司，租期 2 年。3 月 10 日，天宏基业房地产开发公司实际购入写字楼，支付价款 1 860 万元。2016 年 12 月 31 日，该写字楼的公允价值为 1 260 万元。天宏基业房地产开发公司用公允价值计量模式。

天宏基业房地产开发公司的账务处理如下。

（1）2016 年 3 月 10 日，天宏基业房地产开发公司购入写字楼：

借：投资性房地产——成本　　18 600 000.00

　贷：银行存款　　18 600 000.00

（2）2016 年 12 月 31 日，按照公允价值为基础调整其账面价值，公允价值与原账面价值之间的差额计入当期损益：

借：公允价值变动损益　　6 000 000.00

　贷：投资性房地产——公允价值变动　　6 000 000.00

3．后续计量模式的变更

为保证会计信息的可比性，企业对投资性房地产的计量模式一经确定，不得随意变更。只有在房地产市场比较成熟、能够满足采用公允价值模式条件的情况下，才允许企业对投资性房地产从成本计量模式变更为公允价值计量模式。

成本模式转为公允价值模式的，应当作为会计政策变更处理，并按计量模式变更时公允价值与账面价值的差额调整期初留存收益。

已采用公允价值模式计量的投资性房地产，不得从公允价值模式转为成本模式。

【例 6-14】2017 年，天宏基业房地产开发公司将一栋写字楼对外出租，采用成本模式进行后续计量。2017 年 2 月 1 日，天宏基业房地产开发公司持有的投资性房地产满足采用公允价值模式条件，天宏基业房地产开发公司决定采用公允价值模式对该写字楼进行后续计量。

2017 年 2 月 1 日，该写字楼的原价为 9 000 万元，已计提折旧 150 万元，公允价值为 9 600 万元。天宏基业房地产开发公司按净利润的 10% 计提盈余公积。假定除上述对外出租的写字楼外，天宏基业房地产公司无其他的投资性房地产。

天宏基业房地产公司的账务处理如下。

借：投资性房地产——成本　　96 000 000.00

投资性房地产累计折旧　　1 500 000.00

贷：投资性房地产　　90 000 000.00

利润分配——未分配利润　　6 750 000.00

盈余公积　　750 000.00

【例 6-15】如果将该房产转为投资性房地产，在转换日，其公允价值如果为800万元，大于原账面价值的380万元，其差额计入所有者权益的资本公积420万元，年底资产负债表日公允价值如果变成1 300万元，那1 300万元和800万元差额500万元是不是可以计入当期损益，公允价值确定需要什么资料？

分析如下：

根据《企业会计准则第 3 号——投资性房地产》第十一条规定，采用公允价值模式计量的，不对投资性房地产计提折旧或进行摊销，应当以资产负债表日投资性房地产的公允价值为基础调整其账面价值，公允价值与原账面价值之间的差额计入当期损益。

第十九条规定，企业应当在附注中披露与投资性房地产有关的下列信息。

采用公允价值模式的，公允价值的确定依据和方法，以及公允价值变动对损益的影响。

根据上述规定，将原自用房地产转为投资性房地产的，在转换日，如公允价值大于原账面价值，则其差额应计入所有者权益；在资产负债表日投资性房地产的公允价值大于原账面价值的，其差额计入当期损益。问题中公允价值1 300万元与800万元的差额500万元可以计入当期损益。可以准备以下资料，能够从房地产交易市场上取得同类或类似房地产的市场价格及其他相关信息，如当地人民政府公布的房价变动信息或相同地段类似房地产交易数据等。

6.2.5 投资性房地产转换形式

房地产的转换，实质上是因房地产用途发生改变而对房地产进行的重新分类。

1. 投资性房地产转换形式

房地产转换是针对房地产用途发生改变而言的，房地产转换形式有以下几种。

（1）投资性房地产开始自用。

投资性房地产开始自用是指企业将原来用于赚取租金或资本增值的房地产改为用于生产商品、提供劳务或经营管理。投资性房地产开始自用，相应地从投资性房地产转换为固定资产或无形资产。

（2）作为存货的房地产改为出租。

作为存货的房地产改为出租，是指房地产开发公司将其持有的开发产品以经营租赁的方式出租，相应地由存货转换为投资性房地产。

（3）自用土地使用权停止自用。

自用土地使用权停止自用，改为用于赚取租金或资本增值，相应地由无形资产转换为投资性房地产。

（4）自用建筑物停止自用。

自用建筑物停止自用，改为出租，相应地由固定资产转换为投资性房地产。

（5）房地产企业将用于经营出租的房地产重新开发用于对外销售。

房地产企业将用于经营出租的房地产重新开发用于对外销售，将投资性房地产转为存货。

2．投资性房地产转换日的确定

转换日的确定关系到资产的确认时点和入账价值。转换日是指房地产的用途发生改变、状态相应发生改变的日期。转换日的确定标准如表 6-4 所示。

表 6-4　转换日的确定标准

使用类型	确认标准
投资性房地产开始自用	转换日为房地产达到自用状态，企业开始将房地产用于生产商品、提供劳务或者经营管理的日期
投资性房地产转换为存货	转换日为租赁期届满、企业董事会或类似机构作出书面决议明确表明将其重新开发用于对外销售的日期
作为存货的投资性房地产改为出租，或者自用建筑物或土地使用权停止自用改为出租	转换日通常为租赁期开始日。租赁期开始日是指承租人行使租赁权的日期

3．投资性房地产转换为非投资性房地产

（1）采用成本模式进行后续计量的投资性房地产转换为自用房地产。

企业将原本用于赚取租金或资本增值的房地产改用于生产商品、提供劳务或者经营管理，投资性房地产相应地转换为固定资产或无形资产。

【例 6-16】天宏基业房地产开发公司将出租在外的厂房收回，开始用于本企业生产商品。该项房地产账面价值为 4 500 万元，其中，原价 5 000 万元，已提折旧 500 万元。天宏基业房地产开发公司采用成本计量模式。

天宏基业房地产开发公司的账务处理如下。

借：固定资产　　50 000 000.00

　　投资性房地产累计折旧　　5 000 000.00

　贷：投资性房地产　　50 000 000.00

　　　累计折旧　　5 000 000.00

（2）采用公允价值模式进行后续计量的投资性房地产转让自用房地产。

企业将采用公允价值模式计量的投资性房地产转换为自用房地产时，应当以其转换日的公允价值作为自用房地产的账面价值，公允价值与原账面价值的差额计入当期损益。

【例 6-17】2016 年 10 月 15 日天宏基业房地产开发公司因租赁期满，将出租的写字楼收回，开始作为办公楼用于本企业的行政管理。2016 年 10 月 15 日，该写字楼的公允价值为 6 000 万元。该项房地产在转换前采用公允价值模式计量，原账面价值为 5 800 万元，其中，成本为 5 500 万元，公允价值变动 300 万元。

天宏基业房地产开发公司的账务处理如下。

借：固定资产　60 000 000.00

　贷：投资性房地产——成本　55 000 000.00

　　　　　　　　——公允价值变动　3 000 000.00

　　公允价值变动损益　2 000 000.00

（3）采用成本模式进行后续计量的投资性房地产转换为存货。

房地产开发企业将用于经营出租的房地产重新开发用于对外销售的，从投资性房地产转换为存货。这种情况下，转换日为租赁期届满、企业董事会或类似机构作出书面决议明确表明将其重新开发用于对外销售的日期。

【例 6-18】天宏基业房地产开发公司将其开发的部分写字楼用于对外经营租赁。2016 年 5 月 9 日，因租赁期满，天宏基业房地产开发公司将出租的写字楼收回，并作出书面决议，将该写字楼重新开发用于对外销售，即由投资性房地产转换为存货。写字楼在转换前采用成本模式计量，原价 4 000 万元，已计提折旧 800 万元，已提减值准备 20 万元。

转换日，天宏基业房地产开发公司的账务处理如下。

借：开发产品　31 800 000.00

　　投资性房地产累计折旧（摊销）　8 000 000.00

　　投资性房地产减值准备　200 000.00

　贷：投资性房地产　40 000 000.00

（4）采用公允价值模式进行后续计量的投资性房地产转换为存货。

企业将采用公允价值模式计量的投资性房地产转换为存货时，应当以其转换当日的公允价值作为存货的账面价值，公允价值与原账面价值的差额计入当期损益。

【例 6-19】2016 年 5 月 9 日，天宏基业房地产开发公司将出租在外的一块土地使用权收回用于房屋开发。2016 年 5 月 9 日，该土地使用权的公允价值为 6 500 万元；该块土地使用权在转换前采用公允价值模式计量，原账面价值为 6 400 万元，其中，成本为 6 000 万元，公允价值增值为 400 万元。

天宏基业房地产开发公司的账务处理如下。

借：开发成本——房屋开发　65 000 000.00

贷：投资性房地产——成本　60 000 000.00

投资性房地产——公允价值变动　4 000 000.00

公允价值变动损益　1 000 000.00

4．非投资性房地产转换为投资性房地产

（1）非投资性房地产采用成本模式转换为投资性房地产。

非投资性房地产采用成本模式转换为投资性房地产有以下几种形式。

① 作为存货的房地产转换为投资性房地产，通常指房地产开发企业将其持有的开发产品以经营租赁的方式出租，存货相应地转换为投资性房地产。

如果企业自行建造或开发完成但尚未使用的建筑物，且企业董事会或类似机构正式作出书面决议，明确表明其自行建造或开发产品用于经营出租持有意图短期内不再发生变化的，可视为存货转为投资性房地产，转换日为企业董事会或类似机构作出书面决议的日期。

【例 6-20】2016 年 2 月 10 日，天宏基业房地产开发公司与源远公司签订了租赁协议，将其开发的一栋写字楼出租给源远公司使用，租赁期开始日为 2016 年 4 月 1 日。2016 年 4 月 1 日，该写字楼的账面余额 1 600 万元，未计提跌价准备，转换后采用成本模式计量。

2016 年 4 月 1 日，天宏基业房地产开发公司的账务处理如下。

借：投资性房地产——写字楼　16 000 000.00

贷：开发产品　16 000 000.00

② 自用房地产转换为投资性房地产，也就是说，企业将原本用于生产商品、提供劳务或者经营管理的房地产改用于出租，应于租赁期开始日，按照固定资产或无形资产的账面价值，将固定资产或无形资产相应转换为投资性房地产。

【例 6-21】2016 年 3 月 10 日，天宏基业房地产开发公司与源远公司签订了经营租赁协议，将其自用的一栋写字楼出租给源远公司使用，租赁期开始日为 2016 年 4 月 1 日，为期 6 年。2016 年 4 月 1 日，这栋写字楼的账面余额 1 800 万元，已计提折旧 550 万元。天宏基业房地产开发公司采用成本计量模式。

天宏基业房地产开发公司的账务处理如下。

借：投资性房地产——写字楼　18 000 000.00

累计折旧　5 500 000.00

贷：固定资产　18 000 000.00

投资性房地产累计折旧（摊销）　5 500 000.00

（2）非投资性房地产采用公允价值模式转换为投资性房地产。

非投资性房地产采用公允价值模式转换为投资性房地产有以下几种形式。

① 作为存货的房地产转换为投资性房地产。企业将作为存货的房地产转换为采用公允价值模式计量的投资性房地产，应按该项房地产在转换日的公允价值入账。

【例 6-22】2016 年 6 月 1 日，天宏基业房地产开发公司与源远公司签订了租赁协议，将其开发一栋写字楼出租给源远公司。租赁期开始日为 2016 年 6 月 23 日。2016 年 6 月 23 日，该写字楼的账面余额 8 000 万元，公允价值为 7 500 万元。2016 年 12 月 31 日，该项投资性房地产的公允价值为 7 200 万元。

天宏基业房地产开发公司的账务处理如下。

2016 年 6 月 23 日转换日：

借：投资性房地产——成本	75 000 000.00	
公允价值变动损益	5 000 000.00	
贷：开发产品		80 000 000.00

2016 年 12 月 31 日，确认公允价值变动损益：

借：公允价值变动损益	3 000 000.00	
贷：投资性房地产——公允价值变动		3 000 000.00

② 自用房地产转换为投资性房地产。自用房地产转换为采用公允价值模式计量的投资性房地产，应当按该项土地使用权或建筑物在转换日的公允价值，计入“投资性房地产——成本”科目。

【例 6-23】2016 年 10 月 30 日，天宏基业房地产开发公司将原办公楼停止自用，并与源远公司签订了租赁协议，将其原办公楼租赁给源远公司使用，租赁期开始日为 2016 年 10 月 30 日，租赁期限为 3 年。2016 年 10 月 30 日，该办公楼原价为 60 000 万元，已提折旧 15 000 万元，公允价值为 46 000 万元。天宏基业房地产开发公司采用公允价值模式计量。

天宏基业房地产开发公司的账务处理如下。

借：投资性房地产——成本	460 000 000.00	
累计折旧	150 000 000.00	
贷：固定资产		600 000 000.00
资本公积——其他资本公积		10 000 000.00

6.2.6 投资性房地产的处置

当投资性房地产被处置或者永久退出使用且预计不能从其处置中取得经济利益时，应当终止确认该项投资性房地产。

企业可以通过对外出售或转让的方式处置投资性房地产。对于那些由于使用而不断磨损直到最终报废，或者由于遭受自然灾害等非正常原因发生毁损的投资性房地产应当及时进行清理。此外，企业因其他原因，如非货币性交易等而减少投资性房地产也属于投资性房地产的处置。企业出售、转让、报废投资性房地产或者发生投资性房地产毁损，应当将收入扣除其账面价值和相关税费后的余额计入当期损益。

1．采用成本模式计量的投资性房地产的处置

处置采用成本模式进行后续计量的投资性房地产时，按该项投资性房地产的账面价值计入“其他业务成本”科目。

【例 6-24】天宏基业房地产开发公司将其出租的一栋写字楼确认为投资性房地产，采用成本模式计量。租赁期届满后，天宏基业房地产开发公司将该栋写字楼出售给源远公司，合同价款为 36 000 万元，源远公司已用银行存款付清。出售时，该栋写字楼的成本为 38 000 万元，已计提折旧 15 000 万元。假设不考虑相关税费。

天宏基业房地产开发公司的账务处理如下。

借：银行存款　360 000 000.00
　贷：其他业务收入　360 000 000.00
借：其他业务成本　230 000 000.00
　投资性房地产累计折旧　150 000 000.00
　贷：投资性房地产——写字楼　380 000 000.00

2．采用公允价值模式计量的投资性房地产的处置

处置采用公允价值模式计量的投资性房地产，应当按该项投资性房地产的账面余额，记入“其他业务成本”科目。

【例 6-25】2016 年 3 月 10 日，天宏基业房地产开发公司与源远公司签订了租赁协议，将其开发的一栋写字楼出租给源远公司使用，租赁期开始日为 2016 年 4 月 15 日。2016 年 4 月 15 日，该写字楼的账面余额为 65 000 万元，公允价值为 67 000 万元。2016 年 12 月 31 日，该项投资性房地产的公允价值为 68 000 万元。2016 年 6 月租赁期届满，企业收回该项投资性房地产，并以 76 000 万元出售，出售款项已收讫。天宏基业房地产开发公司采用公允价值模式计量，不考虑相关税费。

天宏基业房地产开发公司的账务处理如下。

（1）2016 年 4 月 15 日，存货转换为投资性房地产：

借：投资性房地产——成本　670 000 000.00
　贷：开发产品　650 000 000.00
　　资本公积——其他资本公积　20 000 000.00

（2）2016 年 12 月 31 日，公允价值变动：

借：投资性房地产——公允价值变动　10 000 000.00
　贷：公允价值变动损益　10 000 000.00

（3）2016 年 6 月，出售投资性房地产：

借：银行存款 760 000 000.00

　　贷：其他业务收入 760 000 000.00

借：其他业务成本 680 000 000.00

　　贷：投资性房地产——成本 670 000 000.00

　　　　　　　　　——公允价值变动 10 000 000.00

借：公允价值变动损益 10 000 000.00

　　资本公积——其他资本公积 20 000 000.00

　　贷：其他业务收入 30 000 000.00

6.3 投资性房地产纳税处理

房地产开发企业对持有的投资性房地产，主要应纳税种有增值税、房产税、印花税和企业所得税等。

6.3.1 增值税

1．一般纳税人

一般纳税人出租其 2016 年 4 月 30 日前取得的不动产，可以选择适用简易计税方法，按照 5% 的征收率计算应纳税额。纳税人出租其 2016 年 4 月 30 日前取得的与机构所在地不在同一县（市）的不动产，按照上述计税方法在不动产所在地预缴税款后，向机构所在地主管税务机关进行纳税申报；一般纳税人出租其 2016 年 5 月 1 日后取得的不动产，适用一般计税方法计税。不动产所在地与机构所在地不在同一县（市、区）的，纳税人应按照 3% 的预征率向不动产所在地主管国税机关预缴税款，向机构所在地主管国税机关申报纳税。

2．小规模纳税人

小规模纳税人出租不动产。单位和个体工商户出租不动产（不含个体工商户出租住房），按照 5% 的征收率计算应纳税额。不动产所在地与机构所在地不在同一县（市、区）的，纳税人应按照上述计税方法向不动产所在地主管国税机关预缴税款，向机构所在地主管国税机关申报纳税。

3．预缴税款的计算

出租不动产税率为 11%，征收率为 5%，预缴税款如下。

（1）纳税人出租不动产适用一般计税方法计税的，按照以下公式计算应预缴税款：

应预缴税款 = 含税销售额 ÷（1+11%）× 3%

（2）纳税人出租不动产适用简易计税方法计税的，除个人出租住房外，按照以下公式计算应预缴税款：

应预缴税款 = 含税销售额 ÷（1+5%）× 5%

6.3.2 印花税

对房地产开发企业的投资性房地产签订的租赁合同，根据《中华人民共和国印花税暂行条例》（1988 年 8 月 6 日国务院令第 11 号）及其相关规定，按照财务租赁合同征收印花税，按合同记载金额的 1‰ 贴花，税额不足 1 元，按 1 元贴花；持有并准备增值后转让的土地使用权转让时签订的土地使用权转让合同，应按产权转移收据，按合同记载金额的 0.5‰ 贴花。

【例 6-26】天宏基业房地产开发公司与源远公司签订租赁合同，经营租赁合同规定，租期一年，年租金为 500 万元。

解：天宏基业房地产开发公司与源远公司签订租赁合同时，应纳印花税为：

应纳印花税=500 × 1‰ =0.5 万元

6.3.3 房产税

房地产开发企业持有投资性房地产，根据《中华人民共和国房产税暂行条例》（1986 年 9 月 15 日国发〔1986〕90 号）等相关规定，应当缴纳房产税。房产税实行按年征收、分期缴纳，在房产所在地主管税务机关申报纳税。具体纳税期由省、自治区、直辖市人民政府确定。投资性房地产的计税依据分为从价计征和从租计征两种形式，如表 6-5 所示。

表 6-5 房产税的计税方式

计税方式	计税方法
从价计征	通常情况下，对房地产开发企业持有的以备经营出租的空置建筑物，尚未出租时，应当采用从价计征的形式缴纳房产税，计税依据为房产原值一次减除 10% ~ 30% 后的余值，按 1.2% 的税率计算缴纳
从租计征	对房地产开发企业出租的投资性房地产，采用从租计征的形式。房地产开发企业向房产承租方出租用于经营房产，以租金收入的 12% 计算缴纳房产税，房地产开发企业按市场价格向个人出租用于居住的住房，应根据财税〔2008〕24 号文件的规定以租金收入 4% 计算缴纳房产税

【例 6-27】天宏基业房地产开发公司持有以备经营出租的空置房屋，原值为 6 000 万元，按照当地规定允许减除 30% 后的余值计税，适用税率为 1.2%。

解：天宏基业房地产开发公司每年应纳房产税为：

应纳房产税=（房产原值一次减除 10%～30% 后的余值）× 税率 1.2%

=6 000 ×（1–30%）× 1.2% =50.4 万元

【例 6-28】天宏基业房地产开发公司出租办公楼一栋，年租金收入为 400 万元，适用税率为 12%。

解：天宏基业房地产公司每应纳房产税为：

应纳房产税=租金收入 × 税率 12%

=400 × 12% =48 万元

房地产开发企业出租房产，自交付出租房产之次月起缴纳房产税。未出租的投资性房地产的纳税义务发生时间，根据取得资产的方式来确定。外购的投资性房地产自房屋交付使用之次月起缴纳房产税；自行建造的投资性房地产自建成之次月起缴纳房产税。

【例 6-29】某物业管理公司的办公用房是 2017 年开发商移交给物业管理公司的，价值 135 万元。该房产实际上由物业管理公司在使用，但产权所属至今未明确。请问房产税该由谁来缴？

分析如下：

根据《中华人民共和国房产税暂行条例实施细则》(国发〔1986〕90 号）第二条的规定，产权未确定及租典纠纷未解决的，由房产代管人或者使用人纳税。

物业管理公司的办公用房，由于产权不明确，根据上述规定应由实际使用人物业管理公司按照房产原值缴纳房产税。

【例 6-30】某物流公司 2016 年 6 月，将承租的某房产公司房屋，转租给其他公司使用，并取得租金差额收入 5 万元，该差额是否需要补缴房产税？

分析如下：

根据《江苏省地方税务局关于重新明确转租房产有关房产税政策问题的通知》(苏地税发〔2006〕135 号）的规定：经研究，苏地税发〔1999〕87 号文第一条第(四)款“对转租房产的，由转租人按转租收入和承租租金的差额缴纳房产税”的规定停止执行。对转租房产取得的收入，仍按原规定缴纳有关地方税收。

根据《江苏省税务局转发财政部税务总局〈关于房产税若干具体问题的解释和暂行规定〉〈关于车船使用税若干具体问题的解释和暂行规定〉的通知》(苏税三[86]31 号）的规定，转租房产的，对转租人的收入不征房产税。

因此，该物流公司转租取得的 5 万元收入不需补缴房产税。

【例 6-31】天宏基业房地产开发公司于 2016 年 3 月从施工方接收临时售楼处并投入使用，房产原值为 556 514.42 元，是否需要缴纳房产税？

分析如下：

根据《财政部税务总局关于房产税和车船使用税几个业务问题的解释与规定》(〔1987〕财税地字第 3 号）的规定：“房产”是以房屋形态表现的财产。房屋是指有屋面和围护结构（有墙或两边有柱），能够遮风避雨，可供人们在其中生产、工作、学习、娱乐、居住或储藏物资的场所。根据《财政部国家税务总局关于房产税若干具体问题的解释和暂行规定》（财税地字〔1986〕8号）第二十一条的规定，凡是在基建工地为基建工地服务的各种工棚、材料棚、休息棚和办公室、食堂、茶炉房、汽车房等临时性房屋，不论是施工企业自行建造还是由基建单位出资建造交施工企业使用的，在施工期间，一律免征房产税。但是，如果在基建工程结束以后，施工企业将这种临时性房屋交还或者估价转让给基建单位的，应当从基建单位接收的次月起，依照法规征收房产税。

房地产企业的售楼处虽为施工单位所建，但已交予开发公司并投入使用，且为售楼服务，而不是为基建工地服务，因此，不满足免征房产税的条件，应当从开发公司接收临时性房屋并投入使用的次月起缴纳房产税。

6.3.4 企业所得税

企业提供固定资产、包装物或者其他有形资产的使用权取得的租金收入，应按交易合同或协议规定的承租人应付租金的日期确认收入的实现。其中，如果交易合同或协议中规定租赁期限跨年度，且租金提前一次性支付的，根据收入与费用配比原则，出租人可对上述已确认的收入，在租赁期内，分期均匀计入相关年度收入。

6.3.5 其他税收政策

房地产开发企业持有的投资性房，在与酒店进行合作经营、出租具备房屋功能的地下建筑、廉租住房、经济适用住房和住房租赁等特殊情况下，税法给出以下特殊规定。

1．出租具备房屋功能的地下建筑

地下建筑分为三类：

（1）开发完成后作为开发产品对外出售；

（2）开发完成后对外出租赚取租金收入，符合投资性房地产确认条件，应确认为投资性房地产；

（3）地下人防设施，房地产开发企业拥有使用权和收益权，可以对外出租，但却没有处分权，不属于投资性房地产。

根据《财政部、国家税务总局关于具备房屋功能的地下建筑征收房产税的通知》（财税〔2005〕181 号）的规定，自 2006 年 1 月 1 日起将地下建筑物纳入房产税的征税范围，包括与地上房屋相连的地下建筑以及完全建在地面以下的建筑、地下人防设施等。

出租的地下建筑，按照出租地上房屋建筑的有关规定计算征收房产税。

2．关于廉租房、经济适用房和住房租赁有关税收政策

廉租房、经济适用房和住房租赁的有关税收优惠政策有《国务院关于解决城市低收入家庭住房困难的若干意见》（国发〔2007〕24 号）精神，以及《关于廉租住房、经济适用房住房和住房租赁有关税收政策的通知》（财税〔2008〕24 号）的规定如下。

（1）对廉租住房经营管理单位按照政府规定价格，向规定保障对象出租廉租住房的租金收入，免征房产税。

（2）对廉租住房、经济适用住房建设用地以及廉租住房经营管理单位按照政府规定价格、向规定保障对象出租的廉租住房用地，免征城镇土地使用税。

开发商在经济适用住房、商品住房项目中配套建造廉租住房，在商品住房项目中配套建造经济适用住房，如能提供政府部门出具的相关材料，可按廉租住房、经济适用住房建筑面积占总建筑面积的比例免征开发商应缴纳的城镇土地使用税。

（3）企事业单位、社会团体以及其他组织转让旧房作为廉租住房、经济适用住房房源且增值额未超过扣除项目金额 20% 的，免征土地增值税。

（4）对廉租住房、经济适用住房经营管理单位与廉租住房、经济适用住房相关的印花税以及廉租住房承租人、经济适用住房购买人涉及的印花税予以免征。

（5）对廉租住房经营管理单位购买住房作为廉租住房、经济适用住房经营管理单位回购经济适用住房继续作为经济适用住房房源的，免征契税。

（6）企事业单位、社会团体以及其他组织于 2008 年 1 月 1 日后捐赠住房作为廉租房的，按《中华人民共和国企业所得税法》有关公益性捐赠政策执行。个人捐赠住房作为廉租住房的，捐赠额未超过其申报的应纳税所得额 30% 的部分，准予从其应纳税所得额中扣除。

（7）对企业按市场价格向个人出租用于居住的住房，减按 4% 的税率征收房产税。

3. 未销售车库提供的停车服务税收问题

房地产开发企业的未销售车库属于房地产开发企业的开发产品，根据《国家税务总局关于房产税、城镇土地使用税有关政策规定的通知》（国税发〔2003〕89 号）规定，鉴于房地产开发企业开发的商品房在出售前，对房地产开发企业是一种产品，所以对房地产开发企业建造的商品房，在售出前，不征收房产税；但对售出前房地产开发企业已使用或出租、出借的商品房应按规定征收房产税。

房地产开发企业长期出租地下车位使用权，一次性收取使用费。因为未发生产权转移，所以不需要缴纳土地增值税。

4. 其他相关问题

【例 6-32】建源房地产开发公司，原开发的商铺已按固定资产处理，原值 400 万元，净值 380 万元，现公允价值为 1 300 万元。

（1）现在想把原来自用的商铺转为投资性房地产，如何进行账务处理以及缴纳哪些税，是否能增加利润总额，是否需要中介机构出具评估增值的评估报告或需要其他资料？

（2）由于国有企业土地为划拨地，如果上述商铺对外销售，是否缴纳土地增值税？如何缴纳？税务上还有什么规定？

分析如下：

（1）投资性房地产核算问题。

《企业会计准则第 3 号——投资性房地产》第七条规定，投资性房地产应当按照成本进行初始计量。

自行建造投资性房地产的成本，由建造该项资产达到预定可使用状态前所发生的必要支出构成。

第十条规定，有确凿证据表明投资性房地产的公允价值能够持续可靠取得的，可以对投资性房地产采用公允价值模式进行后续计量。采用公允价值模式计量的，应当同时满足下列条件。

① 投资性房地产所在地有活跃的房地产交易市场。

② 企业能够从房地产交易市场上取得同类或类似房地产的市场价格及其他相关信息，从而对投资性房地产的公允价值作出合理的估计。

第十六条规定，自用房地产或存货转换为采用公允价值模式计量的投资性房地产时，投资性房地产按照转换当日的公允价值计价，转换当日的公允价值小于原账面价值的，其差额计入当期损益；转换当日的公允价值大于原账面价值的，其差额计入所有者权益。

根据上述规定，如建源房地产开发公司决定将该房产转为投资性房地产，因为该房产为该公司自行开发，所以在确认时应以其达到预定可使用状态前所发生的支出作为原始成本。如满足上述第十条的规定，可以按照公允价值模式计量，在转换日，其公允价值大于原账面价值的，其差额计入所有者权益，不会增加企业利润，也不会涉及税款的缴纳。

（2）土地增值税问题。

《财政部、国家税务总局关于土地增值税一些具体问题规定的通知》（财税字〔1995〕48 号）第十项关于转让旧房如何确定扣除项目金额的问题规定：转让旧房的，应按房屋及建筑物的评估价格，取得土地使用权所支付的地价款和按国家统一规定交纳的有关费用以及在转让环节缴纳的税金作为扣除项目金额计征土地增值税。对取得土地使用权时未支付地价款或不能提供已支付的地价款凭据的，不允许扣除取得土地使用权所支付的金额。

根据上述规定，如建源房地产开发公司将该房产出售，则在计算缴纳土地增值税时，对于未支付地价款或不能提供支付地价款凭据的，不允许扣除取得土地使用权所支付的金额。

复习思考题

1. 简述投资性房地产的特征。
2. 简述投资性房地产的范围。
3. 简述投资性房地产如何进行初始计量。
4. 简述投资性房地产如何进行后续计量。
5. 简述投资性房地产如何进行处置。
6. 简述投资性房地产所涉及的税种有哪些。

第7章 企业所得税

学习目的

- 掌握收入、成本、费用类纳税调整项目
- 掌握资产类纳税调整项目
- 了解资产、负债的计税基础
- 理解递延所得税资产、递延所得税负债的计量
- 掌握所得税的会计处理

房地产开发企业所得税会计主要是确定资产负债表中的递延所得税资产、递延所得税负债项目的余额，利润表中所得税费用的发生额和对企业所得税业务进行会计处理。企业所得税税务处理主要涉及销售未完工开发产品取得的收入按预计计税毛利率分季或分月计算预计毛利额，计入当期应纳税所得额，按规定的税率缴纳企业所得税，以及年度纳税申报时企业所得税汇算清缴。

7.1 企业所得税汇算清缴

企业所得税汇算清缴是指房地产开发企业自纳税年度终了之日起 5 个月内或实际经营终止之日起 60 日内，依照税收法律、法规、规章及其他有关企业所得税的规定，自行计算本纳税年度应纳税所得额和应纳所得税额，根据月度或季度预缴企业所得税的数额，确定该纳税年度应补或者应退税额。根据月度或季度预缴企业所得税的数额，确定该纳税年度应补或者应退税额，并填写企业所得税年度纳税申报表，向主管税务机关办理企业所得税年度纳税申报、提供税务机关要求提供的有关资料、结清全年企业所得税税款的行为。

7.1.1 企业所得税汇算清缴概述

1. 企业所得税汇算清缴的程序

根据《中华人民共和国企业所得税法》及其实施细则、《中华人民共和国税收征收管理法》、《房地产开发经营业务企业所得税处理办法》及《国家税务总局企业所得税汇算清缴管理办法》等法律的规定，企业所得税的汇算清缴应按以下程序进行。

（1）进行税收纳税调整

税收纳税调整是指房地产开发企业以财务报表的会计利润为基础，按税法等规定进行税收纳税调整后计算出当期应纳税所得额，按照当期应纳税所得额与适用所得税税率计算确定当期应纳税所得税额。

（2）填写纳税申报表

房地产开发企业在纳税调整的基础上，根据《关于〈中华人民共和国企业所得税年度纳税申报表〉的补充通知》（国税函〔2008〕1081 号）等税法相关规定自行填写年度纳税申报表及附表。

（3）进行年度纳税申报

房地产开发企业填写年度纳税申报表及其附表后，应向主管税务机关办理年度纳税申报。

（4）税务机关受理申请，并审核所报送材料

主管税务机关接到房地产开发企业报送的纳税申报表后，应对其进行审核。审核中如发现纳税申报表有计算错误或有漏项，应及时通知房地产开发企业进行调整、补充、修改或限期重新申报。房地产开发企业应按税务机关的通知作出相应的修正。主管税务机关经审核确认无误后，确定房地产开发企业当年度应纳所得税额及应当补缴的企业所得税款，或者对多缴的企业所得税款予以退还或抵顶下年度企业所得税。

（5）纠正申报错误，结清税款

房地产开发企业办理年度纳税申报后，在汇缴期内税务机关检查之前，如果发现申报出现错误或自行检查发现申报不实的，可在汇算清缴期内重新办理企业所得税年度纳税申报，税务机关据此调整其全年应纳税所得税额及应补、应退税额。

房地产开发企业根据主管税务机关确定的全年应纳税额及应补、应退税额，年度终了后 5 个月内清缴税款。房地产开发企业预缴的税款少于全年应缴税款的，在 5 月底以前将应补缴的税款缴入国库；预缴税款超过全年应缴税款的，办理抵顶或退税手续。

2. 企业所得税汇算清缴的期间

房地产开发企业 12 月份或第四季度的企业所得税预缴纳税申报，应在纳税年度终了后 15 日内完成，预缴申报后开始进行当年企业所得税汇算清缴，企业所得税汇算清缴应当自纳税年度终了之日起 5 个月内进行，并结清应缴应退企业所得税税款。

房地产开发企业在年度中间发生解散、破产或撤销等终止生产经营情形，需进行企业所得税清算的，应在清算前报告主管税务机关，并自实际经营终止之日起 60 日内进行汇算清缴，结清应缴应退企业所得税款；企业有其他情形依法终止纳税义务的，应当自停止生产、经营之日起 60 日内，向主管税务机关办理当期企业所得税汇算清缴。

7.1.2 收入类纳税调整项目

由于企业所得税相关的法律法规与企业会计准则规定的不完全一致，因此在所得税汇算清缴中会遇到大量的纳税调整事项，房地产开发企业的纳税调整事项主要有收入类、扣除类、资产类、准备金类、房地产企业销售未完工产品收入计算的预计毛利额、特别纳税调整及其他七大类纳税调整项目。

1．收入类调整项目

房地产开发企业在收入确认的时间上，税法与会计处理存在差异，具体如表 7-1 所示。

表 7-1 房地产开发企业收入确认的时间差异

序号	会计上收入确认条件	税法上收入确认条件
1	企业已将商品所有权上的主要风险和报酬转移给购货方	企业通过正式签订《房地产销售合同》或《房地产预售合同》所取得的收入，应确认为销售收入的实现
2	企业既没有保留通常与所有权联系的继续管理权，也没有对已售出的商品实施有效控制	采取一次性全额收款方式销售开发产品的，应于实际收讫价款或取得索取价款凭据（权利）之日确认收入的实现
3	收入的金额能够可靠地计量	采取分期收款方式销售开发产品的，应按销售合同或协议约定的价款和付款日确认收入的实现。付款方提前付款的，在实际付款日确认收入的实现
4	相关的经济利益很可能流入企业	采取银行按揭方式销售开发产品的，应按销售合同或协议约定的价款确定收入额，其首付款应于实际收到日确认收入的实现，余款在银行按揭贷款办理转账之日确认收入的实现
5	相关的已发生或将发生的成本能够可靠地计量	采取支付手续费方式委托销售开发产品的，按销售合同或协议中约定的价款于收到受托方已销开发产品清单之日确认收入的实现
6		采取视同买断方式委托销售开发产品的，按收到受托方已销开发产品清单之日确认收入的实现
7		采取包销方式委托销售开发产品的，包销期内按包销合同约定。包销期满后尚未出售的开发产品，按合同或协议约定的价款和付款方式确认收入的实现

从上面会计与税法在收入确认时间的条件可见，会计和税法在收入确认的时间上存在明显的差异，具体如表 7-2 所示。

表 7-2　会计与税法上收入处理差异

序号	事项	会计上处理	税务上处理	备注
1	通过正式签订《房地产预售合同》，销售未完工开发产品所取得的收入	作为预收账款反映	应确认为销售收入	税法上确认收入的时间要比会计上确认收入的时间早
2	尚未签订预售合同前预收的定金，在签订合同前购房者交纳的各种促销活动的办卡款	不作为收入处理	不作为未完工开发产品收入处理	
3	委托销售	收到代销清单确认收入	实际收讫价款或取得索取价款凭据之日，或销售合同、协议约定的付款日确认收入的实现	

2．收入确认的范围差异

房地产开发企业在收入确认的范围上，会计与税法存在视同销售、免税收入、公允价值变动损益、销售折扣和折让等方面的差异。

（1）代收费用

代收费用为房地产开发企业销售商品房时通常代有关部门向承购人收取燃气集资费、暖气集资费、有线电视初装费、电话初装费、办证费（房屋交易、产权登记费，权证工本费）、契税以及维修基金等各种基金、费用。代收费用会计处理与税务处理具体如表 7-3 所示。

表 7-3　代收费用会计与税法处理

序号	会计处理	税务处理
1	计入开发产品价内的部分应确认为销售收入	开发产品销售收入的范围为销售开发产品过程中取得的全部价款，包括现金、现金等价物及其他经济利益
2	未计入开发产品价内的不确认销售收入，企业应作为代收代缴款项通过其他应付款或者其他应收款进行会计核算	企业代有关部门、单位和企业收取的各种基金、费用和附加等，凡纳入开发产品价内或由企业开具发票的，应按规定全部确认为销售收入
3		未纳入开发产品价内并由企业之外的其他收取部门、单位开具发票的，可作为代收代缴款项进行管理

代收费用在会计与税务上是否计入销售收入的范围具体如表 7-4 所示。

表 7-4 代收费用计入销售收入范围（一）

序号	事项	会计上处理	税务上处理	是否需进行纳税调整
1	计入开发产品价内的代收费用	计入销售收入范围	计入销售收入范围	不需要
2	未计入开发产品价内并由企业之外的其他收取部门、单位开具发票的代收费用	不计入销售收入的范围	不计入销售收入的范围	不需要
3	未计入开发产品价内，但由房地产开发企业开具发票的代收费用	不计销售收入范围	属于销售收入的范围	需要

【例 7-1】天宏基业房地产开发公司销售的商品房价格不含有线电视初装费和暖气初装费，但代收的暖气初装费和有线电视费由天宏基业房地产开发公司开具发票。

解：（1）会计处理上，收取的暖气初装费和有线电视初装费不确认销售收入。

（2）税务处理上，暖气初装费和有线电视初装费均应确认为销售收入。

因此，会计和税务处理存在差异，所得税汇算清缴时应调增当期应纳税所得额。

（2）视同销售

房地产开发企业将开发产品用于捐赠、赞助、职工福利、奖励、对外投资、分配给股东或投资人、抵偿债务、换取其他企事业单位和个人的非货币性资产等行为，在税务处理上应视同销售；会计处理上，有些业务要视同销售，有些业务则不作为收入核算。具体如表 7-5 所示。

表 7-5 代收费用计入销售收入范围（二）

序号	事项	会计上处理	税务上处理	是否需进行纳税调整
1	企业以其生产的产品作为非货币性福利提供给职工	确认为销售收入	确认为销售收入	不需要
2	将开发产品用于对外投资或用于交换非货币性资产，以换出资产公允价值加应支付的税费计量的	确认为销售收入	确认为销售收入	不需要
3	将开发产品用于对外投资或用于交换非货币性资产，以换出资产的账面价值加应支付的相关税费计量	不视同销售	按市价或公允价值为基础确定销售收入	需要
4	将开发产品用于对投资者分配、抵偿债务等	以公允价值确认销售收入	以公允价值确认销售收入	不需要

（3）公允价值变动净收益

会计处理中，以公允价值计量的投资性房地产，以资产负债表日的公允价值计量，不计提折旧或返销，公允价值与账面价值的差额计入公允价值变动损益。而税法规定，企业以公允价值计量的投资性房地产，持有期间公允价值的变动所实现收益不计入应纳税所得额。因此，在进行纳税调整时，对于投资性房地产公允价值变动的差异，应当进行纳税调整。

另外，房地产开发企业还可能存在接受捐赠、按权益法核算长期股权投资对初始投资成本调整确认收益、持有期间的投资损益及债务重组，应确认为递延收益的政府补助，境外应税所得，不允许扣除的境外投资损失，不征税收入，减计收入，减免税项目所得，抵扣应纳税所得额等收入类纳税调整项目。

7.1.3 成本、费用扣除类纳税调整项目

根据《房地产开发经营业务企业所得税处理办法》（国税发〔2009〕31 号）第六条规定，企业发生的期间费用、已销售开发产品计税成本、营业税金及附加及土地增值税准予当期按规定在企业所得税前扣除。但是会计处理中在计算会计利润时计入的成本费用，与税法准予在税前扣除的成本费用存在一定的差异。

1．已销售开发产品会计成本与计税成本差异

在会计处理中，房地产开发企业在开发建设过程中发生的成本费用，除计入期间费用外都计入开发对象的开发成本，开发完成后转入开发产品，而《房地产开发经营业务企业所得税处理办法》对房地产开发产品计税成本有明确确定，两者产生一定差异，需要进行纳税调整。企业所得税汇算时的纳税调整中调整的仅为计入主营业务成本中的已销售开发产品计税成本与会计成本的差异，不能在当期调整未销售的开发产品以及未完工开发产品的差异。

2．视同销售成本

与视同销售收入相对应，在房地产开发企业进行纳税调整时，视同销售成本也应该进行相应的纳税调整。如投资或者换入资产以换出资产的公允价值加应支付的相关税费计量，税务上视同销售开发产品，在调增销售收入的同时，应相应调增开发产品的销售成本。

3．业务招待费

在会计处理上，企业发生的业务招待费支出按照企业会计准则计入成本费用，而税务上考虑到商业招待与个人消费之间难以区分，为加强管理，规定了业务招待费的税前扣除标准，企业发生的与生产经营活动有关的业务招待费支出，按照发生额的 60% 扣除，但最高不得超过当年销售收入的 5‰。业务招待费发生额超过税前扣除标准的部分，应调增应纳税所得额。

房地产开发企业当年销售收入包括营业收入和视同销售收入，营业收入包括主营业务收入和其他业务收入。

4．与取得收入无关的支出

与取得收入无关的支出，不允许税前扣除，企业应按账面金额调增应纳税所得额。房地产开发企业与取得收入无关的主要支出如下。

（1）企业代替他人负担的税款不得扣除。

（2）企业承担的担保连带责任支出不得扣除，但符合国税函〔2007〕1272 号文件规定的条件的，在规定的限额内可以扣除。“签订贷款互保合同的一方（担保企业）为另一方（被担保企业）提供的贷款担保，在被担保企业为担保企业所提供的贷款担保总额之内的部分，应认为与其本身纳税收入有关。”（互保协议）

（3）房地产开发企业采取银行按揭方式销售开发产品的，企业为购买方的按揭贷款提供担保的，其销售开发产品时向银行提供的保证金（担保金）在会计上一般作为其他应收款或其他货币资金核算，并根据《企业会计准则第 13 号——或有事项》的有关规定计提预计负债或者坏账准备并计入当期损益。但税法规定，凡约定企业为购买方的按揭贷款提供担保的，其销售开发产品时向银行提供的保证金（担保金）不得从销售收入中减除，也不得作为费用在当期税前扣除，但实际发生损失时可据实扣除。

（4）为股东或其他个人购买的车辆等消费支出一律不得扣除。

（5）回扣、贿赂等非法支出不得扣除。

（6）因个人原因支付的诉讼费用不得扣除。

5．其他

除以上成本费用类调整项目外，房地产开发企业存在的会计处理与税收规定不一致，需要进行纳税调整的其他扣除类项目应根据会计与税法的相关规定进行分析调整，如与未实现融资收益相关在当期确认的财务费用、房地产开发企业委托境外机构销售开发产品支付的境外销售费用等。

7.1.4 资产类纳税调整项目

企业发生各项资产损失、计提的固定资产折旧、无形资产和递延资产摊销，以及转让各类固定资产发生的费用在会计处理上都允许作为成本费用。但税法规定这些费用支出在税前扣除需要一定的条件和标准，两者之间存在一定差异。

1．财产损失

财产损失在会计与税法上的具体差异如表 7-6 所示。

表 7-6　财产损失差异表

序号	事项	会计上处理	税务上处理	是否需进行纳税调整
1	固定资产和流动资产盘亏、毁损净损失	作为费用支出	由企业提供清查盘存资产，经主管税务机关批准后，准予扣除	没有审核，需作纳税调整
2	国家无偿收回土地使用权而形成损失	作为财产损失	作为财务损失	不需要
3	开发产品的整体报废或毁损的损失	净处置收入扣除账面价值和相关税费后的金额计入当期损益	其净损失按有关规定审核确认后准予在税前扣除	没有审核，需作纳税调整

2. 投资性房地产

投资性房地产在初始计量时会计与税务处理是一致的，而在后续计量过程中，采用成本模式下，会计处理中，投资性房地产需要进行减值测试，发生减值的，应当计提减值准备；而税法规定，除了坏账准备外，其他资产减值准备不允许税前列支。采用公允价值模式下，在会计处理中，采用公允价值模式计量的投资性房地产，不计提折旧或摊销，以资产负债表日投资性房地产的公允价值调整其账面价值，差额计入损益；而根据税法规定，不确认公允价值变化所产生的所得，并对投资性房地产计提折旧或摊销。

7.1.5　未完工开发产品取得收入的纳税调整

在会计处理中，房地产开发企业销售未完工开发产品取得的预售收入不确认为收入，而是作为预收账款进行核算；待开发产品符合收入确认条件时，再确认销售收入。而《房地产开发经营业务企业所得税处理办法》规定，房地产开发企业销售未完工开发产品取得的收入，应先按预计计税毛利率分季（或月）计算出预计毛利额，计入当期应纳税所得额。开发产品完工后，应及时结算其计税成本并计算此前销售收入的实际毛利额，同时将其实际毛利额与其对应的预计毛利额之间的差额，计入当年度企业本项目与其他项目合并计算的应纳税所得额。

根据企业会计准则与税法的不同规定，房地产开发企业在所得税汇算时需要对销售未完工开发产品取得的收入进行纳税调整，具体调整步骤和内容如图 7-1 所示。

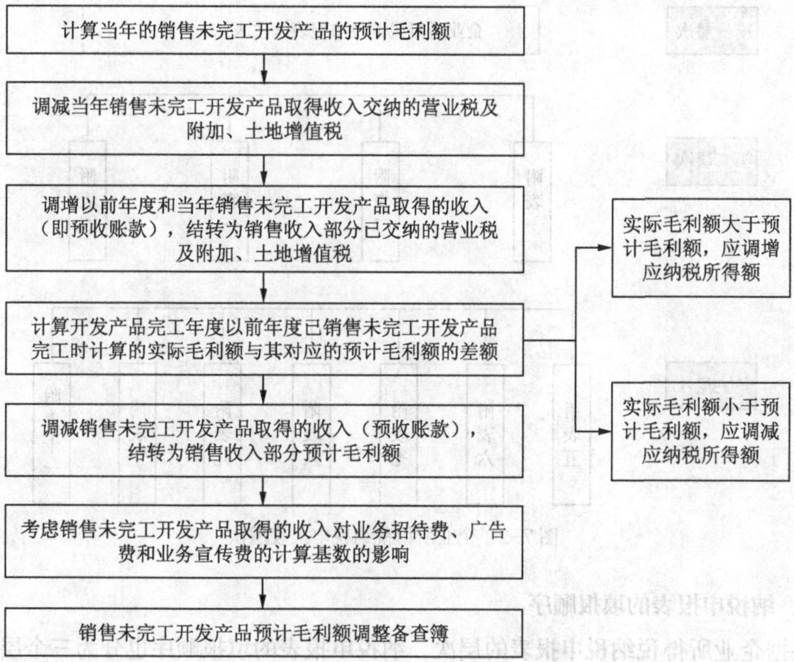

图 7-1　销售未完工开发产品收入纳税调整

7.1.6　企业所得税纳税申报表

房地产开发企业在纳税调整的基础上，按照《企业所得税年度纳税申报表》(国税发〔2008〕101 号）的格式和《国家税务总局关于〈中华人民共和国企业所得税纳税申报表〉的补充通知》(国税函〔2008〕1081 号）的填报说明，根据税法相关规定自行填写年度纳税申报表及其附表，并需要根据国税发〔2008〕31 号文对纳税申报表进行修改。

1．纳税申报表构成

企业所得税纳税申报表共 12 张，包括 1 张主表和 11 张附表，这些主表和附表之间分为三个层次。

（1）第一层次是企业所得税纳税申报表（主表）。

（2）第二层次包括收入明细表（附表一）、成本费用明细表（附表二）、纳税调整项目明细表（附表三）和企业所得税弥补亏损明细表（附表四）。

（3）第三层次包括税收优惠明细表（附表五），境外所得税抵免计算明细表（附表六），以公允价值计量资产纳税调整表（附表七），广告费和业务宣传费跨年度纳税调整表（附表八），资产折旧、摊销纳税调整明细表（附表九），资产减值准备项目调整明细表（附表十）和长期股权投资所得（损失）明细表（附表十一）。

具体内容如图 7-2 所示。

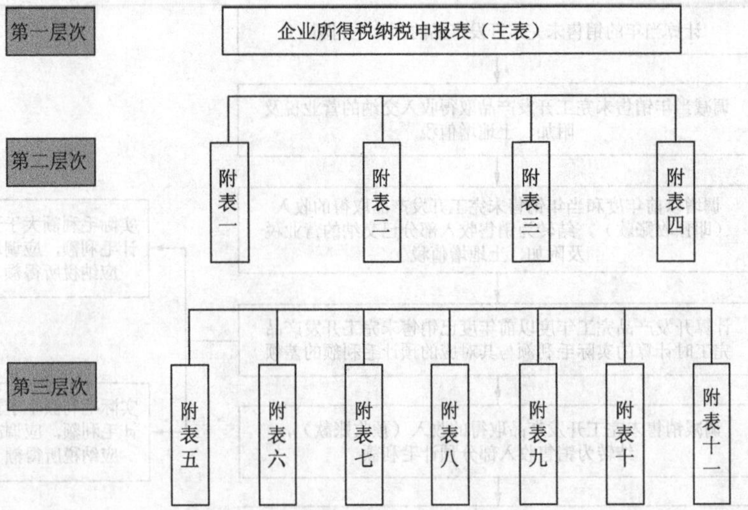

图 7-2　企业所得税纳税申报表层次

2．纳税申报表的填报顺序

根据企业所得税纳税申报表的层次，纳税申报表的填报顺序也分为三个层次，如图 7-3 所示。

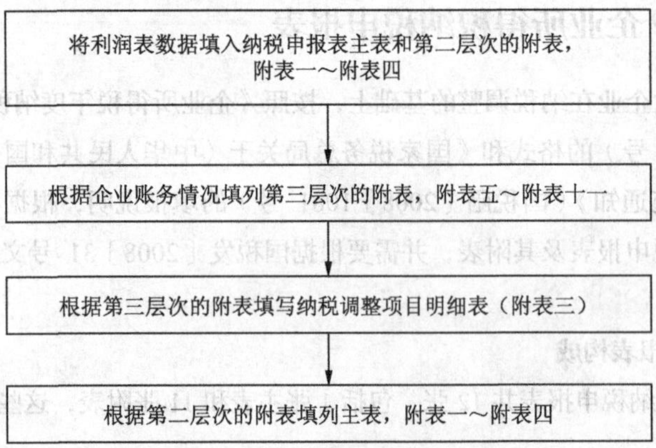

图 7-3　纳税申报表填报顺序

7.2　企业所得税年度汇算清缴举例

【例 7-2】阜城市天宏基业房地产开发有限公司是一家内资房地产开发企业，企业所得税实行查账征收，目前开发的项目有阜城花园一期和二期。销售完工开发产品的计税毛利率为 15%，城建税税率为 7%，教育费附加征收率为 3%，土地增值税预征率为 3%。2016 年度利润表如表 7-7 所示。

表 7-7　阜城市天宏基业房地产开发公司利润表

利润表

税款所属期间：2016 年 1 月 1 日 至 2016 年 12 月 31 日

纳税人识别号：499010078003507

纳税人名称：阜城市天宏基业房地产开发有限公司

项目	行次	上年累计数	本年累计数
一、营业收入	1		205 000 000.00
减：营业成本	2		166 460 000.00
营业税金及附加	3		17 365 000.00
销售费用	4		7 620 000.00
管理费用	5		8 500 000.00
财务费用	6		652 000.00
资产减值损失	7		1 500 000.00
加：公允价值变动收益(损失以“–”号填列)	8		5 000 000.00
投资收益(损失以“–”号填列)	9		2 500 000.00
其中：对联营企业和合营企业的投资收益	10		
二、营业利润(亏损以“–”号填列)	11		10 403 000.00
加：营业外收入	12		1 000 000.00
减：营业外支出	13		1 252 000.00
其中：非流动资产处置损失	14		
三、利润总额(亏损总额以“–”号填列)	15		10 151 000.00

其他资料如下。

（1）一期项目已经于 2016 年 7 月 30 日完工，2016 年全部实现销售。一期项目 2016 年度确认销售收入 20 300 万元。2015 年收到预售房款 12 000 万元，2016 年收到预售房款 5 300 万元；完工后实现现房销售 8 200 万元，其中会计上确认销售收入 3 000 万元，还有 5 200 万元房款已收，但尚不符合收入确认条件，会计上尚未将其确认为收入。二期项目于 2016 年 4 月 1 日符合预售条件开始预售，2016 年收到预售款项 6 000 万元。该公司一期的可售总面积为 51 000 平方米，销售均价为 5 000 元/平方米，假设不考虑销售价格变动因素。

（2）2016 年 6 月与其施工单位昆山建筑有限公司签订抵顶协议，将其开发的独栋商务楼一栋抵顶其工程欠款 2 200 万元。与该商务楼同户型的同期平均售价 2 100 万元，成本为 1 680 万元。

（3）2015 年 12 月与锦桂物业管理有限公司签订租赁协议，约定 2015 年 12 月 31 日将其开发的一栋商务楼租赁给锦桂物业管理有限公司使用，该写字楼的造价为 2 000 万元，年租金为 200 万元。2016 年 12 月 31 日，该商务楼的公允价值为 2 500 万元，2016 年收到租赁收入 200 万元。阜城市税务机关规定该资产的折旧方法为年限平均法，折旧年限为 20 年，无净残值。阜城市天宏基业房地产开发有限公司对投资性房地产采用公允价值模式计量。2016 年度会计上确认租金收入 200 万元，确认公允价值变动收益 500 万元。

（4）2016 年度收到其全资子公司阜城市安防有限公司分回利润 200 万元。阜城市天宏基业房地产开发有限公司对阜城市安防有限公司采用成本法核算，2016 年取得国债利息收入 50 万元。

（5）一期项目开发产品可销售总面积 51 000 平方米，完工后的实际成本为 20 910 万元，按照税法规定纳税调整后的计税成本为 20 400 万元。

（6）2015 年度预售款项实际交纳营业税金及附加 1 020 万元，已在 2015 年度税前扣除。

（7）销售费用中，广告费支出 465 万元；业务宣传费 115 万元；上年度结转未扣除的广告、宣传费为 20 万元。

（8）管理费用中，业务招待费支出 220 万元。

（9）全年工资支出 320 万元，没有不合理支出，其中安置残疾人员支付工资 15 万元。会计上没有计提职工福利费，按实际发生额据实列支，当年福利费支出 47 万元；工会经费按工资总额的 2% 计提，计提额的 40% 由税务机关代收，60% 直接返还企业工会组织使用，允许税前列支；当年实际发生职工教育经费支出 7.5 万元，上年度结转未扣除的职工教育经费为 2 万元。

（10）按当地政府规定的范围和标准为职工交纳基本社会保险费计 15 万元。为职工支付商业保险费支出 6 000 元，由公司承担。

（11）由于急需资金，于 2016 年 1 月 5 日向某非金融机构借款 1 200 万元，年利率 8%，已于 2016 年 9 月 5 日偿还本息（注：同期银行同种贷款利率为 6%）。该利息支出不符合资本化条件，会计核算上按规定计入财务费用。

（12）折旧费用 89 万元。其中 2015 年 12 月 31 日，阜城市天宏基业房地产开发有限公司将开发完工的商务楼转为自用办公楼，办公楼入账价值 960 万元，2016 年 10 月，将此办公楼对外销售。该办公楼采用年限平均法折旧，年限为 20 年，残值为零，2016 年度计提折旧 40 万元。

（13）营业外支出中，车辆交通违章罚款 2 000 元；通过中华慈善总会向希望小学捐款 120 万元，已取得财政部门印制的公益性捐赠票据；向当地书画社直接捐赠 5 万元。

（14）2016 年度，该公司按照会计准则的规定对应收账款计提了 150 万元的坏账准备，坏账准备期初金额为0。

（15）经当地税务机关批准，可弥补以前年度亏损额300万元，2016年度累计预缴企业所得税65万元。

除上述资料外无其他调整事项，根据上述资料进行阜城市天宏基业房地产开发有限公司2016年度的所得税汇算清缴。

【分析及纳税调整】

1．收入类纳税调整项目

（1）销售未完工开发产品取得收入的纳税调整

二期项目2016年度销售未完工开发产品收到预售款项6 000万元，在会计中是作为预收账款核算的，利润表的营业收入中并不包括销售当年未完工开发产品取得的收入6 000万元；而税法上，根据国税发〔2009〕31号文第九条“企业销售未完工开发产品取得的收入，应先按预计计税毛利率分季（或月）计算出预计毛利额，计入当期应纳税所得额”，会计与税法之间存在差异，所以应将其进行纳税调整。

销售未完工开发产品预计毛利额=6 000×15%=900万元

在填列年度纳税申报表时，在附表三第52行“房地产企业预售收入计算的预计利润”的“调增金额”栏填列900万元。

（2）开发产品完工后的纳税调整

根据国税发〔2009〕31号文第九条“开发产品完工后，企业应及时结算其计税成本并计算此前销售收入的实际毛利额，同时将其实际毛利额与其对应的预计毛利额之间的差额，计入当年度企业本项目与其他项目合并计算的应纳税所得额”，但需要对预计毛利额与实际毛额的差额进行纳税调整。

因考虑有的企业在开发产品完工后一段时间才能把工程决算办理完毕，完工时计算实际毛利额有一定难度，所以国税发〔2009〕31号文要求的是“及时结算”其计税成本并计算此前销售收入的实际毛利额，并没有要求完工时就结算。同时国税发〔2009〕31号文第三十五条对“及时”也作了明确规定，即开发产品完工以后，企业可以完工年度企业所得税汇算清缴前选择确定计税成本核算的终止日，不得滞后。凡已完工开发产品在完工年度未按规定结算计税成本，主管税务机关有权确定或核定其计税成本，据此进行纳税调整，并按《中华人民共和国税收征收管理法》的有关规定对其进行处理。

值得注意的是，这里对预计毛利额与实际毛利额的差异调整，仅限于未完工开发产品当年完工当年未确认收入部分，当年完工当年按照会计准则确认为收入部分的差异不需要调整。故本例中不需要进行调整。

在填列年度纳税申报表时，实际毛利额与其对应的预计毛利额之间的差额在纳税申报表的填列税法中并无明确的规定。为保持纳税申报表填报的一致性，实际毛利额与其对应的预计毛利额之间的差额在附表三第 54 行“其他”中填列。

在附表三第 54 行“其他”中“调减金额”一列填列 0。

开发产品完工年度，在企业所得税年度纳税申报时，企业须出具对该项开发产品实际毛利额与预计毛利额之前差异调整情况的报告以及税务机关需要的其他相关资料。

（3）销售完工开发产品取得的收入的纳税调整

因为会计与税法在确认收入时点上的不同，销售完工开发产品取得的收入分为两种情况：一种是销售完工开发产品符合会计准则的收入确认条件，会计上将其确认为营业收入；另一种是销售完工开发产品不符合会计准则的收入确认条件，会计上尚未将其确认为营业收入。

本例中一期项目完工后确认的 3 000 万元收入属于第一种情况，会计上确认了营业收入，如果税务与会计在确认收入的范围上一致，则不需要进行纳税调整。

本例是一期完工后会计尚未确认收入的 5 200 万元属于第二种情况，虽然开发产品符合完工的标准，但会计上因不符合企业会计准则的收入确认条件并没有将其确认为营业收入，利润表中“营业收入”并不含 5 200 万元收入，但按照税法规定，应为收入的实现计算征收企业所得税，所以需要对 5 200 万元进行纳税调整。

① 5 200 万元部分实际计税成本：（5 200 ÷ 5 000）×（20 400 ÷ 51 000）=4 160（万元）

② 5 200 万元部分的毛利额：5 200−4 160=1 040 万元

③ 纳税申报表填列。在填列年度纳税申报表时，在附表三第 54 行“其他”中“调增金额”一列填列 1 040 万元。值得注意的是，我们在此采用了调整毛利的方法，营业税金及附加在此没有作调整，在营业税金及附加调整时一并调整，以防遗漏。

（4）结转收入年度的纳税调整

在会计上确认收入年度，其利润表的“营业收入”项目中包含预收账款结转的收入，因这部分收入已经按规定缴纳过企业所得税，我们需要将这部分收入进行纳税调减。具体纳税调整时也存在两种情况：一种情况是当年取得的预收账款结转的收入；另一种情况是以前年度预收账款结转的收入。

① 以前年度取得的预收账款结转收入的预计毛利额纳税调整：12 000 × 15% =1 800 万元

② 本年累计已预收的企业所得税 65 万元。

③ 纳税申报表填列。在填列年度纳税申报表时，本期将以前年度的预收账款转入营业收入的，转回已按税法规定征收的预计毛利额（不含当年取得的预收账款结转收入部分）。在附表三第 52 行“房地产企业预售收入计算的预计利润”“调减金额”中填列 1 800 万元。

需要注意的是，在附表三第 52 行扣减计算的毛利额不含当年取得的预收账款结转为收入的部分，该部分在主表的第 34 行“减：本年累计实际已预缴的企业所得税额”填列。本例填列 65 万元。

（5）视同销售取得收入的纳税调整

阜城市天宏基业房地产开发有限公司 2016 年 6 月与其施工单位昆山建筑有限公司签订抵顶协议，将其开发的独栋商务楼一栋抵顶其工程欠款 2 200 万元。与该商务楼同户型的同期平均售价 2 100 万元，成本为 1 680 万元。

① 在会计处理上，以开发产品抵顶工程欠款应参照债务重组准则的原理，按照开发产品的公允价值确认主营业务收入 2 100 万元，工程欠款额 2 200 万元与确认收入 2 100 万元之间的差额 100 万元，应计入营业外收入。

② 在税务上，根据国税发〔2009〕31 号文第七条，“企业将开发产品用于捐赠、赞助、职工福利、奖励、对外投资、分配给股东或投资人、抵偿债务、换取其他企事业单位和个人的非货币性资产等行为，应视同销售，于开发产品所有权或使用权转移，或于实际取得利益权利时确认收入（或利润）的实现”。

可见，会计与税法不存在差异，不需要进行纳税调整。

③ 在填列年度纳税申报表时，在附表一第 23 行“债务重组收益”填列 100 万元。

（6）免税收入的纳税调整

会计处理中将国债利息收入、投资收益等计入企业的利润总额，而根据税法规定，企业的国债利息收入，符合条件的居民企业之间的股息为免税收入，两者之间产生差异，需要对免征收入进行纳税调整，调减当期应纳税所得额。

① 国债利息收入。在会计处理中，将国债利息收入 50 万元作为投资收益计入企业的利润总额，而根据税法规定，企业的国债利息收入为免税收入。需要对国债利息收入进行纳税调整，调减当期应纳税所得额。

② 被投资企业的股息。对于其全资子公司阜城市安防有限公司分回利润 200 万元，阜城市天宏基业房地产开发有限公司对阜城市安防有限公司采用成本法核算，应确认为投资收益，而税法规定符合条件的居民企业之间的股息为免税收入。故会计和税法之间产生差异，需要进行纳税调整。

此外，根据《中华人民共和国企业所得税法》第六条规定的股息、红利等权益性投资收益，不限于被投资单位接受投资后产生的累积净利润的分配额，所获得的利润或现金股利超过上述数额的部分不作为初始投资成本的收回。也就是说，被投资企业宣告分派的现金股利或利润，不论是投资前产生的，还是投资后产生的，从被投资方的累计净利润（包括累计未分配利润和盈余公积）中取得的任何分配支付额，都应当确认为当期股息、红利等权益性投资收益。股息、红利等权益性投资收益应当以被投资方做出利润分配决策的时间作为确认收入的实现的时间。企业对外投资期间，除追回或收回投资应当调整长期股权投资的计税基础外，长期股权投资的计税基础保持不变。

③ 纳税申报表填列。在附表十一第 1 行第 2 列“期初投资额”填列 2 500 万元，第 4 列“初始投资成本”填列 2 500 万元，第 6 列“会计核算投资收益”填列 200 万元，第 8 列“免税收入”填列 200 万元，第 10 列“会计与税收的差异”填列 0。

在附表五第 2 行“国债利息收入”填列 50 万元，第 3 行“符合条件的居民企业之间的股息、红利等权益性投资收益”填列 200 万元。

在附表三第 15 行“免税收入”“调减金额”填列 250 万元。

2．扣除类纳税调整项目

（1）营业成本纳税调整

因在利润表中列示的营业成本是会计销售成本，税法规定可在税前扣除的成本为计税成本，故需要对营业成本进行纳税调整。

① 会计营业成本为 16 646 万元。

② 税收计税营业成本：（20 300 ÷ 5 000）×（20 400 ÷ 51 000）=16 240（万元）

③ 营业成本纳税调整额：16 646−16 240=406 万元

④ 纳税申报表填列。在附表三第 40 行“其他”“调增金额”填列 406 万元。

（2）营业税金及附加纳税调整

对于企业销售开发产品取得收入应负担的营业税金及附加，无论是销售未完工开发产品，还是销售完工开发产品：

① 在会计处理中，按照权责发生制和配比原则，一般应在会计上确认收入时才计入“营业税金及附加”中。

② 在税法上，根据国税发〔2009〕31 号文第十二条规定，企业发生的期间费用、已销开发产品计税成本、营业税金及附加、土地增值税准予当期按规定扣除。

按此规定，销售未完工开发产品（当年未完工结转）交纳的相关税费，如营业税及附加、土地增值税可以在当年扣除，所以需要进行纳税调整。但是，如果会计上的销售未完工开发产品时已经确认“营业税金及附加”，则不需要纳税调整。

a. 销售未完工开发产品税费纳税调整：6 000 ×［3%+5% ×（1+7%+3%）］=510 万元

b. 销售完工开发产品税费纳税调整：5 200 ×［3%+5% ×（1+7%+3%）］=442 万元

c. 以前年度预收账款结转收入部分税费纳税调整。会计上将符合收入确认条件的预收账款结转为营业收入的年度，在利润表中的营业税金及附加项目中包含以前年度收到预收账款部分的税费，而这部分支出在以前年度已经按税法规定进行过扣除，需要对其进行纳税调减。

12 000 ×［3%+5% ×（1+7%+3%）］=1 020 万元

d. 纳税申报表填列。在附表三第 40 行“其他”行“账载金额”填列 17 666.6 万元，“税收金额”填列 171 192 万元“调减金额”列中填列 952 万元（510+442），“调增金额”列中填列 1426.6 万元。

（3）工资薪金及三项费用的纳税调整

① 工资薪金纳税调整。阜城市天宏基业房地产开发有限公司的全年工资支出 320 万元，在会计处理上已经作为成本费用在利润总额前扣除；根据税法规定，企业发生的合理工资薪金支出准予扣除。但对企业安置残疾人员支付工资 15 万元，税法在按照支付给残疾职工工资据实扣除的基础上，按照支付给残疾职工工资的 100% 加计扣除，需要对其进行纳税调整。

a. 会计列支的工资：320 万元

b. 税法规定的应扣除金额：320 万元

c. 纳税调整额：320−320=0

d. 纳税申报表填列。在附表三第 22 行“工资薪金支出”的“账载金额”填列 320 万元，“税收金额”填列 320 万元。

在附表五第 11 行“安置残疾人员所支付的工资”填列 15 万元，附表三第 39 行“加计扣除”的“调减金额”填列 15 万元。

② 职工福利费纳税调整。税法规定，企业发生的职工福利费支出，不超过工资薪金总额 14% 的部分，准予扣除。

a. 会计列支的职工福利费：47 万元

b. 税法规定的职工福利费扣除限额：320 × 14% =44.8 万元

c. 纳税调整额：47−44.8=2.2 万元

d. 纳税申报表填列。在附表三第 23 行“职工福利费支出”的“账载金额”填列 47 万元，“税收金额”填列 44.8 万元，“调增金额”填列 2.2 万元。

③ 工会经费纳税调整。税法规定，企业拨缴的工会经费，不超过工资薪金总额 2% 的部分，准予税前扣除。

a. 会计列支工会经费与税法上应确认的计入成本费用中工会经费的限额为 6.4 万元（320 × 2%），故不需要进行纳税调整。

b. 纳税申报表填列。在附表三第 25 行“工会经费支出”的“账载金额”和“税收金额”中分别填列 6.4 万元。

④ 职工教育经费纳税调整。税法规定，除国务院财政、税务主管部门另有规定外，企业发生的职工教育经费支出，不超过工资薪金总额 2.5% 的部分准予税前扣除；超过部分，准予在以后纳税年度结转扣除。

a. 会计上计入成本费用中职工教育经费为：7.5 万元

b. 税法规定的职工教育经费扣除限额：320 × 2.5% =8 万元

c. 可扣除上年度结转至本年度职工教育经费：8−7.5=0.5 万元

上年度结转未扣除的职工教育经费 1.5 万元（2−0.5）可结转到以后纳税年度扣除。

d. 纳税申报表填列。在附表三第 24 行“职工教育经费支出”的“账载金额”填列

7.5 万元，“税收金额”填列 8 万元，“调减金额”填列 0.5 万元。

（4）业务招待费纳税调整

对于企业发生的业务招待费支出 220 万元，在会计处理中，已经将其作为费用在计算利润总额时扣除；而根据税法规定，企业发生的与生产经营活动有关的业务招待费支出，按照发生额的 60% 扣除，但最高不得超过当年销售（营业）收入的 5‰。因此，税法上准予扣除的招待费，按实际发生的业务招待费 60% 与销售（营业）收入 5‰ 比较，按孰低金额扣除。

① 可作为业务招待费扣除限额计算基数的当年销售（营业）收入应为会计上当年确认的收入 20 500 万元（销售商品房收入和投资性房地产租赁收入），加上当年销售未完工开发产品取得的收入 6 000 万元和 5 200 万元，减去当年确认的收入中已作为以前年度扣除基数的销售未完工开发产品取得的收入 12 000 万元。

20 500+6 000+5 200−12 000=19 700 万元

注意

2015 年度销售未完工开发产品取得的收入 12 000 万元部分，如果没有在以前年度作为扣除基数则不应扣减。为简化处理，在此假设 12 000 万元已经作为以前年度的扣除基数。

② 确定业务招待费扣除限额。

发生额的 60%：220 × 60% =132 万元

当年销售（营业）收入的 5‰：19 700 × 5‰ =98.5 万元

因业务招待费实际发生额的 60% 为 132 万元，大于当年销售（营业）收入的 5‰（即 98.5 万元），故税法规定的业务招待费的扣除限额为 98.5 万元。

③ 确定纳税调整额：220−98.5=121.5 万元

④ 纳税申报表填列。在附表三第 26 行“业务招待费支出”的“账载金额”填列 220 万元，“税收金额”填列 98.5 万元，“调增金额”填列 121.5 万元。

（5）广告费、业务宣传费纳税调整

会计上对企业发生的广告费和业务宣传费没有限定条件，可以据实列支。税法规定，企业发生的符合条件的广告费和业务宣传费，除国务院财政、税务主管部门另有规定外，不超过当年销售（营业）收入 15% 的部分准予扣除；超过部分，准予在以后纳税年度结转扣除。企业发生的不符合上述条件的广告费和业务宣传费支出不允许税前扣除，应调增应纳税所得额；发生的符合条件的广告费和业务宣传费支出，超过税法扣除限额的部分，也应进行纳税调整，调增当年应纳税所得额；企业本年扣除的以前年度结转额，应调减当年应纳税所得额。因此，对按税法计税基数计算限额以内的广告费和业务宣传费支出，会计与税法无差异，超过部分应作纳税调整。

① 会计列支的广告费和业务宣传费：465+115=580 万元

② 税法规定的扣除限额：19 700×15% =2 955 万元

③ 上年度结转未扣除的广告、宣传费为 20 万元

④ 纳税调整额：20 万元。

注意

在此纳税调整额不是−2 355 万元（580+20−2 955），因为 2 355 万元并没有实际发生。

⑤ 纳税申报表填列。在附表八第 1 行“本年度广告费和业务宣传费支出”填列 580 万元，第 2 行“其中：不允许扣除的广告费和业务宣传费支出”填列 0，第 3 行“本年度符合条件的广告费和业务宣传费支出”填列 580 万元，第 4 行“本年度计算广告费和业务宣传费扣除限额的销售（营业）收入”填列 19 700 万元，第 5 行“税收规定的扣除率”填列 15%，第 6 行填列 2 955 万元，第 7 行填列 0，第 8 行填列 0，第 9 行填列 20 万元，第 10 行填列 20 万元，第 11 行填列 0。

在附表三第 27 行“广告费和业务宣传费支出”的“调减金额”填列 20 万元。

（6）基本养老保险及商业保险

① 为职工支付基本社会保险费。企业依照国务院有关主管部门或者省级人民政府规定的范围和标准为职工缴纳的基本养老保险费、基本医疗保险费、失业保险费、工伤保险费及生育保险费等基本社会保险费和住房公积金，准予扣除。会计上据实列支 15 万元，不需要进行纳税调整。

在附表三第 34 行“各类基本社会保障性缴款”的“账载金额”填列 15 万元，“税收金额”填列 15 万元。

② 为职工支付商业保险费。税法规定，企业参加财产保险，按照规定缴纳的保险费，准予扣除。企业为投资者或者职工支付的商业保险费，不得扣除。为职工支付的商业保险费会计上据实列支，因此需要对 6 000 元的商业保险费进行纳税调整。

在附表三第 40 行“其他”的“账载金额”填列 6 000 元，“税收金额”填列 0，“调增金额”填列 6 000 元。

（7）利息支出

税法规定，非金融企业向非金融企业借款的利息支出，不超过按照金融企业同期同类贷款利率计算的数额的部分可以税前扣除，超过部分不得扣除。会计核算上据实列支。本例中会计与税法利息支出的差额，需进行纳税调整。

税法上应确认的计入财务费用中的利息支出 48 万元（1 200×6%×8÷12），会计上确认的利息支出 64 万元（1 200×8%×8÷12），因此应纳税调整 16 万元（64−48）。

在附表三第 29 行“利息支出”的“账载金额”填列 64 万元，“税收金额”填列 48 万元，“调增金额”填列 16 万元。

（8）捐赠支出

会计处理中，企业按照国家统一会计制度实际发生的捐赠支出可以据实列支；税法规定，企业发生的公益救济性捐赠，在年度利润总额 12% 以内的部分，准予扣除；同时税法明确规定了公益性捐赠支出税前扣除的范围和条件。因为，对按税法计算基数计算限额以内的符合规定的公益救济性捐赠支出，会计上和税务上的处理无差异，超过部分应作纳税调增。

税法上确认的计入成本费用中公益救济性捐赠的限额为 121.81 万元（1 015.1 × 12%），会计上计入成本费用中公益救济性捐赠为 120 万元，准予税前扣除，不进行纳税调整。向当地书画社直接捐赠 5 万元按税法规定不能扣除，需要进行纳税调整。

在附表三第 28 行“捐赠支出”的“账载金额”填列 125 万元，“税收金额”填列 120 万元，“调增金额”填列 5 万元。

（9）罚款支出

会计处理上对于罚金、罚款和被没收财物的损失进行据实列支。税法规定，罚金、罚款和被没收财物的损失不得扣除，需要对车辆交通违章罚款 2 000 元进行纳税调增。

附表三第 31 行“罚金、罚款和被没收财物的损失”的“账载金额”填列 2 000 元，“调增金额”填列 2 000 元。

3．资产类调整项目

（1）折旧纳税调整

对于自用办公楼计提的折旧，会计上按照规定计入成本费用，而根据国税发〔2009〕31 号文第二十四条规定，企业开发产品转为自用的，其实际使用时间累计未超过 12 个月又销售的，不得在税前扣除折旧费用。如果开发产品实际使用时间累计超过 12 个月的，其折旧允许在税前扣除，处置的时候应按照固定资产清理处理。使用时间不超过 12 个月的，税法按销售开发产品处理。会计上按准则计提折旧计入成本费用，需要对计入成本费用的自用办公楼折旧 40 万元进行纳税调整。

在附表九第 2 行第 5 列“会计”填列 40 万元，第 2 行第 7 列“纳税调整额”填列 40 万元。

在附表三第 43 行“固定资产折旧”的“调增金额”填列 40 万元。

（2）投资性房地产

① 租金收入。根据会计准则规定，租金收入可按直线法确认收入，阜城市天宏基业房地产开发公司 2016 年确认租金收入 200 万元；税法规定，“租金收入，按照合同约定的债务人应付租金的日期确认收入的实现”，投资性房地产租赁收入在会计与税务处理上不存在差异，不需要进行纳税调整。

附表一（1）第 6 行“让渡资产使用权”填列 200 万元。

② 公允价值变动净收益的纳税调整。在会计处理中，投资性房地产采用公允价值模式计量的，不计提折旧或摊销，应当以资产负债表的公允价值计量，公允价值与原账面价值之间的差额计入当期损益；在税法处理上，企业采用公允价值模式对投资性房地产进行后续计量的，公允价值变动损益在计算应纳税所得额时不予确认，应进行纳税调整；投资性房地产可以按税法规定计提折旧或进行摊销。

2016 年 12 月 31 日，投资性房地产的账面价值为其公允价值 2 500 万元，其计税基础为取得成本扣除按照税法规定允许税前扣除的折旧额后的金额：

2 000−2 000 ÷ 20=1 900 万元

账面价值与计税基础的差额为 600 万元，应进行纳税调整 600 万元。

在附表七第 9 行第 3 列“账载金额（公允价值）”填列 2 500 万元，第 9 行第 4 列“计税基础”填列 1 900 万元，第 9 行第 5 列“纳税调整额”填列−600 万元。

在附表三第 10 行“公允价值变动净收益”第 4 列“调减金额”填列 600 万元。

4．准备金调整项目

对于会计上计提的 150 万元的资产减值损失，按税法规定，未经核定的准备金支出不得扣除，实际发生时按规定税前扣除，应进行纳税调整。

在附表十第 1 行第 1 列“期初余额”填列 0，第 1 行第 2 列“本期转回额”填列 0，第 1 行第 3 列“本期计提额”填列 150 万元，第 1 行第 4 列“期末余额”填列 150 万元，第 1 行第 5 列“纳税调整额”填列 150 万元。

在附表三第 51 行“准备金调整项目”的“调增金额”填列 150 万元。

5．税前弥补亏损

依据《中华人民共和国企业所得税》及其实施条例，纳税人某一纳税年度发生亏损，准予用以后年度的应纳税所得弥补；一年弥补不足的，可以逐年延续弥补；弥补期最长不得超过五年，五年内不论是盈利或亏损，都作为实际弥补年限计算。企业所得税弥补亏损明细表（附表四）填报本年及本年度纳税申报前五年度发生的尚未弥补的亏损额。

在附表四第 5 行第 2 列“盈利额或亏损额”填列−300 万元，第 5 行第 4 列“当年可弥补的所得额”填列−300 万元，第 6 行第 2 行数取自主表第 23 行“纳税调整后所得”，填列 1 079.1 万元，第 6 行第 10 列“本年度实际弥补的以前年度亏损额”金额等于第 1 行至第 5 行的合计数（第 6 行第 10 列的合计数≤第 6 行第 4 列的合计数）。

6．填列纳税申报表

按照以上的纳税调整结果，填列纳税申报表（主表及附表），如表 7-8 ~ 表 7-19 所示。

表 7-8　企业所得税纳税申报表（主表）

中华人民共和国企业所得税年度纳税申报表（A 类）

税款所属期间：2016 年 01 月 01 日 至 2016 年 12 月 31 日

纳税人名称：阜城市天宏基业房地产开发有限公司

纳税人识别号：499010078003507　　　　金额单位：元（列至角分）

类别	行次	项目	金额
利润总额计算	1	一、营业收入（填附表一）	205 000 000.00
	2	减：营业成本（填附表二）	166 460 000.00
	3	营业税金及附加	17 365 000.00
	4	销售费用（填附表二）	7 620 000.00
	5	管理费用（填附表二）	8 500 000.00
	6	财务费用（填附表二）	652 000.00
	7	资产减值损失	1 500 000.00
	8	加：公允价值变动收益	5 000 000.00
	9	投资收益	2 500 000.00
	10	二、营业利润	10 403 000.00
	11	加：营业外收入（填附表一）	1 000 000.00
	12	减：营业外支出（填附表二）	1 252 000.00
	13	三、利润总额（10＋11−12）	10 151 000.00
应纳税所得额计算	14	加：纳税调整增加额（填附表三）	37 015 000.00
	15	减：纳税调整减少额（填附表三）	36 375 000.00
	16	其中：不征税收入	0.00
	17	免税收入	2 500 000.00
	18	减计收入	
	19	减、免税项目所得	0.00
	20	加计扣除	150 000.00
	21	抵扣应纳税所得额	0.00
	22	加：境外应税所得弥补境内亏损	0.00
	23	纳税调整后所得（13＋14−15＋22）	10 791 000.00
	24	减：弥补以前年度亏损（填附表四）	3 000 000.00
	25	应纳税所得额（23−24）	7 791 000.00

续表

类别	行次	项目	金额
应纳税额计算	26	税率（25%）	25%
	27	应纳所得税额（25×26）	1 947 750.00
	28	减：减免所得税额（填附表五）	0.00
	29	减：抵免所得税额（填附表五）	0.00
	30	应纳税额（27-28-29）	1 947 750.00
	31	加：境外所得应纳所得税额（填附表六）	0.00
	32	减：境外所得抵免所得税额（填附表六）	0.00
	33	实际应纳所得税额（30+31-32）	1 947 750.00
	34	减:本年累计实际已预缴的所得税额	650 000.00
	35	其中:汇总纳税的总机构分摊预缴的税额	0.00
	36	汇总纳税的总机构财政调库预缴的税额	0.00
	37	汇总纳税的总机构所属分支机构分摊的预缴税额	0.00
	38	合并纳税（母子体制）成员企业就地预缴比例	0.00%
	39	合并纳税企业就地预缴的所得税额	0.00
	40	本年应补（退）的所得税额（33-34）	1 297 750.00
附列资料	41	以前年度多缴的所得税额在本年抵减额	0.00
	42	以前年度应缴未缴在本年入库所得税额	0.00
总分机构	43	总机构应分摊所得税额	0.00
	44	财政集中分配所得税额	0.00
	45	分支机构应分摊所得税额	0.00
	46	其中：总机构独立生产经营部门应分摊所得税额	0.00
纳税人公章：		代理申报中介机构公章：	主管税务机关受理专用章：
经办人：		经办人及执业证件号码：	受理人：
申报日期： 年 月 日		代理申报日期： 年 月 日	受理日期： 年 月 日

表 7-9　企业所得税年度纳税申报表附表一

收入明细表

填报时间：2016 年 08 月 17 日　　　　金额单位：元（列至角分）

行次	项目	金额
1	一、销售（营业）收入合计（2+13）	205 000 000.00
2	（一）营业收入合计（3+8）	205 000 000.00
3	1.主营业务收入（4+5+6+7）	205 000 000.00
4	（1）销售货物	203 000 000.00
5	（2）提供劳务	0.00
6	（3）让渡资产使用权	2 000 000.00
7	（4）建造合同	0.00
8	2.其他业务收入（9+10+11+12）	0.00
9	（1）材料销售收入	0.00
10	（2）代购代销手续费收入	0.00
11	（3）包装物出租收入	0.00
12	（4）其他	0.00
13	（二）视同销售收入（14+15+16）	0.00
14	（1）非货币性交易视同销售收入	0.00
15	（2）货物、财产、劳务视同销售收入	0.00
16	（3）其他视同销售收入	0.00
17	二、营业外收入（18+19+20+21+22+23+24+25+26）	1 000 000.00
18	1.固定资产盘盈	0.00
19	2.处置固定资产净收益	0.00
20	3.非货币性资产交易收益	0.00
21	4.出售无形资产收益	0.00
22	5.罚款净收入	0.00
23	6.债务重组收益	1 000 000.00
24	7.政府补助收入	0.00
25	8.捐赠收入	0.00
26	9.其他	0.00

经办人（签章）：　　　　法定代表人（签章）：

表 7-10 企业所得税年度纳税申报表附表二

成本费用明细表

填报时间：2016 年 08 月 17 日　　　　金额单位：元（列至角分）

行次	项目	金额
1	一、销售（营业）成本合计（2+7+12）	166 460 000.00
2	（一）主营业务成本（3+4+5+6）	166 460 000.00
3	（1）销售货物成本	166 460 000.00
4	（2）提供劳务成本	0.00
5	（3）让渡资产使用权成本	0.00
6	（4）建造合同成本	0.00
7	（二）其他业务成本（8+9+10+11）	0.00
8	（1）材料销售成本	0.00
9	（2）代购代销费用	0.00
10	（3）包装物出租成本	0.00
11	（4）其他	0.00
12	（三）视同销售成本（13+14+15）	0.00
13	（1）非货币性交易视同销售成本	0.00
14	（2）货物、财产、劳务视同销售成本	0.00
15	（3）其他视同销售成本	0.00
16	二、营业外支出（17+18+……+24）	1 252 000.00
17	1.固定资产盘亏	0.00
18	2.处置固定资产净损失	0.00
19	3.出售无形资产损失	0.00
20	4.债务重组损失	0.00
21	5.罚款支出	2 000.00
22	6.非常损失	0.00
23	7.捐赠支出	1 250 000.00
24	8.其他	0.00
25	三、期间费用（26+27+28）	16 772 000.00
26	1.销售（营业）费用	7 620 000.00
27	2.管理费用	8 500 000.00
28	3.财务费用	652 000.00

经办人（签章）：　　　　法定代表人（签章）：

表 7-11　企业所得税年度纳税申报表附表三

纳税调整项目明细表

填报时间：2016 年 08 月 17 日　　　　金额单位：元（列至角分）

行次	项目	账载金额	税收金额	调增金额	调减金额
		1	2	3	4
1	一、收入类调整项目	*	*	0.00	8 500 000.00
2	1. 视同销售收入（填写附表一）	*	*	0.00	*
3	2. 接受捐赠收入	*	0.00	0.00	*
4	3. 不符合税收规定的销售折扣和折让	0.00	0.00	0.00	*
5	4. 未按权责发生制原则确认的收入	0.00	0.00	0.00	0.00
6	5. 按权益法核算长期股权投资对初始投资成本调整确认收益	*	*	*	0.00
7	6. 按权益法核算的长期股权投资持有期间的投资损益	*	*	0.00	0.00
8	7. 特殊重组	0.00	0.00	0.00	0.00
9	8. 一般重组	0.00	0.00	0.00	0.00
10	9. 公允价值变动净收益（填写附表七）	*	*	0.00	6 000 000.00
11	10. 确认为递延收益的政府补助	0.00	0.00	0.00	0.00
12	11. 境外应税所得（填写附表六）	*	*	*	0.00
13	12. 不允许扣除的境外投资损失	*	*	0.00	*
14	13. 不征税收入（填附表一）	*	*	*	0.00
15	14. 免税收入（填附表五）	*	*	*	2 500 000.00
16	15. 减计收入（填附表五）	*	*	*	0.00
17	16. 减、免税项目所得（填附表五）	*	*	*	0.00
18	17. 抵扣应纳税所得额（填附表五）	*	*	*	0.00
19	18. 其他	0.00	0.00	0.00	0.00
19-1		0.00	0.00	0.00	0.00
20	二、扣除类调整项目	*	*	15 715 000.00	9 875 000.00
21	1. 视同销售成本（填写附表二）	*	*	*	0.00
22	2. 工资薪金支出	320 000.00	320 000.00	0.00	0.00
23	3. 职工福利费支出	470 000.00	448 000.00	22 000.00	0.00
24	4. 职工教育经费支出	75 000.00	80 000.00	0.00	5 000.00
25	5. 工会经费支出	64 000.00	64 000.00	0.00	0.00
26	6. 业务招待费支出	2 200 000.00	985 000.00	1 215 000.00	*
27	7. 广告费和业务宣传费支出（填写附表八）	*	*	0.00	200 000.00
28	8. 捐赠支出	1 250 000.00	1 200 000.00	50 000.00	*
29	9. 利息支出	640 000.00	480 000.00	160 000.00	0.00
30	10. 住房公积金	0.00	0.00	0.00	*
31	11. 罚金、罚款和被没收财物的损失	2 000.00	*	2 000.00	*

续表

行次	项目	账载金额	税收金额	调增金额	调减金额
		1	2	3	4
32	12. 税收滞纳金	0.00	*	0.00	*
33	13. 赞助支出	0.00	*	0.00	*
34	14. 各类基本社会保障性缴款	150 000.00	150 000.00	0.00	0.00
35	15. 补充养老保险、补充医疗保险	0.00	0.00	0.00	0.00
36	16. 与未实现融资收益相关在当期确认的财务费用	0.00	0.00	0.00	0.00
37	17. 与取得收入无关的支出	0.00	*	0.00	*
38	18. 不征税收入用于支出所形成的费用	0.00	*	0.00	*
39	19. 加计扣除（填附表五）	*	*	*	150 000.00
40	20. 其他	176 666 000.00	171 920 000.00	14 266 000.00	0.00
40-1		176 666 000.00	171 920 000.00	14 266 000.00	9 520 000.00
41	三、资产类调整项目	*	*	400 000.00	0.00
42	1. 财产损失	0.00	0.00	0.00	0.00
43	2. 固定资产折旧（填写附表九）	*	*	400 000.00	0.00
44	3. 生产性生物资产折旧（填写附表九）	*	*	0.00	0.00
45	4. 长期待摊费用的摊销（填写附表九）	*	*	0.00	0.00
46	5. 无形资产摊销（填写附表九）	*	*	0.00	0.00
47	6. 投资转让、处置所得（填写附表十一）	*	*	0.00	0.00
48	7.油气勘探投资(填写附表九)	*	*	0.00	0.00
49	8.油气开发投资(填写附表九)	*	*	0.00	0.00
50	9. 其他	0.00	0.00	0.00	0.00
50-1		0.00	0.00	0.00	0.00
51	四、准备金调整项目（填写附表十）	*	*	1 500 000.00	0.00
52	五、房地产企业预售收入计算的预计利润	*	*	9 000 000.00	18 000 000.00
53	六、特别纳税调整应税所得	*	*	0.00	*
54	七、其他	*	*	10 400 000.00	0.00
55	合　　计	*	*	27 495 000.00	26 855 000.00
注:	1. 标有*的行次，纳税人按照适用的国家统一会计制度填报。 2. 没有标注的行次,无论执行何种会计核算办法,有差异就填报相应行次,填*号不可填列。 3. 有二级附表的项目只填调增、调减金额，账载金额、税收金额不再填写。				

经办人（签章）:　　　　　　　　　　法定代表人（签章）:

表 7-12 企业所得税年度纳税申报表附表四

企业所得税弥补亏损明细表

填报时间：2016 年 08 月 17 日　　　　金额单位：元(列至角分)

行次	项目	年度	盈利额或亏损额	合并分立企业转入可弥补亏损额	当年可弥补的所得额	以前年度亏损弥补额					本年度实际弥补的以前年度亏损额	可结转以后年度弥补的亏损额
						前四年度 (2012)	前三年度 (2013)	前二年度 (2014)	前一年度 (2015)	合计		
		1	2	3	4	5	6	7	8	9	10	11
1	第一年	2011	0.00	0.00	0.00	0.00	0.00	0.00	0.00	0.00	0.00	*
2	第二年	2012	0.00	0.00	0.00	*	0.00	0.00	0.00	0.00	0.00	0.00
3	第三年	2013	0.00	0.00	0.00	*	*	0.00	0.00	0.00	0.00	0.00
4	第四年	2014	0.00	0.00	0.00	*	*	*	0.00	0.00	0.00	0.00
5	第五年	2015	−3 000 000.00	0.00	−3 000 000.00	*	*	*	*	0.00	3 000 000.00	0.00
6	本年	2016	10 791 000.00	0.00	10 791 000.00	*	*	*	*	*	3 000 000.00	0.00
7	可结转以后年度弥补的亏损额合计											0.00

经办人(签章):　　　　法定代表人（签章）：

表 7-13 企业所得税年度纳税申报表附表五

税收优惠明细表

填报时间：2016 年 8 月 17 日　　　　金额单位：元（列至角分）

行次	项目	金额
1	一、免税收入(2+3+4+5)	2 500 000.00
2	1. 国债利息收入	500 000.00
3	2. 符合条件的居民企业之间的股息、红利等权益性投资收益	2 000 000.00
4	3. 符合条件的非营利组织的收入	0.00
5	4. 其他	0.00
6	二、减计收入(7+8)	0.00
7	1. 企业综合利用资源,生产符合国家产业政策规定的产品所取得的收入	0.00
8	2. 其他	0.00
9	三、加计扣除额合计(10+11+12+13)	150 000.00
10	1. 开发新技术、新产品、新工艺发生的研究开发费用	0.00
11	2. 安置残疾人员所支付的工资	150 000.00
12	3. 国家鼓励安置的其他就业人员支付的工资	0.00
13	4. 其他	0.00
14	四、减免所得额合计(15+25+29+30+31+32)	0.00
15	(一)免税所得(16+17+…+24)	0.00
16	1. 蔬菜、谷物、薯类、油料、豆类、棉花、麻类、糖料、水果、坚果的种植	0.00
17	2. 农作物新品种的选育	0.00
18	3. 中药材的种植	0.00
19	4. 林木的培育和种植	0.00
20	5. 牲畜、家禽的饲养	0.00
21	6. 林产品的采集	0.00
22	7. 灌溉、农产品初加工、兽医、农技推广、农机作业和维修等农、林、牧、渔服务业项目	0.00
23	8. 远洋捕捞	0.00
24	9. 其他	0.00
25	(二)减税所得(26+27+28)	0.00
26	1. 花卉、茶以及其他饮料作物和香料作物的种植	0.00
27	2. 海水养殖、内陆养殖	0.00

续表

行次	项目	金额
28	3. 其他	0.00
29	(三)从事国家重点扶持的公共基础设施项目投资经营的所得	0.00
30	(四)从事符合条件的环境保护、节能节水项目的所得	0.00
31	(五)符合条件的技术转让所得	0.00
32	(六)其他	0.00
33	五、减免税合计(34+35+36+37+38)	0.00
34	(一)符合条件的小型微利企业	0.00
35	(二)国家需要重点扶持的高新技术企业	0.00
36	(三)民族自治地方的企业应缴纳的企业所得税中属于地方分享的部分	0.00
37	(四)过渡期税收优惠	0.00
38	(五)其他	0.00
39	六、创业投资企业抵扣的应纳税所得额	0.00
40	七、抵免所得税额合计(41+42+43+44)	0.00
41	(一)企业购置用于环境保护专用设备的投资额抵免的税额	0.00
42	(二)企业购置用于节能节水专用设备的投资额抵免的税额	0.00
43	(三)企业购置用于安全生产专用设备的投资额抵免的税额	0.00
44	(四)其他	0.00
45	企业从业人数(全年平均人数)	略
46	资产总额(全年平均数)	略
47	所属行业(工业企业　其他企业)	其他企业

经办人(签章):　　　　　　　　　　法定代表人(签章):

表 7-14　企业所得税年度纳税申报表附表六

境外所得税抵免计算明细表

填报时间：2016 年 8 月 17 日　　　　金额单位：元（列至角分）

抵免方式	国家或地区	境外所得	境外所得换算含税所得	弥补以前年度亏损	免税所得	弥补亏损前境外应税所得额	可弥补境内亏损	境外应纳税所得额	税率	境外所得应纳税额	境外所得可抵免税额	境外所得税款抵免限额	本年可抵免的境外所得税款	未超过境外所得税款抵免限额的余额	本年可抵免以前年度所得税额	前五年境外所得已缴税款未抵免余额	定率抵免
	1	2	3	4	5	6（3-4-5）	7	8（6-7）	9	10（8×9）	11	12	13	14(12-13)	15	16	17
直接抵免		0.00	0.00	0.00	0.00	0.00	0.00	0.00	25%	0.00	0.00	0.00	0.00	0.00	0.00	0.00	0.00
		0.00	0.00	0.00	0.00	0.00	0.00	0.00	25%	0.00	0.00	0.00	0.00	0.00	0.00	0.00	0.00
		0.00	0.00	0.00	0.00	0.00	0.00	0.00	25%	0.00	0.00	0.00	0.00	0.00	0.00	0.00	0.00
		0.00	0.00	0.00	0.00	0.00	0.00	0.00	25%	0.00	0.00	0.00	0.00	0.00	0.00	0.00	0.00
间接抵免		0.00	0.00	*	*	0.00	0.00	0.00	25%	0.00	0.00	0.00	0.00	*	*	*	0.00
		0.00	0.00	*	*	0.00	0.00	0.00	25%	0.00	0.00	0.00	0.00	*	*	*	0.00
		0.00	0.00	*	*	0.00	0.00	0.00	25%	0.00	0.00	0.00	0.00	*	*	*	0.00
		0.00	0.00	*	*	0.00	0.00	0.00	25%	0.00	0.00	0.00	0.00	*	*	*	0.00
	合计	0.00	0.00	0.00	0.00	0.00	0.00	0.00	25%	0.00	0.00	0.00	0.00	0.00	0.00	0.00	0.00

经办人（签章）：　　　　法定代表人（签章）：

表 7-15　企业所得税年度纳税申报表附表七

以公允价值计量资产纳税调整表

填报时间：2016 年 8 月 17 日　　　　金额单位：元（列至角分）

行次	资产种类	期初金额		期末金额		纳税调整额(纳税调减以“–”表示)
		账载金额（公允价值）	计税基础	账载金额（公允价值）	计税基础	
		1	2	3	4	5
1	一、公允价值计量且其变动计入当期损益的金融资产	0.00	0.00	0.00	0.00	0.00
2	1.交易性金融资产	0.00	0.00	0.00	0.00	0.00
3	2.衍生金融工具	0.00	0.00	0.00	0.00	0.00
4	3.其他以公允价值计量的金融资产	0.00	0.00	0.00	0.00	0.00
5	二、公允价值计量且其变动计入当期损益的金融负债	0.00	0.00	0.00	0.00	0.00
6	1.交易性金融负债	0.00	0.00	0.00	0.00	0.00
7	2.衍生金融工具	0.00	0.00	0.00	0.00	0.00
8	3.其他以公允价值计量的金融负债	0.00	0.00	0.00	0.00	0.00
9	三、投资性房地产	0.00	0.00	25 000 000.00	19 000 000.00	–6 000 000.00
10	合计	0.00	0.00	25 000 000.00	19 000 000.00	–6 000 000.00

经办人:　　　　经办人(签章):　　　　法定代表人（签章）：

表 7-16　企业所得税年度纳税申报表附表八

广告费和业务宣传费跨年度纳税调整表

填报时间：2016 年 8 月 17 日　　　　金额单位：元（列至角分）

行次	项目	金额
1	本年度广告费和业务宣传费支出	5 800 000.00
2	其中：不允许扣除的广告费和业务宣传费支出	0.00
3	本年度符合条件的广告费和业务宣传费支出（1－2）	5 800 000.00
4	本年计算广告费和业务宣传费扣除限额的销售（营业）收入	197 000 000.00
5	税收规定的扣除率	15.00%
6	本年广告费和业务宣传费扣除限额（4×5）	29 550 000.00
7	本年广告费和业务宣传费支出纳税调整额(3≤6,本行＝2 行；3＞6，本行＝1－6)	0.00
8	本年结转以后年度扣除额（3＞6，本行＝3－6；3≤6，本行＝0）	0.00
9	加：以前年度累计结转扣除额	200 000.00
10	减：本年扣除的以前年度结转额	200 000.00
11	累计结转以后年度扣除额（8＋9－10）	0.00

经办人（签章）：　　　　法定代表人（签章）：

表 7-17　企业所得税年度纳税申报表附表九

资产折旧、摊销纳税调整明细表

填报时间：2016 年 8 月 17 日　　　　金额单位：元（列至角分）

行次	资产类别	资产原值		折旧、摊销年限		本期折旧、摊销额		纳税调整额
		账载金额	计税基础	会计	税收	会计	税收	
		1	2	3	4	5	6	7
1	一、固定资产	略	略	*	*	890 000.00	4 900 000.00	400 000.00
2	1.房屋建筑物	9 600 000.00	9 600 000.00	20.00	20.00	400 000.00	0.00	400 000.00
3	2.飞机、火车、轮船、机器、机械和其他生产设备	略	略	0.00	0.00	略	略	0.00
4	3.与生产经营有关的器具、工具、家具	略	略	0.00	0.00	略	略	0.00
5	4.飞机、火车、轮船以外的运输工具	略	略	0.00	0.00	略	略	0.00
6	5.电子设备	略	略	0.00	0.00	略	略	0.00
7	二、生产性生物资产	0.00	0.00	*	*	0.00	0.00	0.00
8	1.林木类	0.00	0.00	0.00	0.00	0.00	0.00	0.00
9	2.畜类	0.00	0.00	0.00	0.00	0.00	0.00	0.00
10	三、长期待摊费用	0.00	0.00	*	*	0.00	0.00	0.00
11	1.已足额提取折旧的固定资产的改建支出	0.00	0.00	0.00	0.00	0.00	0.00	0.00
12	2.租入固定资产的改建支出	0.00	0.00	0.00	0.00	0.00	0.00	0.00
13	3.固定资产大修理支出	0.00	0.00	0.00	0.00	0.00	0.00	0.00
14	4.其他长期待摊费用	0.00	0.00	0.00	0.00	0.00	0.00	0.00
15	四、无形资产	0.00	0.00	0.00	0.00	0.00	0.00	0.00
16	五、油气勘探投资	0.00	0.00	0.00	0.00	0.00	0.00	0.00
17	六、油气开发投资	0.00	0.00	0.00	0.00	0.00	0.00	0.00
18	合计	9 600 000.00	9 600 000.00	*	*	400 000.00	0.00	400 000.00

经办人（签章）：　　　　法定代表人（签章）：

表 7-18　企业所得税年度纳税申报表附表十

资产减值准备项目调整明细表

填报时间：2016 年 8 月 17 日　　　　　　金额单位：元（列至角分）

行次	准备金类别	期初余额	本期转回额	本期计提额	期末余额	纳税调整额
		1	2	3	4	5
1	坏（呆）账准备	0.00	0.00	1 500 000.00	1 500 000.00	1 500 000.00
2	存货跌价准备	0.00	0.00	0.00	0.00	0.00
3	*其中：消耗性生物资产减值准备	0.00	0.00	0.00	0.00	0.00
4	*持有至到期投资减值准备	0.00	0.00	0.00	0.00	0.00
5	*可供出售金融资产减值	0.00	—	0.00	0.00	0.00
6	#短期投资跌价准备	0.00	0.00	0.00	0.00	0.00
7	长期股权投资减值准备	0.00	0.00	0.00	0.00	0.00
8	*投资性房地产减值准备	0.00	0.00	0.00	0.00	0.00
9	固定资产减值准备	0.00	0.00	0.00	0.00	0.00
10	在建工程（工程物资）减值准备	0.00	0.00	0.00	0.00	0.00
11	*生产性生物资产减值准备	0.00	0.00	0.00	0.00	0.00
12	无形资产减值准备	0.00	0.00	0.00	0.00	0.00
13	商誉减值准备	0.00	0.00	0.00	0.00	0.00
14	贷款损失准备	0.00	0.00	0.00	0.00	0.00
15	矿区权益减值	0.00	0.00	0.00	0.00	0.00
16	其他	0.00	0.00	0.00	0.00	0.00
17	合计	0.00	0.00	1 500 000.00	1 500 000.00	1 500 000.00

注：标有*或 # 的行次，纳税人分别按照适用的国家统一会计制度填报。

经办人(签章):　　　　　　法定代表人（签章）：

表 7-19 企业所得税年度纳税申报表附表十一

长期股权投资所得（损失）明细表

填报时间：2016 年 8 月 17 日　　　　金额单位：元（列至角分）

行次	被投资企业	期初投资额	本年度增(减)投资额	投资成本		股息红利					投资转让所得（损失）					
				初始投资成本	权益法核算对初始投资成本调整产生的收益	会计核算投资收益	会计投资损益	税收确认的股息红利		会计与税收的差异	投资转让净收入	投资转让的会计成本	投资转让的税收成本	会计上确认的转让所得或损失	按税收计算的投资转让所得或损失	会计与税收的差异
								免税收入	全额征税收入							
	1	2	3	4	5	6（7+14）	7	8	9	0（7-8-9）	11	12	13	4（11-12）	5（11-13）	6（14-15）
1	阜城市安防有限公司	25 000 000.00	0.00	25 000 000.00	0.00	2 000 000.00	2 000 000.00	2 000 000.00	0.00	0.00	0.00	0.00	0.00	0.00	0.00	0.00
2		0.00	0.00	0.00	0.00	0.00	0.00	0.00	0.00	0.00	0.00	0.00	0.00	0.00	0.00	0.00
合计	—	25 000 000.00	0.00	25 000 000.00	0.00	2 000 000.00	2 000 000.00	2 000 000.00	0.00	0.00	0.00	0.00	0.00	0.00	0.00	0.00

投资损失补充资料

行次	项目	年度	当年度结转金额	已弥补金额	本年度弥补金额	结转以后年度待弥补金额	备注：
1	第一年	2011	0.00	0.00	0.00	0.00	
2	第二年	2012	0.00	0.00	0.00	0.00	
3	第三年	2013	0.00	0.00	0.00	0.00	
4	第四年	2014	0.00	0.00	0.00	0.00	
5	第五年	2015	0.00	0.00	0.00	0.00	
以前年度结转在本年度税前扣除的股权投资转让损失					0.00		

经办人（签章）：　　　　法定代表人（签章）：

7.3 企业所得税会计

我国所得税会计采用的是资产负债表债务法，要求房地产开发企业从资产负债表出发，通过比较资产负债表上列示的资产、负债的账面价值与其计税基础，对两者之间的差异分应纳税暂时性差异与可抵扣暂时性差异，确认资产负债表中的“递延所得税负债”与“递延所得税资产”，并在此基础上确定第一会计期间利润表中的“所得税费用”。采用资产负债表债务法核算所得税的情况下，房地产开发企业一般应于每一资产负债表日进行所得税会计处理。

7.3.1 企业所得税会计的一般程序

进行所得税会计处理一般应遵循的程序如图 7-4 所示。

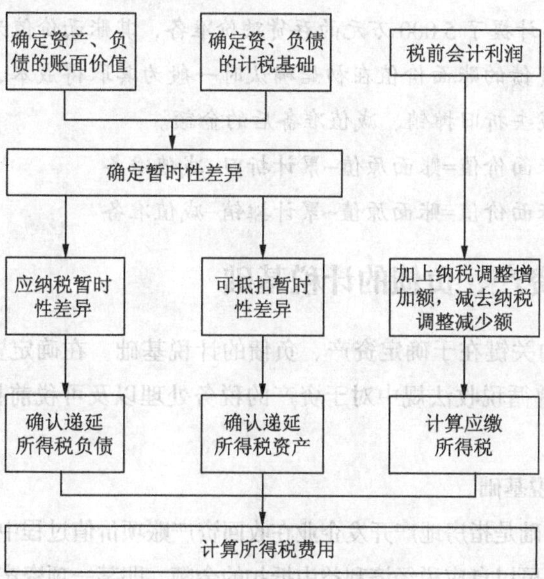

图 7-4 所得税会计处理程序

（1）按照相关会计准则规定确定资产负债表中除递延所得税资产和递延所得税负债以外的其他资产和负债项目的账面价值。

（2）按照税收相关法律法规的规定，确定资产负债表中有关资产、负债项目的计税基础。

（3）比较资产、负债的账面价值与其计税基础，对两者之间存在的差异进行分析，除准则中规定的特殊情况外，应区分应纳税暂时性差异与可抵扣暂时性差异，确定资产负债表日递延所得税负债金额或应予转销的金额，作为递延所得税。

（4）就房地产开发企业当期发生的交易和事项，按照适用的税法规定计算确定当期应纳税所得额，将应纳税所得额与适用的所得税税率计算的结果确认为当期应交所得税。

（5）确定利润表中的所得税费用。利润表中的所得税费用包括当期所得税（当期应交所得税）和递延所得税两个组成部分，企业在计算确定了当期所得税和递延所得税后，两者之和（或之差）是利润表中的所得税费用。

7.3.2 资产、负债的账面价值

资产、负债的账面价值是指房地产开发企业按照相关会计准则的规定进行核算后在资产负债表中列示的金额。对于计提了减值准备的各项资产的账面价值，是指其账面余额减去已计提的减值准备后的金额。

【例 7-3】天宏基业房地产开发公司持有的开发产品账面价值为 50 000 万元，企业对该开发产品计提了 5 000 万元的存货跌价准备，其账面价值为 45 000 万元。

解：资产、负债的账面价值在初始确认时一般为其取得成本，持有期间的账面价值为实际成本减去折旧摊销、减值准备后的金额。

固定资产的账面价值=账面原值−累计折旧−减值准备

无形资产的账面价值=账面原值−累计摊销−减值准备

7.3.3 资产、负债的计税基础

所得税会计的关键在于确定资产、负债的计税基础。在确定资产、负债的计税基础时，应严格遵循税收法规中对于资产的税务处理以及可税前扣除的费用等的规定进行。

1．资产的计税基础

资产的计税基础是指房地产开发企业在收回资产账项价值过程中，计算应纳税所得额时按照税法规定可以自应税经济利益中抵扣的金额，即某一项资产在未来期间计税时按照税法规定可税前扣除的金额。按不同的时间，其计税基础如下。

（1）资产在初始确认时

资产在初始确认时，其计税基础一般为取得成本，即企业为取得某项资产支付的成本在未来期间准予税前扣除。

（2）资产持续期间

在资产持续期间，其计税基础是指资产的取得成本减去以前期间按照税法规定已经税前扣除的金额后的余额。如固定资产、无形资产等长期资产在某一资产负债表日的计税基础是指其成本扣除按照税法规定已在以前期间税前扣除的累计折旧额或累计摊销额后的金额。

对于不同的资产，其计税基础也不尽相同，具体如下。

① 开发产品。国税发〔2009〕31 号文第四章对“计税成本”进行了专门规定，会计成本与计税成本之间可能存在差异，从而造成开发产品的计税基础与账面价值之间存在差异。

② 投资性房地产。房地产开发企业持有的投资性房地产进行后续计量时，会计准则规定可以采用两种模式。

一种是采用成本模式计量的投资性房地产，其账面价值与计税基础的确定与固定资产、无形资产相同。

另一种是在符合规定条件的情况下，可以采用公允价值模式对投资性房地产进行后续计量。采用公允价值模式进行后续计量的投资性房地产，其资产负债表日的账面价值为公允价值。税法规定，企业以公允价值计量的投资性房地产，持有期间公允价值的变动不计入应纳税所得额。

按照此规定，以公允价值计量的投资性房地产在持有期间市价的波动在计税时不予考虑，投资性房地产在持有期间的计税基础为其取得成本。

【例 7-4】2016 年 1 月 1 日，天宏基业房地产开发公司与东方物业管理有限公司签订租赁协议，约定将其开发的一栋商务楼于开发完成的同时租赁给东方物业管理有限公司使用。当年 6 月 12 日，该写字楼开发完成的同时开始租赁给东方物业管理有限公司使用。写字楼的造价为 800 万元。2016 年 12 月 31 日，该写字楼的公允价值为 900 万元。假定税法规定该资产的折旧方法为年限平均法，折旧年限为 20 年，预计净残值率为 5%。

解：该投资性房地产在 2016 年 12 月 31 日的账面价值为其公允价值 900 万元，其计税基础为取得成本扣除按照税法规定允许税前扣除的折旧额后的金额。

该投资性房地产计税基础=800−800×（1−5%）÷20÷12×6=781 万元

③ 固定资产。以各种方式取得的固定资产，初始确认时按照会计准则规定确定的入账价值基本上是被税法认可的，即取得时其账面价值一般等于计税基础。

固定资产在持有期间，税法规定的计税基础为固定资产原值减去按税法规定的方法计算的累计折旧。

【例 7-5】天宏基业房地产开发公司于 2016 年 12 月 20 日取得某商铺固定资产，原价为 880 万元，使用年限为 8 年，会计上采用年限平均法计提折旧，净残值为零。计税时，按照适用税法规定，其最低使用寿命为 10 年，采用年限平均法计提的折旧可予税前扣除，净残值为零。2017 年 12 月 31 日，企业估计该固定资产的可收回金额为 700 万元。

解：① 2017 年 12 月 31 日，该项固定资产的账面余额=880−880 ÷ 8=770 万元；该账面余额大于其可收回金额 700 万元，两者之间的差额应计提 70 万元的固定资产减值准备。

② 2017 年12月 31 日，该项固定资产的账面价值=770−70=700 万元

③ 该项固定资产的计税基础=880−880 ÷ 10=792 万元

④ 无形资产。除内部研究开发形成的无形资产以外，其他方式取得的无形资产，初始确认时的计税基础一般为按照会计准则规定确定的入账价值。

a. 内部研究开发形成的无形资产，税法规定以开发过程中该资产符合资本化条件后至达到预定用途前发生的支出为计税基础。另外，税法中还规定企业为开发新技术、新产品和新工艺发生的研究开发费用，形成无形资产的，按照无形资产成本的150% 摊销。

【例 7-6】天宏基业房地产开发公司当期为开发新技术发生研究开发支出为2 500 万元，其中研究阶段支出 600 万元，开发阶段符合资本化条件前发生的支出为 400 万元，符合资本化条件后至达到预定用途前发生的支出为 1 500 万元。

解：天宏基业房地产开发公司当期发生的研究开发支出中，按照会计准则规定应予费用化的金额为 1 000 万元，形成无形资产的成本为 1 500 万元，即期末所形成无形资产的账面价值为 1 500 万元。

所形成无形资产在未来期间可予税前扣除的金额为 2 250 万元（1500 × 150%），其计税基础为 2 250 万元。

b. 无形资产在后续计量时，会计与税收的差异主要在于是否需要摊销及无形资产减值准备的提取。

会计准则规定，应根据无形资产的使用寿命情况，区分为使用寿命有限的无形资产与使用寿命不确定的无形资产。对于使用寿命不确定的无形资产，不要求摊销，但持有期间每年应进行减值测试。税法规定，企业取得的无形资产成本，应在一定期限内摊销。

【例 7-7】天宏基业房地产开发公司 2016 年 1 月 1 日取得某项无形资产，取得成本为 1 200 万元，取得该项无形资产后，根据各方面情况判断，无法合理预计其使用期限，将其作为使用寿命不确定的无形资产。2016 年 12 月 31 日，对该项无形资产进行减值测试表明其发生减值。企业在计税时，对该项无形资产按照 10 年的期限摊销，摊销金额允许税前扣除。

解：2016 年 12 月 31 日该项无形资产的账面价值为 1 200 万元。

2016 年 12 月 31 日该项无形资产的计税基础=1 200−1 200 ÷ 10=1 080 万元

⑤ 计提资产减值准备的各项资产。资产计提了减值准备后，其账面价值会随之下

降，而税法规定资产在发生实质性损失之前，不允许税前扣除，即其计税基础不会因减值准备的提取而变化，造成在计提资产减值准备以后，资产的账面价值与计税基础之间的差异。

应收账款计提坏账准备、其他应收款计提坏账准备、开发产品计提存货减值准备、固定资产在持有期间计提减值准备和使用寿命不确定的无形资产计提无形资产减值准备，但计税时按照税法规定计提的资产减值准备不允许税前扣除，造成该类账面价值与计税基础的差异。

【例 7-8】天宏基业房地产开发公司 2016 年 12 月 31 日应收账款余额为 5 000 万元，该公司期末对应收账款计提了 400 万元的坏账准备。税法规定，不符合国务院财政、税务主管部门规定的各项资产减值准备不允许税前扣除。假定该公司应收账款及坏账准备的期初余额均为 0。

解：2016 年 12 月 31 日，应收账款的账面价值=5 000−400=4 600 万元

2016 年 12 月 31 日，应收账款的计税基础为 5 000 万元。

2．负债的计税基础

负债的计税基础是指负债的账面价值减去未来期间计算应纳税所得额时按照税法规定可予抵扣的金额。用公式表示为：

负债的计税基础=账面价值−未来期间按照税法规定可予税前扣除的金额

负债的确认与偿还一般不会影响企业的损益，也不会影响其应纳税所得额，未来期间计算应纳税所得额时按照税法规定可予抵扣的金额为零，计税基础即为账面价值。但是，某些情况下负债的确认可能会影响企业的损益，进而影响不同期间的应纳税所得额，使得其计税基础与账面价值之间产生差额，如按照会计规定确认的某些预计负债。

（1）预收账款

房地产开发企业在收到客户预付的房款时，因不符合会计准则规定的收入确认条件，会计上将其确认为负债。而按照税法规定应计入收款当期的应纳税所得额，有关预收账款的计税基础为零，即因其产生时已经计算缴纳所得税，未来期间可全额税前扣除。

【例 7-9】天宏基业房地产开发公司 2016 年 10 月 31 日预收账款余额为 3 000 万元，预收账款已按税法规定计入应纳税所得额计算缴纳所得税。

解：2016 年 10 月 31 日，预收账款的账面价值为 3 000 万元。

2016 年 10 月 31 日，预收账款的计税基础=账面价值 3 000 万元−未来期间计算应纳税所得额时按税法规定可予抵扣的金额 3 000 万元=0。

（2）应付职工薪酬

会计准则规定，企业为获得职工提供的服务给予的各种形式的报酬以及其他相关支出均应作为企业的成本费用，在未支付之前确认为负债。税法中对于合理的职工薪酬基

本允许税前扣除，但税法中明确规定了税前扣除标准的，按照会计准则规定计入成本费用支出的金额超过规定标准部分，应进行纳税调整。

【例 7-10】天宏基业房地产开发公司 2015 年 12 月计入成本费用的职工工资总额为 150 万元，至 2016 年 12 月 31 日尚未支付。按照适用税法规定，当期计入成本费用的 150 万元工资支出中，可予税前扣除的合理部分为 120 万元。

解：该项应付职工薪酬负债的账面价值为 150 万元。

该项应付职工薪酬负债的计税基础=账面价值 150 万元-未来期间计算应纳税所得额时按照税法规定可予抵扣的金额=150-0=150 万元。

另外，房地产开发企业发生的符合条件的广告费和业务宣传费支出，除另有规定外，不超过当年销售收入 15% 的部分，准予扣除；超过部分准予在以后纳税年度结转扣除。该类费用在发生时按照会计准则规定即计入当期损益，不形成资产负债表中的资产，但按照税法规定可以确定其计税基础。

7.3.4 递延所得税资产、递延所得税负债

资产、负债的账面价值与其计税基础不同会产生暂时性差异，根据暂时性差异对未来期间应纳税所得额的影响，分为应纳税暂时性差异和可抵扣暂时性差异。除因资产、负债的账面价值与计税基础不同产生的暂时性差异外，按照税法规定可以结转以后年度的未弥补亏损和税款递减，也视为可抵扣暂时性差异。

因资产、负债的账面价值与其计税基础不同，产生了在未来收回资产或清偿负债的期间内，应纳税所得额增加或减少并导致未来期间应交所得税增加或减少的情况，形成企业的资产或负债。在有关暂时性差异发生当期，符合确认条件的情况下，应当确认相关的递延所得税负债或递延所得税资产。

1. 递延所得税资产、递延所得税负债的确认

资产负债表债务法在所得税的会计核算方面贯彻了资产、负债的界定。从资产负债角度考虑，资产的账面价值代表的是某项资产在持续持有及最终处置的一定期间内为企业带来未来经济利益的总额，而其计税基础代表的是该期间内按照税法规定就该项资产可以税前扣除的总额。负债产生的暂时性差异实质上是税法规定就该项负债可以在未来期间税前扣除的金额，如图 7-5 所示。

2. 特殊项目产生的递延所得税资产、负债

（1）未作为资产、负债确认的项目产生的暂时性差异

某项交易或事项发生以后，因为不符合资产、负债确认条件而未体现为资产负债表中的资产或负债，但按照税法规定能够确定其计税基础的，其账面价值与计税基础之间的差异也构成暂时性差异。

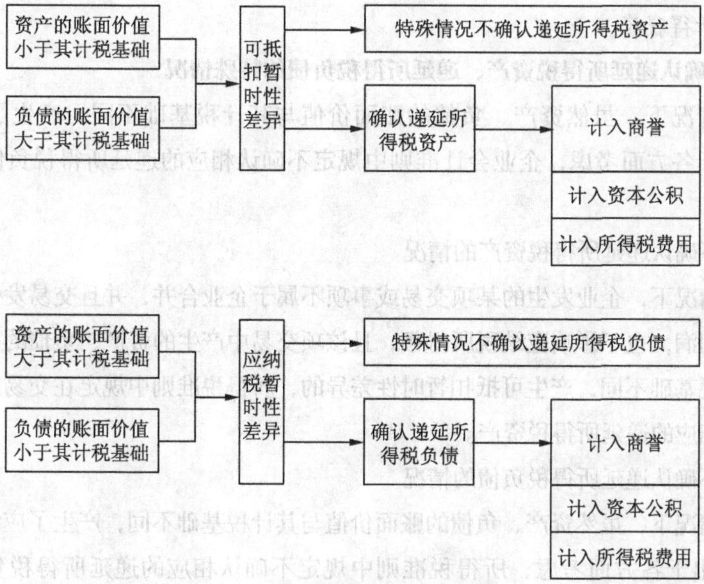

图 7-5 递延所得税资产、负债确认

【例 7-11】天宏基业房地产开发公司 2016 年开发新项目，当年末实现销售收入，发生广告费支出 600 万元，发生时已作为销售费用计入当期损益。因当年未实现销售收入，允许当期税前扣除的广告费支出 600 万元向以后年度结转税前扣除。

解：该广告费支出因按照会计准则规定在发生时已计入当期损益，不体现为期末资产负债表中的资产，如果将其视为资产，其账面价值为 0，计税基础为 600 万元。

该项资产的账面价值与其计税基础 600 万元之间产生了 600 万元的暂时性差异，该暂时性差异在未来期间可减少企业的应纳税所得额，为可抵扣暂时性差异，符合确认条件时，应确认相关的递延所得税资产。

（2）可抵扣亏损及税款抵减产生的暂时性差异

按照税法规定可以结转以后年度的未弥补亏损及税款抵减，虽不是因资产、负债的账面价值与计税基础不同产生的，但与可抵扣暂时性差异具有同样的作用，均能够减少未来期间的应纳税所得额，进而减少未来期间的应交所得税，会计处理上视同可抵扣暂时性差异，符合条件的情况下，应确认与其相关的递延所得税资产。

【例 7-12】天宏基业房地产开发公司 2016 年因政策性原因发生经营亏损 800 万元，按照税法规定，该亏损可用于抵减以后 5 个年度的应纳税所得额。该公司预计其于未来 5 年期间能够产生足够的应纳税所得额弥补该亏损。

解：该经营亏损不是资产、负债的账面价值与其计税基础不同产生的，但从性质上看可以减少未来期间的应纳税所得额和应交所得额，属于可抵扣暂时性差异。企业预计未来期间能够产生足够的应纳税所得额，利用该可抵扣亏损时，应确认相关的递延所得税资产。

3．不确认递延所得税资产、递延所得税负债的特殊情况

有些情况下，虽然资产、负债的账面价值与其计税基础不同，产生了暂时性差异，但出于各方面考虑，企业会计准则中规定不确认相应的递延所得税负债或递延所得税资产。

（1）不确认递延所得税资产的情况

某些情况下，企业发生的某项交易或事项不属于企业合并，并且交易发生时，既不影响会计利润，也不影响应纳税所得额，且该项交易中产生的资产、负债的初始确认金额与其计税基础不同，产生可抵扣暂时性差异的，所得税准则中规定在交易或事项发生时不确认相应的递延所得税资产。

（2）不确认递延所得税负债的情况

某些情况下，虽然资产、负债的账面价值与其计税基础不同，产生了应纳税暂时性差异，但出于各方面考虑，所得税准则中规定不确认相应的递延所得税负债（或资产），主要包括以下几项。

① 商誉的初始确认。非同一控制下的企业合并中，企业合并成本大于合并中取得的被购买方可辨认净资产公允价值份额的差额，按照会计准则规定应确认为商誉。因会计与税收的划分标准不同，会计上作为非同一控制下的企业合并，但按照税法规定计税时作为免税合并的情况下，商誉的计税基础为零，其账面价值与计税基础形成纳税暂时性差异，准则中规定不确认与其相关的递延所得税负债。

② 除企业合并以外的其他交易或事项，如果该项交易或事项发生时既不影响会计利润，也不影响应纳税所得额，则所产生的资产、负债的初始确认金额与其计税基础不同，形成应纳税暂时性差异的，交易或事项发生时不确认相应的递延所得税负债。

企业会计准则作出这样的规定主要是考虑到由于交易发生时既不影响会计利润，也不影响应纳税所得额，确认递延所得税资产的直接结果是降低有关资产的账面价值或增加所确认负债的账面价值，确认递延所得税负债的直接结果是增加有关资产的账面价值或是降低所确认负债的账面价值，使得资产、负债在初始确认时，违背历史成本原则，影响会计信息的可靠性。

③ 与子公司、联营企业及合营企业投资等相关的应纳税暂时性差异，一般确认相应的递延所得税负债，但同时满足以下两个条件的除外：一是投资企业能够控制暂时性差异转回的时间；二是该暂时性差异在可预见的未来很可能不会转回。满足上述条件时，投资企业可以运用自身的影响力决定暂时性差异的转回，如果不希望其转回，则在可预见的未来，该项暂时性差异不会转回，从而无须确认相应的递延所得税负债。

4．递延所得税资产、递延所得税负债的计量

所得税准则规定，资产负债表日确认递延所得税资产和递延所得税负债时，应当依据税法规定，按照预期收回该资产或清偿该负债期间的适用税率计量。无论暂时性差异转回期间如何，递延所得税资产和递延所得税负债均不要求折现。

在确认递延所得税资产及负债以后，资产负债表日，应当对递延所得税资产的账面价值进行复核。如果未来期间很可能无法获得足够的应纳税所得额用以抵扣递延所得税资产的利益，应当减记递延所得税资产的账面价值。在很可能获得足够的应纳税所得额时，减记的金额应当转回。

无论是递延所得税资产还是递延所得税负债的计量，均应考虑资产负债表日企业预期收回资产或清偿负债方式对所得税影响，在计量递延所得税资产和递延所得税负债时，应当采用与收回资产或清偿债务的预期方式一致的税率和计税基础。

5．适用税率变化对已确认递延所得税资产和递延所得税负债的影响

因税收法规的变化，导致企业在某一会计期间适用的所得税税率发生变化的，企业应对已确认的递延所得税资产和递延所得税负债按照新的税率重新计量。递延所得税资产和递延所得税负债的金额代表的是有关可抵扣暂时性差异或应纳税暂时性差异于未来期间转回时导致企业应交所得税金额的减少或增加的情况。适用税率变动的情况下，应对原已确认的递延所得税资产及递延所得税负债的金额进行调整。

除直接计入所有者权益的交易或事项产生的递延所得税资产及递延所得税负债，相关的调整金额应计入所有者权益以外，其他情况下产生的调整金额应确认为税率变化当期的所得税费用（或收益）。

7.3.5 确定企业所得税费用

在按照资产负债表债务法核算所得税的情况下，利润表中的所得税费用包括当期所得税和递延所得税两个部分。

1．当期所得税

当期所得税即当期应交所得税，是指房地产开发企业当期发生的交易和事项，按照税法规定计算确定的应交纳给税务部门的所得税金额，即按照本章第一节企业所得税计算出的当期应纳企业所得税。

2．递延所得税

递延所得税是指按照所得税准则规定当期应予确认的递延所得税资产和递延所得税负债金额，即递延所得税资产及递延所得税负债当期发生额的综合结果，但不包括计入所有者权益的交易或事项的所得税影响。用公式表示为：

$$\text{递延所得税}=(\text{递延所得税负债的期末余额}-\text{递延所得税负债的期初余额})-(\text{递延所得税资产的期末余额}-\text{递延所得税资产的期初余额})$$

房地产开发企业因确认递延所得税资产和递延所得税负债产生的递延所得税，一般应当计入所有者权益的，由该交易或事项产生的递延所得税资产或递延所得税负债及其变化也应计入所有者权益，不构成利润表中的递延所得税费用。

【例 7-13】天宏基业房地产开发公司与中恒物业管理有限公司签订了租赁合同，将其办公楼出租给中恒物业管理有限公司，租赁开始日为 2016 年 3 月 18 日。2016 年 3 月 18 日，该办公楼的账面余额为 900 万元，公允价值为 1 000 万元。2016 年 12 月 31 日，该办公楼的公允价值为 1 200 万元。投资性房地产采用公允价值模式进行后续计量，适用的所得税税率为 25%。

天宏基业房地产公司应做如下会计处理。

（1）2016 年 3 月 18 日，自用房地产转换为投资性房地产时，

借：投资性房地产——成本　　10 000 000.00

　　贷：固定资产　　9 000 000.00

　　　　资本公积——其他资本公积　　1 000 000.00

（2）2016 年 12 月 31 日，公允价值变动，

借：投资性房地产——公允价值变动损益　　2 000 000.00

　　贷：公允价值变动损益　　2 000 000.00

（3）确认应纳税暂时性差异的所得税影响时，

借：资本公积——其他资本公积　　250 000.00

　　所得税费用　　500 000.00

　　贷：递延所得税负债　　750 000.00

企业合并中取得的资产、负债，其账面价值与计税基础不同，应确认相关递延所得税的，该递延所得税的确认影响合并中产生的商誉或是计入当期损益的金额，不影响所得税费用。

3. 所得税费用

计算确定了当期所得税及递延所得税以后，利润表中应予确认的所得税费用为两者之和：

所得税费用=当期所得税+递延所得税

7.3.6 企业所得税会计处理

1. 应设置的会计账户

房地产开发企业为了进行所得税会计核算，应设置“递延所得税资产”“递延所得税负债”和“所得税费用”账户。

(1)"递延所得税资产"账户

"递延所得税资产"账户核算房地产开发企业确认的可抵扣暂时性差异产生的递延所得税资产。根据税法规定可用以后年度税前利润弥补的亏损及税款抵减产生的所得税资产，也在该账户核算。该账户借方登记企业确认的递延所得税资产，贷方登记未来期间获得的应纳税所得额抵减可抵扣暂时性差异的金额，期末借方余额反映企业确认的递延所得税资产。该账户应按可抵扣暂时性差异的项目进行明细核算。

(2)"递延所得税负债"账户

"递延所得税负债"账户核算房地产开发企业按资产负债表债务法核算的所得税费用。该账户借方登记企业确认的应从当期利润总额中扣除的所得税费用，贷方登记期末转入"本年利润"账户的金额，结转后该账户无余额。该账户可按"当期所得税费用"和"递延所得税费用"进行明细核算。

2．会计处理

所得税费用的主要账务处理如下。

(1)资产负债表日，企业按照税法规定计算确定的当期应交所得税。

借：所得税费用——当期所得税费用

　　贷：应交税费——应交所得税

(2)资产负债表日，根据递延所得税资产的应有余额大于"递延所得税资产"科目余额的差额，做如下会计处理。

借：递延所得税资产

　　贷：所得税费用——递延所得税费用

　　　　资本公积——其他资本公积

(3)资产负债表日，根据递延所得税资产的应有余额小于"递延所得税资产"科目余额的差额，做如下会计处理。

借：所得税费用——递延所得税费用

　　资本公积——其他资本公积

　　贷：递延所得税资产

【例 7-14】天宏基业房地产开发公司 2016 年度利润表中利润总额为 2 800 万元，该公司适用的所得税税率为 25%。递延所得税资产及递延所得税负债不存在期初余额。与所得税核算有关的情况如下。

2016 年发生的有关交易和事项中，会计处理与税收处理存在差异如下。

(1) 2016 年 1 月取得一项无形资产的成本为 1 200 万元，无法合理预计该项无形资产的使用寿命。2016 年年底，对该无形资产进行减值测试，测试表明该无形资产已发生减值，该无形资产的公允价值为 1 100 万元。税收处理按直线法摊销，摊销年限为

10 年。

（2）向宋庆龄基金会捐赠现金 500 万元。

（3）2016 年年度预收账款余额为 3 500 万元，预收账款全部为预收房款，假定税法按 15% 预计毛利率预征所得税。

（4）赞助支出 200 万元。赞助支出税法不允许税前扣除。

（5）期末对应收账款计提坏账准备 180 万元。

根据上述资料，计算当期应交企业所得税、递延所得税和所得税费用。

① 2016 年度当期应交企业所得税：

应纳税所得额=2 800+（100−1 200 ÷ 10）+（500−2 800 × 12%）+3 500 × 15%+200+180=3 849 万元

应交所得税=3 849 × 25% =962.25 万元

② 2016 年度递延所得税：

递延所得税资产=705 × 25% =176.25 万元

递延所得税负债=20 × 25% =5 万元

递延所得税=5−176.25=−171.25 万元

③ 利润表中应确认的所得税费用：

所得税费用=962.25−171.25=791 万元，确认所得税费用的账务处理如下：

借：所得税费用　　7 910 000.00

　　递延所得税资产　　1 762 500.00

　　贷：应交税费——应交所得税　　9 622 500.00

　　　　递延所得税负债　　50 000.00

该公司 2016 年资产负债表相关项目金额及其计税基础如表 7-20 所示。

表 7-20　资产负债表相关项目金额及计税基础

项目	账面价值	计税基础	差异	
			应纳税暂时性差异	可抵扣暂时性差异
无形资产	11 000 000	10 800 000	200 000	
应收账款	10 000 000	11 800 000		1 800 000
预计毛利	5 250 000			5 250 000
合计			200 000	7 050 000

【例 7-15】天宏基业房地产开发公司 2016 年当期应交所得税为 1 300 万元。资产负债表中有关资产、负债的账面价值与其计税基础相关资料如表 7-21 所示。2016 年年末预收账款余额为 1 500 万元。除所列项目外，其他资产、负债项目不存在会计和税收的差异。

根据上述资料，天宏基业房地产公司会计处理如下。

（1）当期所得税=当期应交所得税=1 300 万元

（2）递延所得税

① 期末递延所得税负债　（140×25%）35

期初递延所得税负债　5

递延所得税负债增加　30

② 期末递延所得税资产　（325×25%）81.25

期初递延所得税资产　176.25

递延所得税资产减少　95

递延所得税=30-（-95）=125 万元

③ 确认所得税费用

所得税费用=1.300+125=1 425 万元

借：所得税费用　14 250 000.00

　贷：递延所得税资产　950 000.00

　　递延所得税负债　300 000.00

　　应交税费——应交所得税　13 000 000.00

表 7-21　资产负债表相关项目金额及计税基础

项目	账面价值	计税基础	差异	
			应纳税暂时性差异	可抵扣暂时性差异
无形资产	11 000 000	9 600 000	1 400 000	
应收账款	9 000 000	10 000 000		1 000 000
预计毛利	2 250 000			2 250 000
合计			1 400 000	3 250 000

【例 7-16】年度企业所得税纳税申报即将开始，我公司部分应付款项账龄已超过 3 年。对应付款项超过 3 年的是否应一律调增应纳税所得额？

分析如下：

有关应付账款的税收政策，在新的企业所得税法实施前主要有两个。

（1）适用于外资企业的《国家税务总局关于外商投资企业和外国企业接受捐赠税务处理的通知》（国税发〔1999〕195 号）。该文件规定：企业的应付未付款，凡债权人逾期两年未要求偿还的，应计入企业当年度收益计算缴纳企业所得税。

（2）适用于内资企业的《企业财产损失所得税前扣除管理办法》（国家税务总局令第 13 号）。该办法第五条规定，因债权人原因确实无法支付的应付账款，包括超过三年未支付的应付账款，如果债权人已按本办法规定确认损失并在税前扣除的，应并入当期应纳税所得依法缴纳企业所得税。但该文件很难操作，因为作为债务人很难知晓债权人是否已确认损失并于税前扣除，债权人为非企业所得税纳税人又应当如何处理？由于不具有可操作性，并且争议性非常大，所以，在具体实践中很少执行。2008 年后实行新企业所得税法，新企业所得税法实行内、外资企业政策合一。新企业所得税法颁布实施后，上述两个文件已经失效。根据新企业所得税法及《中华人民共和国企业所得税法实施条例》（国务院令第 512 号）第二十二条的规定，企业“确实无法偿付的应付款项”应当并入其他收入计算缴纳企业所得税。与两个已经失效的文件相比，企业所得税法取消了应付款挂账年限，代之以原则规定“确实无法偿付”的概念。至于如何界定“确实无法偿付”，目前并无具体规定。

因此，将 3 年以上应付未付款项一律调增应纳税所得额并无明确的政策依据。

7.4 企业所得税汇算清缴特殊税务处理

房地产开发企业每年也需要进行企业所得税汇算清缴，那么房地产开发企业与一般企业在进行所得税汇算清缴时，有什么特殊税务规定及处理呢？我们抽取了相关的会计与税法的法规进行比对，并列举了天宏基业房地产开发公司的例子进行讲解，包括如何计算纳税调整，如何在企业所得税纳税申报表中进行填列并进行特别说明。

7.4.1 开发产品会计成本与计税成本纳税调整

根据房地产开发企业所开发的房地产不同阶段及所开发的房地产用途，可以将房地产开发企业的开发产品分为开发过程中的未完工开发产品、作为存货的完工开发产品和已销售的开发产品三种状态。

在企业所得税汇算的上述纳税调整中对完工产品预计毛利额与实际毛利额的差异和计入主营业务成本中的已销开发产品的会计成本与计税成本的差异进行了调整，而作为两者调整的基础是开发产品的计税成本，开发产品完工后，我们需要在开发产品会计成本的基础上，根据《房地产开发经营业务企业所得税处理办法》对房地产开发计税成本的规定将开发产品会计成本调整为计税成本。

值得注意的是，纳税申报表中反映开发产品会计成本与计税成本的差异，当年的纳税申报表中反映对完工产品预计毛利额与实际毛利额的差异和计入主营业务成本中的已销开发产品的会计成本与计税成本的差异的调整，其他的并不作为当年纳税调整项目反映在纳税申报表中，在需进行备查记录。在完工年度如不及时对其差异进行分析，可能会给日后纳税调整带来一定的难度，因此需要及时对开发产品的会计成本和计税成本的差异进行分析，以便日后对已销开发产品的会计成本与计税成本的差异进行纳税调整。

（1）会计处理中，因会计准则的原则导向性并没有对房地产开发企业的开发成本进行明确规定，可见的较明确的规定为财政部、中国人民建设银行〔1993〕财预字第 6 号《施工、房地产开发企业财务制度》第五十一条，该财务制度制定较早，虽然某些地方与现行的《企业会计准则》的基本原则不尽一致，但仍有一定的参考价值。为减少会计成本与计税成本的差异，进行会计成本核算时，在不违背会计核算原则和要求的前提下，尽可能采用税法规定的原则与方法，以减少会计与税法之间的差异。

（2）计税成本的税法规定。

计税成本是指企业在开发、建造开发产品（包括固定资产）过程中所发生的按照税收规定进行核算与计量的应归入某项成本对象各项费用。《房地产开发经营业务企业所得税处理办法》（国税发〔2009〕31 号）对成本对象的确定、计税成本支出的内容、成本核算程序、共同成本和间接成本的分配方法以及预提费用等进行了明确规定。

另外，《房地产开发经营业务企业所得税处理办法》还规定，企业在结算计税成本时实际发生的支出应当取得但未取得合法凭据的，不得计入计税成本，待实际取得合法凭据时，再按规定计入计税成本。开发产品完工以后，企业可在完工年度企业所得税汇算清缴前选择确定计税成本核算的终止日，不得滞后。凡已完工开发产品在完工年度未按规定结算计税成本，主管税务机关有权确定或核定其计税成本，据此进行纳税计整，并按《中华人民共和国税收征收管理法》的有关规定对其进行处理。

7.4.2 案例：天宏基业房地产开发公司的纳税调整

【例 7-17】天宏基业房地产开发公司是一家内资房地产开发公司，成立于 2015 年 1 月，企业所得税实行查账征收，目前开发的项目有乐嘉园一期和二期。销售未完工开发产品的计税毛利率为 15%，城建税税率为 7%，教育费附加征收率为 3%，土地增值税预征率为 3%，假设 2016 年度利润表如表 7-22 所示。

表 7-22 利润表

2016 年度

编制单位：天宏基业房地产开发公司　　　　货币单位：人民币元

项目	行次	本年累计数
一、主营业务收入	1	205 000 000.00
减：销售折扣与折让	2	
二、主营业务收入净额	3	205 000 000.00
减：主营业务成本	4	166 460 000.00
主营业务税金及附加	5	17 365 000.00
销售费用	6	7 620 000.00
管理费用	7	8 500 000.00

续表

项目	行次	本年累计数
财务费用	8	652 000.00
资产减值损失	9	1 500 000.00
加：公允价值变动净收入（损失以“–”号填列）	10	5 000 000.00
投资收入（损失以“–”号填列）	11	2 500 000.00
其中：对联营企业和合营企业的投资收益	12	
三、营业利润（亏损以“–”号填列）	13	10 403 000.00
加：营业外收入	14	1 000 000.00
减：营业外支出	15	1 252 000.00
其中：非流动资产处置损失	16	
加：以前年度损益调整	17	
四、利润总额（亏损总额以“–”号填列）	18	10 151 000.00

其他资料如下：

（1）一期项目已经于 2016 年 9 月 30 日完工，2016 年全部实现销售。一期项目 2016 年度确认销售收入 20 300 万元。2015 年收到预售房款 12 000 万元，2016 年收到预售房款 5 300 万元；完工后实现现房销售 8 200 万元，其中会计上确认销售收入 3 000 万元，还有 5 200 万元房款已收，但尚不符合收入确认条件，会计上尚未确认为收入。二期项目于 2016 年 5 月 1 日符合预售条件开始预售，2016 年收到预售款项 6 000 万元。该公司一期的可售总面积为 51 000 平方米，销售均价为 5 000 元/平方米，假设不考虑销售价格变动因素。

（2）2016 年 6 月与其施工单位 M 公司签订工抵协议，将其开发的独栋商务楼一栋抵顶其工程欠款 2 200 万元。与该商务楼同户型的同期平均售价 2 100 万元，成本为 1 680 万元。

（3）一期项目开发产品可销售总面积 51 000 平方米，完工后的实际成本为 20 910 万元，按照税法规定调整后的计税成本为 20 400 万元。

分析及纳税调整：

（1）销售未完工开发产品取得收入的纳税调整。

二期项目 2016 年度销售未完工开发产品收到预售款项 6 000 万元，在会计中是作为预收账款核算的，利润表的营业收入中并不包括销售当年未完工开发产品取得的收入 6 000 万元；而税法上，根据国税发〔2009〕31 号文第九条“企业销售未完工开发产品取得的收入，应先按预计计税毛利率分季（或月）计算出预计毛利额，计入当期应纳税所得额”，会计与税法之间存在差异，所以应将其进行纳税调整。

销售未完工开发产品预计毛利额=6000 × 15% =900 万元。

在填列年度纳税申报表时，因《企业所得税年度纳税申报表》（国税发〔2008〕101

号）的颁布在国税发〔2009〕31 号文之前，故应在填列前，将附表三第 52 行“房地产企业预售收入计算的预计利润”改为“销售未完工开发产品取得收入计算的预计毛利额”，在附表三第 52 行的“调增金额”列填 900 万元。

（2）开发产品完工后的纳税调整。

根据国税发〔2009〕31 号文第九条“开发产品完工后，企业应及时结算其计税成本并计算此前销售收放的实际毛利率，同时将其实际毛利率与其对应的预计毛利额之间的差额，计入当年度企业本项目与其他项目合并计算的应纳税所得额”，但需要对预计毛利额与实际毛利额的差额进行纳税调整。

因考虑有的企业在开发产品完工后一段时间才能把工程决算办理完毕，完工时计算实际毛利额有一定难度，所以国税发〔2009〕31 号文要求的是“及时结算”其计税成本并计算此前销售收入的实际毛利额，并没有要求完工时就结算。同时国税发〔2009〕31 号文第三十五条对“及时”也作了明确规定，即开发产品完工以后，企业可以完工年度企业所得税汇算清缴前选择确定计税成本核算的终止日，不得滞后。凡已完工开发产品在完工年度未按规定结算计税成本，主管税务机关有权确定或核定其计税成本，据此进行纳税调整，并按《中华人民共和国税收征收管理法》的有关规定对其进行处理。

值得注意的是，这里对预计毛利额与实际毛利额的差异调整，仅限于未完工开发产品当年完工当年未确认收入部分，当年完工当年按照会计准则确认为收入部分的差异不需要调整。本例中不需要进行调整。

（3）年度纳税申报表填列。

在填列年度纳税申报表时，实际毛利额与其对应的预计毛利额之间的差额在纳税申报表的填列税法中并无明确的规定。为保持纳税申报表填报的一致性，实际毛利额与其对应的预计毛利额之间的差额在附表三第 54 行“其他”中填列。

在附表三第 54 行“其他”中“调整金额”一列填列 0。

开发产品完工年度，在企业所得税年度纳税申报时，企业须出具对该项开发产品实际毛利额与预计毛利额之前差异调整情况的报告以及税务机关需要的其他相关资料。

（4）销售完工开发产品取得的收入的纳税调整。

因为会计与税法在确认收入时点上的不同，销售完工开发产品取得的收入分为两种情况：一种是销售完工开发产品符合会计准则的收入确认条件，会计上将其确认为营业收入；另一种是销售完工开发产品不符合会计准则的收入确认条件，会计上尚未将其确认为营业收入。

本例中一期项目完工后确认的 3 000 万元收入属于第一种情况，会计上确认了营业收入，如果税务与会计在确认收入的范围一致，则不需要进行纳税调整。

本例一期完工后会计尚未确认收入的 5 200 万元属于第二种情况，虽然开发产品符合完工的标准，但会计上因不符合企业会计准则的收入确认条件，并没有将其确认为营业收入，利润表中“营业收入”并不含 5 200 万元收入，但按照税法规定应为收入的实现计算征收企业所得税，所以需要对 5 200 万元进行纳税调整。

① 5 200 万元部分实际计税成本：（5 200 ÷ 0.5）×（20 400 ÷ 5.1）=4 160（万元）

② 5 200 万元部分的毛利额：5 200−4 160=1 040

（5）企业所得税纳税申报表填列。

在填列年度纳税申报表时，在附表三第 54 行“其他”中“调增金额”一列填列 1 040 万元。值得注意的是，我们在此采用了调整毛利的方法，营业税金及附加在此没有作调整，在营业税金及附加调整时一并调整，以防遗漏。

（6）结转收入年度的纳税调整。

在会计上确认收入年度，其利润表的“营业收入”项目中包含预收账款结转的收入，因这部分收入已经按规定缴纳过企业所得税，我们需要将这部分收入进行纳税调减。具体纳税调整时也存在两种情况：一种情况是当年取得的预收账款结转的收入；另一种情况是以前年度预收账款结转的收入。

① 以前年度取得的预收账款结转收入的预计毛利额纳税调整：12 000 × 15% =1 800 万元

② 本年累计已预收的企业所得税 65 万元。

③ 纳税申报表填列。在填列年度纳税申报表时，本期将以前年度的预收账款转入营业收入的，转回已按税法规定征收的预计毛利额（不含当年取得的预收账款结转收入部分）。在附表三第 52 行“销售未完工开发产品取得收入计算的预计毛利额”“调减金额”中填列 1 800 万元。

需要注意的是，在附表三第 52 行扣减计算的毛利额不含当年取得的预收账款结转为收入的部分，该部分的主表的第 34 行“减：本年累计实际已预缴的所得税额”填列。本例填列 65 万元。

复习思考题

1. 房地产开发企业在收入确认的时间上，税法与会计处理存在哪些差异？
2. 会计处理中的成本费用，与税法准予在税前扣除的成本费用存在的差异有哪些？
3. 资产类纳税调整项目有哪些？
4. 简述未完工开发产品取得的收入的纳税调整步骤。
5. 简述开发产品会计成本与计税成本如何进行纳税调整。
6. 简述资产和负债的账面价值和计税基础如何确定。
7. 简述递延所得税资产、递延所得税负债如何确定。
8. 简述如何确定所得税费用。

第8章 利润结转及分配

学习目的

- 掌握房地产开发企业损益的核算
- 掌握房地产开发企业利润的结转
- 掌握房地产开发企业利润分配的核算

房地产开发企业作为独立的经济实体，应当以自己的经营收入抵补其成本费用，并且实现盈利，企业盈利的大小在很大程度上反映企业生产经营的经济效益，表明企业在每一会计期间的最终经营成果。

8.1 利润结转及核算

房地产开发企业经营的主要目的是获取利润，利润形成包括对营业利润、利润总额的计算，在利润总额的基础上按照税法规定缴纳企业所得税后，按照《中华人民共和国公司法》及其股东约定对税后利润进行分配。会计处理上不仅要进行本年利润的核算，还要进行利润分配的核算。

8.1.1 利润的含义

利润是指企业在一定期间的经营成果，利润包括收入减去费用后的净额、直接计入当期利润的利得和损失等，直接计入当期利润的利得和损失是指应当计入当期损益、会导致所有者权益发生增减变动、与所有者投入资本或者向所有者分配利润无关的利得和损失。通常所说的利润包括营业利润、利润总额和净利润。不同利润计算方法如表8-1所示。

表8-1 不同口径利润标准的计算方式

各种利润	核算公式	相关定义
营业利润	营业利润=营业收入-营业成本-营业税金及附加-销售费用-管理费用-财务费用-资产减值	营业收入是指企业在销售商品、提供劳务和让渡资产使用权等日常经营业务过程中所形成的经济利益的总流入。包括主营业务收入和其他业务收入 营业成本是指企业销售商品或提供劳务的成本，包括主营业

续表

各种利润	核算公式	相关定义
营业利润	损失+公允价值变动收益（-公允价值变动损失）+投资收益（-投资损失）	务成本和其他业务成本 资产减值损失是指企业计提各项减值准备所形成的损失 公允价值变动收益（或损失）是指企业交易性金融资产等公允价值变动所形成的应计入当期损益的利得（或损失） 投资收益（或损失）是指企业以各种方式对外投资所取得的收益（或发生的损失）
利润总额	利润总额=营业利润+营业外收入-营业外支出	营业外收入是指企业发生的与其日常经营活动无直接关系的各项利得 营业外支出是指企业发生的与其日常经营活动无直接关系的各项损失
净利润	利润总额-所得税费用	所得税费用是指企业确认的应从利润总额中扣除的所得税费用

8.1.2 损益的核算

1. 营业收入的核算

营业收入是指企业经营业务确认的收入总额，包括主营业务收入和其他业务收入，具体内容如表 8-2。

表 8-2 营业收入的内容和核算

营业收入的具体内容	具体核算
开发产品营业收入包括土地转让收入和商品房销售收入，代建房屋和代建工程结算收入，配套设施销售收入	对于实现的房地产经营收入，应在“主营业务收入”科目下按收入类别设置“土地转让收入”“商品房销售收入”“配套设施销售收入”“代建工程结算收入”等二级科目进行核算。房地产开发企业实现的房地产经营收入，应按实际收到或应收价款计入“银行存款”“应收账款”等科目的借方和“主营业务收入”科目的贷方

2. 营业成本的核算

营业成本是指企业经营业务所发生的实际成本总额，包括主营业务成本和其他业务成本。具体核算内容如表 8-3 所示。

表 8-3 营业成本的核算原则

营业成本的内容和核算原则	具体核算
房地产开发企业为生产开发产品提供劳务等发生的可归属于开发产品成本、劳务成本等的费用，应当在确认开发产品销售收入、劳务收入等时，将已销售开发产	对于销售的商品房，应于月中将销售商品房的实际开发成本自“开发产品——商品房”科目的贷方转入“主营业务成本——商品房销售成本”科目的借方 对于转让的商品性用地，应于月中将转让土地的实际开发成本自“开发产品——商品性土地”科目的贷方转入“主营业务成

续表

营业成本的内容和核算原则	具体核算
品、已提供劳务的成本等计入当期损益。根据营业收入与成本费用配比原则，房地产开发企业在将各个月份实现的房地产经营收入入账时，应同时将其相关的营业成本结转入账	本——土地转让成本”科目的借方 对于对外销售的周转房，应按周转房的原值减去已计提累计摊销后的净值，转入“主营业务成本——周转房销售成本”科目的借方，同时注销周转房的原值和累计摊销额 对于移交结算的代建工程，应于月终将移交代建工程的实际开发成本自“开发产品——代建工程”科目的贷方转入“主营业务成本——代建工程结算成本”科目的借方

3．营业税金及附加的核算

房地产开发企业在销售、转让及结算开发产品实现的房地产经营收入时，应按国家规定计算缴纳增值税、城市维护建设税和教育费附加等相关税费。月末，企业应将按规定计算确定的与当期经营活动相关的税费，计入“营业税金及附加”科目的借方和“应交税费”科目的贷方。

4．营业外收入

营业外收入包含种类较多，具体内容如表8-4所示。

表8-4 营业外收入的核算

含义	包含的内容	“营业外收入”科目	会计处理
企业发生的与其日常活动无直接关系的各项利得	非流动资产处置利得、盘盈利得、罚没利得、捐赠利得、确实无法支付而按规定程序经批准后转作营业外收入的应付款项等	核算营业外收入的取得及结转情况。该科目贷方登记企业确认的各项营业外收入，借方登记期末结转入本年利润的营业外收入。结转后无余额。该科目应按营业外收入的项目进行明细核算	确认营业外收入，借记“固定资产清理”“银行存款”“库存现金”“应付账款”等，贷记“营业外收入”。期末应将“营业外收入”余额转入“本年利润”，借记“营业外收入”，贷记“本年利润”
营业外收入并不是企业经营资金耗费所产生的，不需要企业付出代价，实际上是经济利益的净流入，不可能也不需要与有关的费用进行配比	非流动资产处置利得包括固定资产处置利得和无形资产出售利得。指企业出售固定资产所取得价款或报废固定资产的材料价值和变价收入等，扣除处置固定资产的账面价值、清理费用、处置相关税费后的净收益；无形资产出售利得，指企业出售无形资产所取得的价款，扣除出售无形资产的账面价值、出售相关税费的净收益 盘盈利得主要指对于现金等清查盘点中盘盈的部分，报经批准后计入营业外收入的金额 罚没利得是指企业取得的各项罚款，在弥补违反合同或协议而造成的经济损失后的罚款净收益 捐赠利得指企业接受捐赠产生的利得		

5．营业外支出

企业发生的与日常经营活动无直接关系的各项支出统称营业外支出，具体如表8-5所示。

表 8-5 营业外支出的核算

含义	包含的内容	“营业外支出”科目	会计处理
企业发生的与其日常活动无直接关系的各项损失	非流动资产处置损失、盘亏损失、罚款支出、公益性捐赠支出、非常损失等 非流动资产处置损失包括固定资产处置损失和无形资产出售损失。固定资产处置损失是指企业出售固定资产所取得的价款或报废固定资产的材料价值和变价收入等，不足以弥补处置固定资产的账面价值、清理费用、处置相关税费所发生的净损失；无形资产出售损失是指企业出售无形资产所取得的价款，不足以弥补出售无形资产的账面价值、出售相关税费后所发生的净损失 盘亏损失主要指对于固定资产清查盘点中盘亏的固定资产，在查明原因处理时按确定的损失计入营业外支出的金额 罚款支出是指企业由于违反税收法规、经济合同等支付的各种滞纳金和罚款 公益性捐赠支出是指企业对外进行公益性捐赠发生的支出 非常损失是指企业对于因客观因素（如自然灾害）造成的损失，在扣除保险公司赔偿后应计入营业外支出的净损失	核算营业外支出的发生及结转情况。该科目借方登记企业发生的各项营业外支出，贷方登记期末结转入本年利润的营业外支出。结转后无余额。该科目应按照营业外支出的项目进行明细核算	发生营业外支出时，借记“营业外支出”，贷记“固定资产清理”“待处理财产损溢”“库存现金”“银行存款”等。期末，应将“营业外支出”科目余额转入“本年利润”，借记“本年利润”，贷记“营业外支出”

【例 8-1】东胜房地产公司收到某施工单位工程质量罚款 20 000 元，存入银行。

东胜房地产公司应依据罚款单和收款证明进行如下账务处理。

借：银行存款　　20 000.00

　贷：营业外收入——罚款收入　　20 000.00

【例 8-2】东胜房地产公司向希望工程捐款 3 000 000 元。

东胜房地产公司应依据财政部门印制的捐赠票据和付款证明，进行如下账务处理。

借：营业外支出——捐赠支出　　3 000 000.00

　贷：银行存款　　3 000 000.00

8.1.3 利润的结转

企业的利润结转主要通过“本年利润”科目进行结转，具体核算如表 8-6 所示。

表 8-6　本年利润的核算

设置目的	期末会计核算	"本年利润"结转
核算企业本年度内实现的利润总额	将各收益类科目的余额转入"本年利润"科目的贷方；将各成本费用类科目的余额转入"本年利润"科目的借方。转账后，"本年利润"科目如为贷方余额，反映本年度自年初开始累计实现的净利润；如为借方余额，反应本年度自年初开始累计发生的净亏损	将"本年利润"科目的全部累计金额，转入"利润分配"科目，如为净利润，借记"本年利润"科目，贷记"利润分配科目"；如为净亏损，做相反会计分录。年度结账后，"本年利润"科目无余额

【例 8-3】某企业在 2010 年度决算时，各损益账户 12 月 31 日的余额如表 8-7 所示。

表 8-7　各损益账户的期末余额

科目名称	结前余额（元）	科目名称	结前余额（元）
主营业务收入	90 000（贷）	其他业务收入	9 400（贷）
营业税金及附加	4 500（借）	其他业务成本	7 400（借）
主营业务成本	50 000（借）	投资收益	1 500（贷）
销售费用	2 000（借）	营业外收入	3 500（贷）
管理费用	8 500（借）	营业外支出	1 800（借）
财务费用	2 000（借）	所得税费用	8 500（借）

根据上述资料，企业做如下会计处理。

（1）结转主营业务收入。

借：主营业务收入　　90 000.00

　　贷：本年利润　　90 000.00

（2）结转销售税金、成本和期间费用。

借：本年利润　　67 000.00

　　贷：营业税金及附加　　4 500.00

　　　　主营业务成本　　50 000.00

　　　　销售费用　　2 000.00

　　　　管理费用　　8 500.00

　　　　财务费用　　2 000.00

（3）结转其他业务收支。

借：其他业务收入　　9 400.00

　　贷：本年利润　　9 400.00

借：本年利润　　7 400.00

　　贷：其他业务成本　　7 400.00

（4）结转投资净收益。

借：投资收益　　1 500.00

　　贷：本年利润　　1 500.00

（5）结转营业外收支。

借：营业外收入　　3 500.00

　　贷：本年利润　　3 500.00

借：本年利润　　1 800.00

　　贷：营业外支出　　1 800.00

（6）结转本年所得税费用。

借：本年利润　　8 500.00

　　贷：所得税费用　　8 500.00

（7）计算并结转本年净利润。

“本年利润科目借方发生额=67 000+7 400+1 800+8 500=84 700（元）

“本年利润科目贷方发生额=90 000+9 400+1 500+3 500=104 400（元）

净利润=104 400−84 700=19 700（元）

借：本年利润　　19 700.00

　　贷：利润分配——未分配利润　　19 700.00

8.2　利润分配及核算

房地产开发企业分配利润时，既要理顺产权关系，充分保障投资者的权益，又要考虑便于加强宏观调控，以及财产的监督和管理。

8.2.1　利润分配的顺序

房地产开发企业实现的利润总额，应先按国家规定作相应的调整。然后依法缴纳所得税。这里所说的调整主要是指：所得税税前弥补亏损可以用下一年度的税前利润等弥补；下一年度利润不足弥补的，可以在 5 年内连续弥补。所以房地产开发企业实现的年度利润，要先用以弥补前五年内发生的亏损，然后据以计算应税所得额。投资收益如为税后利润，应从本企业利润总额中扣除后再计算应纳税所得额，纳税时如不扣除，就会出现重复纳税现象。

企业缴纳所得税后的利润，一般按照下列顺序进行分配。

（1）弥补被没收的财产损失，支付各项税收的滞纳金和罚款。

（2）弥补企业以前年度亏损。

（3）提取法定盈余公积。法定盈余公积按照税后利润扣除前两项后的10%提取，法定盈余公积已达到注册资本50%时可不再提取。

（4）提取任意盈余公积。任意盈余公积是企业自愿提取的，是董事会决定要留在企业的利润。任意盈余公积提取比例，由企业自行决定。

（5）向投资者分配利润。企业以前年度未分配利润，可以并入本年度向投资者进行分配。开发企业当年无利润时，一般不得向投资者分配利润。股份有限公司当年如无利润，原则上不分配股利，但为了维护股票的信誉，避免股票价格大幅度波动，如用盈余公积弥补亏损，并经股东大会特别决议，可以按照不超过股票面值6%的比率用盈余公积分配股利，在分配股利后，企业法定盈余公积不得低于注册资本的25%。

盈余公积金包括法定盈余公积金和任意盈余公积金，可用于弥补亏损或用于转增资本，但转增资本后，企业的法定盈余公积金一般不得低于注册资本的25%。

8.2.2 利润分配的核算

利润分配的核算包括弥补亏损、提取盈余公积、分配股利或利润以及未分配利润等核算。

1．弥补亏损的核算

房地产开发企业在生产经营过程中既可能发生盈利，也可能出现亏损，企业在当年发生亏损的情况下，与实现利润的情况相同，应当将本年发生的亏损自“本年利润”科目转入“利润分配——未分配利润”科目，借记“利润分配——未分配利润”科目，贷记“本年利润”科目，结转后“利润分配”科目的借方余额，即为弥补亏损的数额。然后通过“利润分配”科目核算有关亏损的弥补情况。具体会计处理如表8-8所示。

表8-8　弥补亏损的会计处理

弥补亏损方式	会计处理方法
以税前利润弥补亏损	以当年实现的利润弥补以前年度结转的未弥补亏损，不需要进行专门的账务处理。企业应将当年实现的利润自“本年利润”科目的借方，转入“利润分配——未分配利润”科目的贷方，其贷方发生额与“利润分配——未分配利润”的借方余额合计计算即可
以税后利润弥补亏损	以税后利润弥补亏损，其会计处理方法与以税前利润弥补亏损相同，也不需要进行专门的账务处理。但两者在计算缴纳所得税时的处理是不同的。在以税前利润弥补亏损的情况下，其弥补的数额可以抵减当期企业应纳税所得额，而以税后利润弥补的，则不能作为纳税所得扣除处理
盈余公积补亏	企业在亏损年度按规定用盈余公积弥补亏损 借：盈余公积 　贷：利润分配——盈余公积补亏

【例 8-4】嘉华股份有限公司本年实现净利润为 5 000 000 元，年初未分配利润为 0。经股东大会批准嘉华股份有限公司按当年净利润的10%提取法定盈余公积。

假定不考虑其他因素，嘉华股份有限公司的会计分录如下。

本年提取盈余公积金额=5 000 000×10%=500 000（元）

借：利润分配——提取法定盈余公积　　500 000.00

　　贷：盈余公积——法定盈余公积　　500 000.00

2. 盈余公积的核算

盈余公积的会计处理如表 8-9 所示。

表 8-9　盈余公积的核算

事项	会计处理
企业提取盈余公积时	借：利润分配——提取法定盈余公积 ——提取任意盈余公积 贷：盈余公积——法定盈余公积 ——任意盈余公积
企业用盈余公积转增资本时	借：盈余公积 贷：实收资本

【例 8-5】经股东大会批准，嘉华股份有限公司用以前年度提取的盈余公积弥补当年亏损，当年弥补亏损的数额为 600 000 元。

假定不考虑其他因素，嘉华股份有限公司的会计分录如下。

借：盈余公积　　600 000.00

　　贷：利润分配——盈余公积补亏　　600 000.00

3. 分配股利或利润的核算

企业分配股利或利润的核算如表 8-10 所示。

表 8-10　分配股利的核算

事项	会计处理
经股东大会或类似机构决议，向股东或投资者分配现金股利或利润时	借：利润分配——应付现金股利或利润 贷：应付股利
经股东大会或类似机构决议，向股东分配股票股利，应在办理增资手续后进行	借：利润分配——转作股本的股利 贷：股本

4. 未分配利润核算

未分配利润的核算如表 8-11 所示。

表 8-11 未分配利润的核算

含义	计算	会计处理
未分配利润是企业留待以后年度进行分配的结存利润，也是企业所有者权益的组成部分。相对于所有者权益的其他部分来讲，企业对于未分配利润的使用有较大的自主权	未分配利润是期初未分配利润，加上本期实现的净利润，减去提取的各种盈余公积和分配利润后的余额	在会计处理上，未分配利润是通过"利润分配"科目进行核算的。年度终了，企业应将本年实现的净利润或净亏损，转入"利润分配——未分配利润"科目。同时，将 "利润分配"科目所属的其他明细科目的余额，转入"未分配利润"明细科目。结转后"未分配利润"明细科目如有贷方余额，则表示未分配利润有结余；如有借方余额，则表示未弥补亏损的金额。"利润分配"科目所属的其他明细科目应无余额

【例 8-6】嘉华股份有限公司年初未分配利润为 0，本年实现净利润 2 000 000 元，本年提取法定盈余公积 200 000 元，宣告发放现金股利 800 000 元。

假定不考虑其他因素，嘉华股份有限公司会计处理如下。

（1）结转本年利润

借：本年利润　　2 000 000.00

　　贷：利润分配——未分配利润　　2 000 000.00

如企业当年发生亏损，则应借记"利润分配——未分配利润"科目，贷记"本年利润"科目。

（2）提取法定盈余公积，宣告发放现金股利。

借：利润分配——提取法定盈余公积　　200 000.00

　　　　　　——应付现金股利　　800 000.00

　　贷：盈余公积　　200 000.00

　　　　应付股利　　800 000.00

同时：

借：利润分配——未分配利润　　1 000 000.00

　　贷：利润分配——提取法定盈余公积　　200 000.00

　　　　　　　　——应付现金股利　　800 000.00

结转后，如果"未分配利润"明细科目余额在贷方，表示累计未分配的利润，如果余额在借方，则表示累计未弥补的亏损。在本例中，"利润分配——未分配利润"明细科目的余额在贷方，此贷方余额 1 000 000 元（2 000 000−200 000−800 000=1 000 000）即为嘉华股份有限公司本年年末的累计未分配利润。

复习思考题

1. 简述利润的含义。
2. 简述损益如何进行核算。
3. 简述如何结转利润。
4. 简述利润分配的顺序。
5. 简述利润分配的核算。

第9章 财务会计报告

学习目的

- 理解房地产开发企业资产负债表的特点
- 理解房地产开发企业利润表的特点
- 理解房地产开发企业现金流量表的特点
- 了解房地产企业财务报表对企业税务风险的影响

会计报表作为企业财务状况及经营情况的晴雨表，是财务会计报表分析的基础和纳税评估的重要资料，也是纳税评估的出发点和落脚点。它能向投资者、监管部门及公司管理层提供公司经营发展的信息。房地产企业财务会计报告，也称财务报告，是指房地产企业对外提供的反映企业某一特定日期的财务状况和某一会计期间的经营成果、现金流量等会计信息的文件。财务报表是会计人员工作成果的最终体现，财务报表主要包括资产负债表、利润表、现金流量表、所有者权益变动表和附注。

9.1 财务报表的特点

资产负债表是指反映企业在某一特定日期财务状况的会计报表。它反映企业在某一特定日期所拥有或控制的经济资源、所承担的现实义务和所有者对净资产的要求权。利润表是反映企业在一定会计期间经营成果的会计报表。利润表的列报必须充分反映企业经营业绩的主要来源和构成，有助于使用者判断净利润的质量及其风险。现金流量表是指反映企业在一定会计期间现金和现金等价物流入和流出的报表。

9.1.1 资产负债表的特点

1. 资产负债表的结构

我国资产负债表采用账户式结构，报表分为左右两方，左方列示资产各项目，反映全部资产的分布及存在形态；右方列示负债和所有者权益各项目，反映全部负债和所有者权益的内容及构成情况。资产负债表左右双方平衡，即“资产=负债+所有者权益”。

2. 资产负债表的填列方法

资产负债表“年初余额”栏内各项数字，应根据上年年末资产负债表“期末余额”栏内所列数字填列。如果上年度资产负债表规定的各项的名称和内容同本年度不相一致，对应上年年末资产负债表各项目的名称和数字按照本年度的规定进行调整，填入表中年初余额栏内。

资产负债表“期末余额栏内各项数字，一般应根据资产、负债和所有者权益类科目的期末余额填列”，主要包括以下方式。

（1）据总账科目余额填列。资产负债表中的有些科目可直接根据有关总账科目的余额填列，如“交易性金融资产”“短期借款”“应付票据”“应付职工薪酬”等项目；有些项目则需根据几个总账科目的期末余额计算填列，如“货币资金”项目，根据“库存现金”“银行存款”及“其他货币资金”三个总账科目的期末余额的合计数填列。

（2）根据明细科目余额计算填列。如“应付账款”项目，需要根据“应付账款”和“预付账款”两个科目所属的明细科目的期末贷方余额计算填列；“应收账款”项目，需要根据“应收账款”和“预收账款”两个科目所属的明细科目的期末借方余额计算填列。

（3）根据总账科目和明细账科目余额分析计算填列。如“长期借款”项目，需要根据“长期借款”总账科目余额扣除“长期借款”科目所属的明细科目中将在一年内到期且企业不能自主将清偿义务展期的长期借款后的金额填列。

（4）根据有关科目余额减去其备抵科目余额后的净额填列。如资产负债表的“应收账款”项目，应当根据“应收账款”科目的期末余额减去“坏账准备”科目余额后的净额填列；“固定资产”项目，应当根据“固定资产”科目的期末余额减去“累计折旧”、“固定资产减值准备”备抵科目余额后的净额填列。

（5）综合运用上述方法分析填列。如资产负债表中的“存货”项目，需要根据“原材料”“开发产品”“开发成本”“周转房”等总账科目期末余额的分析汇总数，再减去“存货跌价准备”科目余额后的净额填列。

3. 房地产开发企业资产负债表的特点

房地产开发企业的生产经营特点决定了其资产负债表的特点。现在先来介绍房地产企业资产负债表的特点。如表 9-1 所示，反映的是××市天宏基业房地产开发有限公司的财务状况，天宏基业房地产公司投资 123 185 590.00 元，对××市开发区 E1、E2 地块进行建设、出售、出租和管理，在××市提供商住楼宇及配套设施。那么该资产负债表后面蕴藏了什么信息呢？

表 9-1　× × 市天宏基业房地产开发有限公司资产负债表

2016 年 12 月 31 日

编制单位：××市天宏基业房地产开发有限公司　　　　金额单位：元

项目	行次	年初余额	年末余额	项目	行次	年初余额	年末余额
流动资产:	1			流动负债:	44		
货币资金	2	47 359.18	119 494.68	短期借款	45		
交易性金融资产	3			交易性金融负债	46		
短期投资	4			应付票据	47		
应收票据	5			应付账款	48	2 727 131.00	2 727 131.00
应收账款	6	934 844.48	934 844.48	预收款项	49	731 852 828.27	735 415 246.13
预付款项	7	18 199 100.00	18 234 100.00	应付职工薪酬	50	177 326.12	
应收股利	8			其中：应付工资	51		
应收利息	9			应付福利费	52	177 326.12	
其他应收款	10	393 993 234.28	385 901 550.39	应交税费	53	27 736 144.32	27 745 918.59
存货	11	699 075 624.90	700 676 641.90	其中：应交税费	54	27 736 144.32	27 745 918.59
其中：原材料	12	2 032 579.26	2 032 579.26	应付利息	55		
库存商品	13			应付股利	56		
消耗性生物资产	14			其他应付款	57	243 445 369.84	269 267 128.68
待摊费用	15	54 284 552.00	54 501 490.21	预提费用	58	72 687 660.00	72 687 660.00
一年内到期的非流动资产	16			一年内到期的非流动负债	59		
其他流动资产	17			其他流动负债	60		
流动资产合计	18	1 166 534 714.84	1 160 368 121.66	流动负债合计	61	1 078 626 459.55	1 107 843 084.40
非流动资产:	19			非流动负债:	62		
可供出售金融资产	20			长期借款	63	33 436 732.23	
持有至到期投资	21			应付债券	64		
长期应收款	22			长期应付款	65		
长期股权投资	23	100 000.00	100 000.00	专项应付款	66		
投资性房地产	24			预计负债	67		
固定资产原价	25	606 014.20	608 013.20	递延所得税负债	68		
减：累计折旧	26	542 618.89	562 304.90	递延税款贷项	69		
减：固定资产减值准备	27			其他非流动负债	70		
固定资产净额	28	63 395.31	45 708.30	非流动负债合计	71	33 436 732.23	
在建工程	29			负债合计	72	1 112 063 191.78	1 107 843 084.40

续表

项目	行次	年初余额	年末余额	项目	行次	年初余额	年末余额
工程物资	30			所有者权益（或股东权益）：	73		
固定资产清理	31			实收资本（股本）	74	123 185 590.00	123 185 590.00
生产性生物资产	32			中方投资	75	123 185 590.00	123 185 590.00
油气资产	33			外方投资	76		
无形资产	34			减：已归还投资	77		
其中：土地使用权	35			实收资本（或股本）净额	78	123 185 590.00	123 185 590.00
开发支出	36			资本公积	79		
商誉	37			盈余公积	80		
长期待摊费用	38	47 801.82	41 801.82	其中：法定公积金	81		
递延所得税资产	39			公益金	82		
递延税款借项	40			储备基金	83		
其他非流动资产	41			企业发展基金	84		
非流动资产合计	42	211 197.13	187 510.12	利润归还投资	85		
				未分配利润	86	−68 502 869.81	−70 473 042.62
				所有者权益合计	89	54 682 720.19	52 712 547.38
资产总计	43	1 166 745 911.97	1 160 555 631.78	负债和所有者权益总计	106	1 166 745 911.97	1 160 555 631.78

（1）各类资产比重的特点

由于房地产企业投资额巨大，投资周期长，导致资产负债表各类资产比重具有如下特点。

① 流动资产。流动资产占总资产的比重=流动资产合计（行次 18）÷总资产（行次 43）=1 160 368 121.66÷1 160 555 631.78=99.98%。

说明天宏基业房地产公司 99%以上的资产是流动资产。流动资产主要是存货、其他应收款和待摊费用等，它们占总资产的比重如下。

存货占总资产的比重=存货（行次 11）÷总资产（行次 43）=700 676 641.90÷1 160 555 631.78=60.37%。

其他应收款占总资产的比重=其他应收款（行次 10）÷总资产（行次 43）=385 901 550.39÷1 160 555 631.78=33.25%。

应收账款占总资产的比重=应收账款（行次 6）÷总资产（行次 43）=934 844.48÷1 160 555 631.78=0.08%。

待摊费用占总资产的比重=待摊费用（行次 15）÷总资产（行次 43）=54 501 490.21÷1 160 555 631.78=4.70%。

流动资产几乎全部是存货和其他应收款，应收账款只占很少一部分。存货部分主要是未卖出的房地产，因为一套房屋的价值很高，且开发周期长，所以存货占的比重最大，达 60.37%，超过总资产的一半。同时注意到其他应收款占总资达 33.25%，可能存在着天宏基业房地产公司收到购房款后，转给了相关联的公司。

应收账款一般反映分期付款购买商品房的情形，如表 9-1 所示。行次 6 应收账款余额很少为 934 844.48 元，占 0.08%。说明现在正处于房地产的卖方市场，天宏基业房地产公司存在比较少的应收未收房款，大部分在已全额收到付款或者按揭后收到按揭款。

② 固定资产。如表 9-1 所示，固定资产占总资产的比重=固定资产净值（行次 28）÷总资产（行次 43）=45 708.30÷1 160 555 631.78=0.0039%。

天宏基业房地产公司的固定资产占总资产比重很少，是因为房地产企业固定资产科目核算的内容主要是汽车、复印机、电脑、传真机等办公设备。房地产企业与一般企业相比，具有开发周期长的特点，但流动性也相对大一些。一个开发项目结束后，就转到下一个地方进行开发，所以办公用房一般都采取租赁方式，所以固定资产中很少有房产入账。经查固定资产明细账，天宏基业房地产公司的固定资产主要是汽车、空调、电脑等办公设备。原值合计为 606 014.20 元，总金额不大，符合房地产企业固定资产科目的特点。

③ 长期待摊费用。如表 9-1 所示，长期待摊费用占总资产的比重=长期待摊费用（行次 38）÷总资产（行次 43）=41 801.82÷1 160 555 631.78=0.0036%。

经咨询天宏基业房地产公司的会计人员，长期待摊费用主要是装修费。装修费占的比重很少，与天天快餐店的约 20% 的比重，差异很大。主要原因是快餐店需要改善就餐环境，才能吸引和挽留客人，所以快餐店需要定期装修。房地产企业的主要资产是存货，所以装修费相对于总资产来说比较低。此外，房地产企业对商品房屋的装修费会在开发成本里面体现，对售楼处的装修费一般会在营业费用里面体现，所以长期待摊费用里面的装修费只体现管理部门的装修费。

注意

通过举例分析××市天宏基业房地产开发公司的各类资产占总资产比重。由于房地产企业以房屋为其主要商品，具有开发周期长、投入资金量大、投资回收期长等特点，所以房地产企业的总体资产巨大。相对于一般企业，存货占总资产的比重大；应收账款的比重没有贸易企业高；固定资产的比重也没有制造企业高。

（2）负债及所有者权益比重的特点

从前面的介绍知道房地产企业是以房屋为其主要商品的企业，具有开发周期长、投入资金量大、投资回收期长等特点。需要有雄厚的资本实力，再加上投标的一些硬指标要求，所以房地产企业的实收资本总额一般都比较高。

① 自有资本。如表 9-1 所示，实收资本占负债和所有者权益总计的比重=实收资本（或股本）净额（行次 78）÷负债和所有者权益总计（行次 106）= 123 185 590.00 ÷ 1 160 555 631.78= 10.61%。

所有者权益合计占负债和所有者权益总计的比重=所有者权益合计（行次 89）÷负债和所有者权益总计（行次 106）=52 712 547.38 ÷ 1 160 555 631.78=4.54%。

天宏基业房地产公司的实收资本虽然很高，达 1.23 亿元，但占负债和所有者权益的比重不高，大约 10%，所有者权益合计不足 5%。说明企业的初期投入资金虽然大，但还不能满足房地产企业巨大的资金需求，需要利用负债满足资金的需求。

② 负债。如表 9-1 所示，负债占负债和所有者权益总计的比重=负债合计（行次 72）÷负债和所有者权益总计（行次 106）=1 107 843 084.40 ÷ 1 160 555 631.78=95.46%。

流动负债占负债和所有者权益总计的比重=流动负债合计（行次 61）÷负债和所有者权益总计（行次 106）=1 107 843 084.40 ÷ 1 160 555 631.78=95.46%。

两个比重是一样的，即是说明负债全部由流动负债构成。流动负债占负债和所有者权益总计的比重为 95.46%，即占所需总资金 90% 以上是负债提供的。这样是否说明天宏基业房地产公司的负债很重，长期偿债能力受影响呢？这个问题需要对流动负债的构成进行分析。天宏基业房地产公司的流动负债主要是预收账款、其他应付款和预提费用。

预收账款占负债和所有者权益总计的比重=预收账款（行次 49）÷负债和所有者权益总计（行次 106）= 735 415 246.13 ÷ 1 160 555 631.78= 63.37%。

其他应付款占负债和所有者权益总计的比重=其他应付款（行次 57）÷负债和所有者权益总计（行次 106）= 269 267 128.68 ÷ 1 160 555 631.78= 23.20%。

预提费用占负债和所有者权益总计的比重=预提费用（行次 58）÷负债和所有者权益总计（行次 106）= 72 687 660.00 ÷ 1 160 555 631.78= 6.26%。

比重最大的是预收账款，占负债和所有者权益的 63.37%，也就是说有一半的资金是利用预收账款。为什么房地产企业可以收到这么多预收款呢？这是跟房地产企业收入确认的条件相关的。因为收入确认需在完成工程竣工、验收、测绘、办证、结算等多个环节后才能进行，但如果房地产企业处在卖方市场，即供不应求时期，会在未到办理完房产证或工程结算完成阶段，只需要获得房地产预售许可证明，就可以进行销售。由于未达到收入确认条件，所以在此期间收到的巨额购房款收入只能挂在预收账款中，导致短期负债剧增，影响报表阅读者对企业偿债能力的判断。

而另一个流动负债的主要构成中其他应付款占 20%，绝对额为 2.69 亿元，这么庞大的资金还需要进行后续分析。

9.1.2 利润表的特点

1. 利润表的填列方法

利润表中“上期金额”栏内各项数字，应根据上年该期利润表“本期金额”栏内所列数字填列。如果上年该期利润表规定的各个项目的名称和内容同本期不相一致，应对上年该期利润表各项目的名称和数字按本期的规定进行调整，填入利润表“上期金额”栏内。

利润表“本期金额”栏内各项数字一般应根据损益类科目的发生额分析填列。

2. 利润表的结构

常见的利润表的结构主要有单步式和多步式两种。在我国基本上是多步式结构，即通过对当期的收入、费用、支出项目按性质加以归类，按利润形成的主要环节列示一些中间性利润指标，分步计算当期损益。

利润表主要反映以下几方面的内容：①营业收入主要由主营业务收入和其他业务收入组成。②营业利润是指营业收入减去营业成本（主营业务成本和其他业务成本）、营业税金及附加、销售费用、管理费用、财务费用、资产减值损失，加上公允价值变动收益、投资收益。③利润总额是指营业利润加上营业外收入，减去营业外支出。④净利润是指利润总额减去所得税费用。⑤每股收益，普通股或潜在普通股已公开交易的企业，以及正处于公开发行普通股或潜在普通股过程中的企业，还应当在利润表中列示每股收益信息，包括基本每股收益和稀释每股收益两项指标。

3. 房地产企业利润表的特点

房地产企业利润表同样体现了其开发周期长、投资回收期长的特点，导致其财务报表所显示的信息与实际偏差大。

表 9-2 ××市天宏基业房地产开发有限公司利润表

2016 年

纳税人名称:××市天宏基业房地产开发有限公司 单位：元

项目	行次	本年金额	上年金额
一、营业收入	1	0.00	0.00
减:营业成本	2	0.00	0.00
营业税金及附加	3	0.00	0.00
销售费用	4	129 719.07	71.25
管理费用	5	1 652 538.52	1 605 412.45
财务费用	6	569.14	2 976.91
资产减值损失	7	0.00	0.00
加：公允价值变动收益(损失以“–”号填列)	8	0.00	0.00

续表

项目	行次	本年金额	上年金额
投资收益(损失以“–”号填列)	9	0.00	0.00
其中:对联营企业和合营企业的投资收益	10	0.00	0.00
二、营业利润(亏损以“–”号填列)	11	–1 782 826.73	–1 608 460.61
加：营业外收入	12	1 000.00	
减：营业外支出	13	188 346.08	337 252.60
其中：非流动资产处置损失	14	0.00	0.00
三、利润总额(亏损总额以“–”号填列)	15	–1 970 172.81	–1 945 713.21
减：所得税费用	16	0.00	0.00
四、净利润(净亏损以“–”号填列)	17	–1 970 172.81	–1 945 713.21
五、每股收益:	18	0.00	0.00
(一)基本每股收益	19	0.00	0.00
(二)稀释每股收益	20	0.00	0.00

（1）营业收入

因为房地产开发企业确认收入的条件需要经过很多环节，如竣工、验收、测绘、办证、决算等，耗时很长。一般房地产企业确认收入过程如下。

① 如房地产开发项目需要支付工程款 500 000.00 元，天宏基业房地产公司做如下会计分录。

借：开发成本　　500 000.00

　　贷：银行存款　　500 000.00

开发成本在房地产企业的资产负债表的报表项目存货中反映。

② 取得商品房预售许可证后，销售房屋收到预售房款 1 000 000.00 元，天宏基业房地产公司做如下会计分录。

借：银行存款　　1 000 000.00

　　贷：预收账款　　1 000 000.00

③ 等到天宏基业房地产公司完成竣工、验收、测绘、办证、决算等多个环节，符合收入确认条件后，天宏基业房地产公司做如下会计分录。

借：银行存款　　28 000 000.00

　　贷：主营业务收入　　28 000 000.00

④ 按照房地产项目决算的单位面积成本乘以已售面积确认销售成本，如果未决算，可以按照企业内部整理好的工程施工合同清单和结算单等资料进行自行清算后，结转到开发产品中，由于天宏基业房地产公司未完成决算，现在假设整个项目成本是 500 000 000.00。天宏基业房地产公司做如下会计分录。

借：开发成本　　500 000 000.00

　　贷：开发成本　　500 000 000.00

⑤ 计算出开发产品成本单价 6 500.00 元，结转开发产品到已销售产品销售成本。注意这个面积是包含分摊的公共配套面积，假设有 2 000 平方米符合销售确认条件，那么确认成本=6 500.00×2 000=13 000 000.00 元。

借：主营业务成本　　13 000 000.00

　　贷：开发产品　　13 000 000.00

一般的房地产企业确认收入的依据和金额与开具的正式房屋销售发票的金额相等，也就是开具正式房屋销售发票时才确认收入，未开具发票前取得的收入只算是预收账款。如表 9-2 所示。天宏基业房地产公司在 2017 年未确认营业收入，营业收入为 0.00 元，即 2017 年天宏基业房地产公司未开具过正式房屋销售发票，所以就没有确认收入。

通过前面的资产负债表分析可知，天宏基业房地产公司已收 7 亿多元的购房款在预收账款入账，预收账款与存货的增加额存在着以下逻辑关系：

存货的增加额=存货年末余额（表 9-1 的行次 11）-存货年初余额（表 9-1 的行次 11）=700 676 641.90-699 075 624.90=1 601 017.00 元

存货增长率=存货增加额/存货年初余额（表 9-1 的行次 11）=1 601 017.00÷699 075 624.90=0.23%

天宏基业房地产公司的存货增加了 160 万元，增加额占存货的比重 0.23%（还不到 1%），增加额相对于整个房地产项目的成本只占很少一部分，也即没有太多的房地产项目成本费用发生。通过分析可以判断开发区的房地产项目可能已基本完工，只是后面还有很多环节的手续未办理完成，导致巨额的收入未予确认。

（2）期间费用

期间费用主要是核算不属于开发费用的日常费用开支，如表 9-3 所示。期间费用合计为 1 608 389.36 元［1 605 412.45（表 9-2 的行次 5）+2 976.91（表 9-2 的行次 6）=1 608 389.36］，其中主要是管理费用（表 9-2 的行次 5）为 1 605 412.45 元，如表 9-3 所示。管理费用的主要项目是租赁费为 800 000.00 元，其次依次为工资、水电及税费、业务招待费等。这也是符合房地产企业办公用房一般都采取租赁方式的生产经营特点。

表 9-3 管理费用明细表

2016 年

编制单位：××市天宏基业房地产开发有限公司　　　　金额单位：元

序号	项目	金额	比重
1	工资	540 205.61	33.65%
2	办公费及电话费	59 465.40	3.70%
3	差旅费	30 192.23	1.88%

续表

序号	项目	金额	比重
4	水电及税费	64 167.95	4.00%
5	业务接待费	91 766.50	5.72%
6	租赁费	800 000.00	49.83%
7	折旧费	19 614.76	1.22%
8	合计	1 605 412.45	100.00%

（3）营业外支出

关注房地产开发企业的营业外支出，可以获取其他房地产企业经营的信息。如表 9-2 所示。营业外支出金额为 337 252.60 元。咨询天宏基业房地产公司的会计人员和翻查营业外支出的明细账，获知营业外支出主要是本年在欣洪区的一个楼盘有几个客户集团提出退房，发生退房补偿款 269 975.59 元。其次是房屋逾期办证违约金 50 000.00 元，还有其他一些交地税罚款 5 000.00 元、水费滞纳金 5 765.73、排污费滞纳金 1 511.28 元、汽车罚款 5 000.00 元等杂项营业外支出。

虽然 30 多万元的损失对于整个总资产达 11 亿元的天宏基业房地产公司来说，金额不算大。但从另一个侧面说明天宏基业房地产公司信用一般，不能及时帮助客户办理相关的房地产过户手续，同时也从另一个方面反映了前面营业收入为何未确认且预收账款很大的原因。

注意

从以上例子分析可知，房地产企业确认收入的条件需要经过很多环节，如竣工、验收、测绘、办证、决算等多个环节，耗时很长，导致收入、成本和费用确认的滞后。

9.1.3 现金流量表的特点

1．现金流量表的结构

在现金流量表中，现金及现金等价物被视为一个整体，企业现金形式的转换不会产生现金的流入和流出。例如，企业从银行提取现金，是企业现金存放形式的转换，并未流出企业，不构成现金流量。同样，现金与现金等价物之间的转换也不属于现金流量，如企业用现金购买三个月到期的国库券。根据企业业务活动的性质和现金来源，现金流量表在结构上将企业一定期间产生的现金流量分为三类：经营活动产生的现金流量、投资活动产生的现金流量和筹资活动产生的现金流量。

2．现金流量表的填列方法

（1）经营活动产生的现金流量

经营活动是指企业投资活动和筹资活动以外的所有交易和事项。各类企业由于行业特点不同，对经营活动的认定存在一定差异。对于房地产开发企业而言，经营活动主要包括销售房屋、接受劳务、支付开发建设费和支付税费等。经营活动产生的现金流量，企业应当采用直线法列示。直线法是指通过现金收入和现金支出的主要类别列示经营活动的现金流量。

（2）投资活动产生的现金流量

投资活动是指企业长期资产的构建和不包括在现金等价物范围的投资及其处置活动。长期资产是指固定资产、无形资产、在建工程和其他资产等持有期限在一年或一个营业周期以上的资产。包括实物资产投资，也包括金融资产投资。

（3）筹资活动产生的现金流量

筹资活动是指导致企业资本及债务规模和构成发生变化的活动。这里所说的资本，即包括实收资本（股本），也包括资本溢价（股本溢价）。这里所说的债务，指对外举债，包括向银行借款、发行债券以及偿还债务等。通常情况下，应付账款、应付票据等商业应付款属于经营活动，不属于筹资活动。

此外，对于企业日常活动之外特殊的、不经常发生的项目，如自然灾害损失、保险赔款和捐赠等，应当根据其性质，分别归并到相关类别中单独反映。比如，对于自然灾害损失和保险赔款，如果能够确认属于流动资产损失，应当列入经营活动产生的现金流量；属于固定资产损失，应当列入投资活动产生的现金流量。

按照房产地项目开发的不同阶段，房地产企业现金流量表呈现不同的特征。如开发阶段，发生大量的经营活动产生的现金流出，经营活动产出的现金流入却很少。到了中后期竣工完成或者已完成主体建筑，并领取了房地产预售许可证阶段，却呈相反的态势，经营活动产生的现金流出减少，经营活动产生的现金流入增多，并一直拉大距离。到了后期经营活动产生的现金流入和流出都在减少，即开发项目的房产已基本上售完。

如表 9-4 所示，反映的是天宏基业房地产公司的现金流状况，行次 10“经营活动产生的现金流量净额”为 74 134.50 元，还不到 10 万元，产生的现金流量很少，说明天宏基业房地产公司已处于后期阶段，开发项目的房产销售已基本售完，所以经营活动的现金流量净额很少。经营活动现金流出主要是行次 8“支付的其他与经营活动有关的现金”3 868 322.51 元，经咨询天宏基业房地产公司的会计人员，主要是一些办公的日常开支。此外，经营活动现金流出主要是行次 1“销售商品、提供劳务收到的现金”为 3 562 417.86 元，是房地产项目余下的一些尾盘销售体现了天宏基业房地产公司处于房产销售基本售完阶段。

由于房地产开发项目已完工，也没有新的项目开发，所以没有再筹集资金的需求，所以行次 29“筹资活动产生的现金流量小计”为 0.00 元。行次 20“投资活动产生的现金流量净额”为-1 999.00 元，全部为办公室购置了一台电脑固定资产。

表 9-4　××市天宏基业房地产开发有限公司现金流量表

2016 年

编制单位:××市天宏基业房地产开发有限公司　　单位：元

项目	行次	金额
一、经营活动产生的现金流量		
销售商品、提供劳务收到的现金	1	3 562 417.86
收到的税费返还	2	
收到的其他与经营活动有关的现金	3	1 366 858.74
现金流入小计	4	4 929 276.60
购买商品、接受劳务支付的现金	5	
付给职工以及为职工支付的现金	6	711 095.04
支付的各项税费	7	275 724.55
支付的其他与经营活动有关的现金	8	3 868 322.51
现金流出小计	9	4 855 142.10
经营活动产生的现金流量净额	10	74 134.50
二、投资活动产生的现金流量		
收回投资所收到的现金	11	
取得投资收益所收到的现金	12	
处置固定资产、无形资产和其他长期资产而收到的现金净额	13	
收到的其他与投资活动有关的现金	14	
现金流入小计	15	
购建固定资产、无形资产和其他长期资产所支付的现金	16	1 999.00
投资所支付的现金	17	
支付的其他与投资活动有关的现金	18	
现金流出小计	19	1 999.00
投资活动产生的现金流量净额	20	−1 999.00
三、筹资活动产生的现金流量		
吸收投资所收到的现金	21	
借款所收到的现金	22	
收到的其他与筹资活动有关的现金	23	
现金流入小计	24	
偿还债务所支付的现金	25	
分配股利、利润或偿付利息所支付的现金	26	
支付的其他与筹资活动有关的现金	27	
现金流出小计	28	
筹资活动产生的现金流量小计	29	
四、汇率变动对现金的影响	30	
五、现金及现金等价物净增加额	31	72 135.50

续表

项目	行次	金额
补充资料		
1.将净利润调节为经营活动的现金流量		
净利润	32	−1 945 713.21
加：计提的资产减值准备	33	
固定资产折旧	34	19 686.01
无形资产摊销	35	
长期待摊费用摊销	36	6 000.00
待摊费用减少（减：增加）	37	
预提费用增加（减：减少）	38	
处置固定资产、无形资产和其他长期资产的损失（减：收益）	39	
固定资产报废损失	40	
财务费用	41	
投资损失（减：收益）	42	
递延税款贷款（减：借项）	43	
存货的减少（减：增加）	44	−1 601 017.00
经营性应收项目的减少（减：增加）	45	8 056 683.89
经营性应付项目的增加（减：减少）	46	−4 461 505.19
其他	47	
经营活动产生的现金流量净额	48	74 134.50
2.不涉及现金收支的投资和筹资活动		
债务转为资本	49	
一年内到期的可转换公司债券	50	
融资租入固定资产	51	
3.现金及现金等价物净增加情况		
货币资金的期末余额	52	119 494.68
减：货币资金的期初余额	53	47 359.18
加：现金等价物的期末余额	54	
减：现金等价物的期初余额	55	
现金及现金等价物净增加额	56	72 135.50

9.1.4 财务报表附表的特点

前面几节也有使用到房地产企业的财务报表附表，如管理费用明细表等。除了以上提及的财务报表附表外，房地产企业还可以根据生产经营特点编制其他财务报表附表。

1. 存货附表

如前面的天宏基业房地产公司的存货占总资产超过 60%，需要分析存货是由什么构成的。经查存货的明细账，按照存货的类别编制存货明细表，如表 9-5 所示。分别反映了天宏基业房地产公司年初和年末的存货构成状况。

（1）库存商品

房地产企业的库存商品会计科目是核算已完工开发产品的成本，类似制造企业的已验收入库的产成品，但是它的产品是房屋。如表 9-5 所示，库存商品为 0.00 元，说明天宏基业房地产公司期初和期末没有完工开发产品，也有可能主体建筑已完工，但未进行决算等符合结转到开发产品的条件。

（2）原材料、低值易耗品、包装物

如表 9-5 所示，原材料、低值易耗品、包装物的年末库存金额达 200 多万元，年初也是 200 多万元，且年初数和年末数没有变化（序号 1、序号 3 和序号 5），说明天宏基业房地产公司储备的原材料、低值易耗品和包装物没有使用过，或者是新购入的和使用的金额一致。

一般情况下，房地产开发企业和施工企业不会是同一家公司，也即是说房地产开发企业一般不会自己进行房屋的施工，会请专业的施工企业进行房地产项目的施工。如果是需要进行房屋建造的，它会请专业的建筑公司进行房屋的主体工程施工；如果是需要进行房屋的设计，它会请专业的设计公司进行设计；如果需要进行房屋的装修，它会请专业的装修公司进行装修，所以房地产开发企业一般账上不会储备很多的原材料、低值易耗品等供施工使用。天宏基业房地产公司属于房地产开发企业，按照房地产开发企业的生产经营特点，一般不需要储备原材料、低值易耗品等 200 多万元的库存，所以还需要进行盘点以进一步核实。

（3）未完工开发产品

未完工开发产品在序号 4“在建开发产品”会计科目核算，账上余额为 698 543 929.14 元。说明天宏基业房地产公司在开发区这个楼盘已投入了 698 543 929.14 元。

表 9-5 存货明细表

2016 年 12 月 31 日

编制单位：× × 市天宏基业房地产开发有限公司　　　　金额单位：元

序号	项目	年初余额	年末余额
1	原材料	2 032 579.26	2 032 579.26
2	库存商品		
3	低值易耗品	100 000.00	100 000.00
4	在建开发产品	696 942 912.14	698 543 929.14
5	包装物	133.50	133.50
6	合计	699 075 624.90	700 676 641.90

2．在建开发产品附表

对于存货里面 6 亿多元的未完工开发产品，需要深入分析其构成。根据天宏基业房地产公司的在建开发产品明细账，在建开发产品由开发成本和开发间接费用构成，开发区的房地产开发项目分为一期和二期进行开发。按照开发成本和开发费用的类别进行分类，余额分为一期和二期进行反映，编成的在建开发产品明细表如表 9-6 所示。

（1）开发成本

一期共投入 4.87 亿元，二期共投入 2.11 亿元。对比一期和二期的开发成本部分，发现一期发生了序号 1“前期综合开发费”2 841 703.68 元，序号 3“市政设施配套费”40 474 544.49 元，序号 8“地价”115 652 189.74 元在第二期该项目的成本没有发生额。说明天宏基业房地产公司在第一期开发中已全额将土地出让金和基础基本工程费支付完毕。

此外，通过在建开发成本附表的期初数与期末数的对比分析，发现第一期工程的开发成本除了序号 7“机电安装、煤气和消防工程”期末余额比期初余额增长了 6 600.00 元外（43 493 448.95−43 486 848.95=6 600.00），其余项目的期初数与期末数没有变化，即在 2016 年第一期工程只增加投入了 6 600 元，说明一期工程已基本完工，只发生一些零散的小工程支出。开发成本二期只有序号 5“土建与装修”和序号 7“机电安装、煤气和消防工程”期末数比期初数增大了 1 591 577.00 元 [（127 235 696.53−126 024 119.53）+（25 800 560.67−25 420 560.67）=1 591 577.00]，第二期工程新增的开发成本不高，序号 9“利息”也没有增加，说明已停止利息的资本化计算或者已不需要借贷筹集所需资金。以上财务数据说明二期工程剩下一些收尾工作或者整饬工程未完工，主体工程已全部完成。

表 9-6　在建开发产品明细表

2016 年 12 月 31 日

编制单位：××市天宏基业房地产开发有限公司　　　　金额单位：元

序号	项目	细项	一期		二期	
			期初余额	期末余额	期初余额	期末余额
1	开发成本	前期综合开发费	2 841 703.68	2 841 703.68		
2		规划勘测设计监理费	18 621 620.36	18 621 620.36	3 320 986.62	3 320 986.62
3		市政设施配套费	40 474 544.49	40 474 544.49		
4		小区配套工程费	42 046 479.44	42 046 479.44	8 454 408.11	8 454 408.11
5		土建与装修	199 972 950.83	199 972 950.83	126 024 119.53	127 235 696.53
6		宣传广告费	5 198 366.21	5 198 366.21	760 830.92	760 830.92
7		机电安装、煤气和消防工程	43 486 848.95	43 493 448.95	25 420 560.67	25 800 560.67
8		地价	115 652 189.74	115 652 189.74		
9		利息	17 223 990.53	17 223 990.53	42 401 466.75	42 401 466.75
10		小计	485 518 694.23	485 525 294.23	206 382 372.60	207 973 949.60

续表

序号	项目	细项	一期		二期	
			期初余额	期末余额	期初余额	期末余额
11	开发间接费用	人工	1 283 014.17	1 283 014.17	2 602 619.84	2 602 619.84
12		办公费	247 309.60	247 309.60	644 699.07	647 539.07
13		业务招待费	21 207.00	21 207.00	214 257.18	214 257.18
14		差旅费	4 608.00	4 608.00	24 130.45	24 130.45
15		小计	1 556 138.77	1 556 138.77	3 485 706.54	3 488 546.54
16		合计	487 074 833.00	487 081 433.00	209 868 079.14	211 462 496.14

（2）开发间接费用

如表 9-6 所示，第一期开发间接费用期初数和期末数一致，也同样说明了第一期工程已完工，基本没有其他大的投入。第二期开发间接费用只有序号 12“办公费”期末数比期初数增加了 2 840.00 元（647 539.07−644 699.07=2 840.00），这说明了第二期工程主体已完工，没有其他大的投入。

3．预提费用计算附表

除了以上的财务报表附表外，房地产企业还可以根据生产经营特点编制其他财务报表附表，如表 9-7 所示。反映的是计算其中一个配套设施幼儿园的预提费用计算表，公共配套设施幼儿园预算成本 3 445 331.30 元，受益的项目有一期和二期，然后按照受益项目的可售面积进行分摊公共配套设施预提费用的计算过程。

房地产项目的公共配套设施有一些是可以在售楼时同时销售，如车库、菜市场、商铺等，另外有一部分是作为公益性归所在开发区的全体业主共有，如天宏基业房地产公司建设的幼儿园，当开发项目完成后，会移交给当地教育部门进行管理，所以就需要将此部分费用在其他可售的商品房里面分摊。

表 9-7　公共配套设施预提费用计算表

2016 年

企业名称：××市天宏基业房地产开发有限公司　　　　金额单位：元

公共配套设施的名称	幼儿园		设施总预算成本（预算造价）	3 445 331.30
受益项目（期）名称	受益项目（期）建筑面积（平方米）	受益项目（期）可售面积（平方米）	本项目应分摊预提配套设施费	单位可售面积预提费用
一期	11.04	8 832.00	1 587 730.16	1 587 730.16
二期	13.08	10 333.20	1 857 601.14	1 857 601.14
合计	24.12	19 165.20	3 445 331.30	3 445 331.30

注意

可以通过编制不同房地产企业的财务报表附表分析重要的资产项目存货的构成，还可以根据房地产企业的生产经营特点，编制公共配套设施预提费用计算表来分析资产负债表中的预提费用是否合理。

9.2 财务报表特点影响财务指标

房地产企业与其他企业相比，具有开发周期长、投入资金量大、投资回收期长等特点，其财务报表所显示的信息也反映其特点，从而使其财务指标未能真实反映房地产企业的财务状况，房地产企业财务报表的特点影响其财务指标主要反映在以下几个方面。

（1）大量预收账款导致短期负债剧增，影响报表分析者对企业偿债能力的判断。

（2）开发成本准确计量和分摊难度比较大，影响报表分析者对企业真实资产总量的判断。

（3）期间费用全部计入当期损益，影响报表使用者对企业经营成果的判断。

按现行房地产开发企业会计制度规定，企业在开发经营过程中发生的管理费用、财务费用和销售费用作为期间费用，直接计入当期损益。房地产企业在项目尚未竣工验收决算、大量预收账款未转销售收入前将出现巨额亏损，特别是对于连续开发和滚动开发的企业，更难通过财务报表分析出企业真实的盈利能力，这样势必影响企业经营情况的客观反映。

9.2.1 资产负债表对房地产企业税务风险的影响

从房地产企业资产负债表入手，分析其对房地产企业税务风险的影响。

1.“货币资金”科目分析

如“货币资金”科目期末余额较大，则要与企业所得税申报的预计利润结合进行分析，如存在货币资金的增加额乘以预计毛利率小于当期申报的预计利润的现象，要对企业的“预收账款”科目进行检查，即查是否存在收取预售房款未通过“预收账款”科目记账，少申报预计利润。

同时检查银行对账单，查阅是否存在货币资金已支出未入账的情况，并查明该项支出是否属于实质性的关联企业。如期末余额较小，要分析是否可能存在货币资金不入账的情况。应当要求企业提供银行对账单与企业银行存款明细账相核对，是否存在资金转出不入账，不记在“其他应收款”等往来科目，而放在银行未达账项，是否存在账外经营的情况，提前做好税务风险分析。

2.“应收账款”科目分析

由于近几年房地产行业进入卖方市场，房地产产品供不应求，有的房地产开发商甚至在取得预售许可证之前就要求购房人一次性交清房款，所以房地产企业“应收账款”科目一般余额比较小，应当对房地产企业的“应收账款”进行明细分析，如期末“应收账款”明细科目期末余额为贷方余额，避免误将收到的预收款放在“应收账款”科目，而不放在“预收账款”科目，导致企业漏交企业所得税而产生的税务风险。

3.“其他应收款”科目分析

一般来说，此科目期末金额不大，应认真分析明细。如发现房地产企业“其他应收款”科目期末余额较大及本期业务发生频繁和发生额较大的往来，要检查业务发生的时间、往来的性质以及彼此间是否属于关联企业，避免房地产企业将闲散资金无偿对外拆借，计入其他应收款，导致企业未按独立企业之间的业务往来计提利息收入而产生税务风险。

4.“存货”科目分析

“存货”科目主要反映期末完工开发产品和期末未完工开发产品的情况。期末完工产品的余额一般是与“预收账款”科目有对应关系的。由于目前房地产企业开发项目必须达到一定阶段才能取得预售许可证，而房地产开发项目由于需要投入资本比较大，建筑商也需要及时按照工程进度与房地产企业开票结算工程款，所以房地产企业期末完工产品的余额一般是与“预收账款”科目有对应关系的，存货金额应当与“预收账款”金额保持一定比例的正相关关系。

（1）如果发现房地产企业“存货”科目余额远小于“预收账款”期末金额，则有可能存在收入成本费用不配比的现象，存在前期多结转销售成本的可能。这时要检查企业开发产品总成本、单位面积的开发成本等计算方法和分摊依据，以及是否将土地出让金、前期工程配套费等一次性计入前期成本。

避免结转销售成本时，不按税务规定的成本结转方法进行结转而是按成片开发的综合毛利率进行结转，可能出现门面房在前期销售时多结转了成本，从而产生的税务风险。

（2）如果期末存货金额远大于“预收账款”期末金额，则有可能存在预收款项不通过“预收账款”科目核算，而通过其他科目核算的可能。检查存货科目时，还应注意将完工开发产品的贷方与主营业务成本的借方进行比对，两者应当相等，如大于则有可能存在将开发产品用于抵债、赠送等未视同销售而产生的税务风险。

5.“固定资产”科目分析

一般情况下，房地产公司的固定资产账面数相对于企业的注册资本、开发规模来说，金额不会很大。如金额较大，应当分析其具体明细。房地产企业“固定资产”科目核算的主要是汽车、复印机、电脑、打印机、办公桌等。房地产企业与其他工业企业相比，具有开发周期长的特点，但流动性也相对大一些。一个地方开发结束后，就转到下一个地方开发，所以办公用房一般都采取租赁方式。有些开发时间长的房地产公司也可能有办公用房，如售楼处和样品房等，但对照 2006 年 31 号文件规定，建设售楼处时，其成本必须单独核算，否则应当视为开发产品而不作为固定资产来处理。

根据房地产企业开发的特点，开发企业和施工企业一般不会是同一家公司，因而明细账上一般不应当有工程机械等设备，如发现则可能产生相关的税务风险。

6."短期借款"科目分析

绝大多数房地产企业由于投入资金量大，一般都有银行借款。

（1）检查企业是否有将预收款以借款的名义记入短期借款科目，产生少预交企业所得税的税务风险。

（2）一般来说企业短期借款为整数，而且以万元为单位。分析中如发现企业短期借款金额准确到千位以下，检查企业是否将预收合同外的购房款因公司经营需要转入账内运营，而计入该科目，从而产生税务风险。

（3）如企业有金额比较大的借款，根据借款的金额和付息方式，特别是向个人或非金融单位的借款，借款利率超过基准利率而列支的利息，与借款方存在关联关系，对超过注册资本 50% 的关联方借款利息来说，这一类的利息支出应不允许税前扣除，从而引起的税务风险。

7."其他应付款"科目分析

一般来说，此科目期末金额不大，此科目如期末金额较大，可检查其是否为关联企业之间的往来，税务局对于关联企业的往来主要关注以下几个方面。

（1）向关联企业的借款放在此科目里并计提利息在税前列支。借款是否超过企业注册资金的 50%，计提利息的利率是否超过同期银行贷款利率而产生的税务风险。

（2）"其他应付款"是否核算代其他部门收取的税费。房地产公司代其他部门收取的税费也一般放在此科目核算，有可能被认定为属于房价的组成部分。如果属于房价的组成部分及由房地产公司领取的收据自己开具，此部分收入漏记而引起的税务风险。

（3）其他应付款是否存在长期应付未付的情况。有可能被税务局认定为虚假的施工交易（如房地产公司支付税金，让建筑公司多开具建筑业发票金额入账，其应付工程永远不需要支付）而产生的税务风险。

（4）与购买方在签订购房合同时，为了达到双方少缴相关税费的目的，房屋的真实成交价往往高于开票价，其差额部分房产公司往往以收据形式收取，在房地产公司需要资金周转时，以借款或集资款的名义，计入其他应付款科目而产生的税务风险。

8."预收账款"科目分析

资产负债表"预收账款"科目本期增加额乘以预计毛利率后的金额，与企业申报表中"预收账款"纳税调增金额减去"预收账款"纳税调减金额后的余额进行比对，如果两者金额不一致可以产生的税务风险。

9.“资本公积”科目分析

“资本公积”科目年初数与期末数进行比较，如增加较多，可能被认定少缴企业所得税产生的税务风险。

9.2.2 利润表对房地产企业税务风险的影响

从房地产企业利润表入手，分析其对房地产企业税务风险的影响。

1.“主营业务收入”科目分析

大部分房地产企业对确认收入时间的理解是必须开具正式发票时才确认，开具发票前取得的收入只能算是预收款。根据 31 号文件精神，房地产企业确认收入的时间和金额分很多情况，需要对房地产企业的销售方式、与购房户的购销合同的内容等进行分析，以避免产生税务风险。

2.“主营业务成本”科目分析

对于连续开发或滚动开发的房地产企业，不按照收入成本配比原则进行成本结转，不能分项目进行成本费用的归集和分配，从而导致前期开发项目的利润人为调低而产生的税务风险。

3.“主营业务税金及附加”科目分析

“主营业务税金及附加”与“主营业务收入”和“预收账款”科目有一定的逻辑关系。从理论上测算，“主营业务收入”及“预收账款”当期的增加额乘以 11% 的增值税税率，加上当年实际交纳的土地增值税和地方综合规费，此金额应与申报的主营业务税金及附加基本相等。如相差较大，则可能产生的税务风险。

4.“主营业务利润”科目分析

房地产企业的毛利率是比较高的，要根据掌握行业利润参考值，并结合同地段其他房地产公司的经营情况，分析判断所评估企业的毛利率是否合理，避免由此产生的税务风险。

5.“期间费用”科目分析

管理费用过高或过低都可能存在问题，过高可能被税务局认为虚列支出，提前对大额的支出审核票据的合法性和其业务的真实性。

管理费用过低也有可能被税务局认为企业将前期发生的业务招待费、业务宣传费、广告费全部计入了开发成本中的前期工程费，而没有单独归集此部分费用，并于正式销售收入确认后配比进入当期费用列支而引起的税务风险。

6.“营业外收入”科目分析

（1）一般情况下，地方税务局都将需收取的契税等费用委托房地产公司在收取房款时一并收取，再给予一定比例的返还。部分房地产公司有将此返还的手续费未入账而引起的税务风险。

（2）分析固定资产盘盈，固定资产处置收益，非货币性资产交易收益，出售无形资产收益，罚款净收入和其他应计入营业外收入的项目是否属于视同销售而漏计收入的税务风险。

复习思考题

1. 资产负债表的特点有哪些？
2. 利润表的特点有哪些？
3. 现金流量表的特点有哪些？
4. 财务报表附注的特点有哪些？
5. 财务报表的特点对财务指标的影响有哪些？

参考文献

[1] 李曙亮. 房地产开发企业会计与纳税实务：第二版. 辽宁：大连出版社，2016.

[2] 李文玲. 房地产会计实操从入门到精通. 北京：中国铁道出版社，2013.

[3] 刘德英. 房地产开发企业会计. 北京：清华大学出版社，2011.

[4] 段九利. 房地产企业全程会计操作实务. 北京：中国市场出版社，2013.

[5] 王俊生. 基础会计学[M]. 北京：中国财政经济出版社，2008.

[6] 钱嘉福. 财务会计学[M]. 北京：中国财政经济出版社，2008.

[7] 张天河. 实例解析房地产开发企业会计实务. 广东：广东经济出版社，2013.

[8] 平准. 房地产开发企业会计核算与纳税实务. 北京：人民邮电出版社，2014.

[9] 路玉麟. 会计 出纳 做账 纳税岗位实战宝典. 北京：清华大学出版社，2014.

[10] 郝畅. 新会计业务实用全书. 北京：电子工业出版社，2016.

索　引

各章表索引

各章图索引